Thomas Kistner

Die Toten von Leticia

Thomas Kistner

Unter Mitarbeit von
Georg Schultz Rosenau

Die Toten
von Leticia

Organraub, Kokainschmuggel
und Menschenjagd
in Kolumbien

Deutsche Verlags-Anstalt
München

Für Sandra und Katja

Inhalt

Dritter Teil

Es gibt kein Entkommen

Vorwort

Dieser Bericht ist das Ergebnis einer Recherche, die länger als zehn Jahre währte und mich zusammen mit meinem Freund und Begleiter, Georg Schultz Rosenau, fünf Mal ins Länderdreieck von Kolumbien, Brasilien und Peru führte. Hier sind mehrere Reisen zusammengefaßt. Was als abendliche Erzählung eines Dschungelführers begann, nahm im Verlauf der Suche nach der Vergangenheit dieser Region eine für undenkbar gehaltene Dimension an. Wir wurden mit Ereignissen und Vorgängen konfrontiert, die der Vorstellung von menschlicher Zivilisation widersprachen und sich oft genug der Vernunft entzogen. Erschwert wurde die Recherche durch die Tatsache, daß der Dschungel sein geheimes Innenleben nicht archiviert. Er besitzt nur das Gedächtnis seiner Bewohner; und auch diese, meist Analphabeten, legen keine Akten an.

Es gibt für die Einzelheiten dieses Berichts nicht nur adäquate Muster aus Meldungen, Aufsätzen und veröffentlichten Erinnerungen, mit denen sie verwoben werden. Zahlreiche Augenzeugen haben mich in Südamerika, in den USA und in Europa mit Hinweisen und Informationen unterstützt. Ihrer Hilfe verdankt sich dieses Buch. Trotz einer Gefahr, die bis heute immer wieder Menschenleben fordert, haben sie mir ihr Vertrauen geschenkt. Viele dieser Personen leben noch immer in Leticia, im Dreiländereck und in den Amazonasregenwäldern. Um sie und auch alle nicht unmittelbar Betroffenen zu schützen, werden sie nicht bei ihren tatsächlichen Namen genannt.

Wichtige Informationen erhielt ich auch von früheren Angehörigen der US-Armee. Es war selbstverständlich, auch ihnen Vertraulichkeit zu garantieren, sie haben ebenfalls Repressalien zu befürchten. Einige der Schauplätze werden in der Beschreibung so weit verändert, daß die Umstände unserer Begegnungen so weit als nötig anonymisiert sind.

Ich war bemüht, die Stimmungslage der Menschen dieses Gebiets am oberen Amazonas einzufangen und vergangene und gegenwärtige Ereignisse so wiederzugeben, wie sie von ihnen erfahren wurden. Aufgrund der besonderen Recherche und der Beschaffenheit des Materials dürfen hier nicht immer letzte Details erwartet werden, wohl aber die wahre Geschichte dieser Regenwaldregion.

T.K., im Mai 2003

Erster Teil
Nach Leticia

Wenn die Sintflut anrollt

Die Hölle kommt nicht nach dem Tod, wie man uns im
Katechismus lehrte. Sie ist nur vier Autostunden von den
Krawatten-Festen und mittelalterlichen Hochzeiten
Bogotás entfernt.

Gabriel García Márquez

Der Amazonasdschungel im Dreiländereck hat zwei
Gesichter. Das eine zeigt den Abenteuertourismus, den
Europäer und Nordamerikaner so schätzen, fernab von
ihren sicheren Heimatländern. Das andere zeigt Elend
und Gewalt, die Tag für Tag aufs Neue all jene Menschen
erleiden müssen, die in dieser Welt leben.

Hoy-Online, 2001

Da gab es etwa den „Tarzan des Amazonas" (Life), den
US-Bürger Michael Tsalickis, 61, der früher Tiere exportierte. 3278 Kilo Kokain versteckte er in neuntausend
Brettern Zedernholz für seine Möbelfabrik in Florida. „Wir
hatten Mühe, das Kokain herauszubekommen, so gut
war die Arbeit", meinte Mike Powers von der US-Drogen-
behörde DEA. Vorbereitet wurde das Holz in Tsalickis'
Sägewerk Incoma, am Ufer des Amazonasstroms. Doch
alles Können half nichts – Tarzan wurde durch einen ano-
nymen Brief aus der kolumbianischen Kokainfestung Cali
verraten, er hatte wohl einen Code des Kartells verletzt.

Der Spiegel, 12. Dezember 1988

In Mailand sponserten Fiorucci und meine Firma, Panda S.r.l., einen Kongreß von Organisationen, die sich für Umwelt und Menschenrechte einsetzen. Auch der Weltpräsident von Survival International war erschienen. Diese Gesellschaft kümmert sich um den Schutz bedrohter Volksstämme. In einer Rede klagte ich die barbarische Praxis von Indio-Jagden im kolumbianischen Amazonasgebiet an, Unternehmungen, an denen sogar einige Italiener teilgenommen haben. Und ich gründete die erste italienische Filiale von Survival International, zu deren Vorsitzenden ich gewählt wurde.

Giuseppe Vasallo, „Mein sprechendes Tagebuch"

Wenn die Sintflut anrollt, drückt sie zur Warnung das Ungeziefer aus Löchern und Ritzen. Die Luft hört auf zu atmen. Insekten fliehen aus den Abflußrohren, wuseln über Boden und Wände. Sobald das Knistern der Chitinpanzer anschwillt, sobald die Luft gelb gerinnt, läßt man besser alle Pläne fahren und bleibt unter einem festen Dach.

Seit Stunden trommelt der Regen auf das Dach und gegen die Fenster, der Fluß schäumt. Durch eine zuckende Wolkenwand fällt die Dunkelheit auf Iquitos. So beginnen die langen Abende im *Turistas*, dem Betonklotz oberhalb des Amazonasufers.

Georg Schultz legt die frisch gegen Moskitos imprägnierten Kleidungsstücke zur Seite und nimmt dem Etagenkellner das Tablett mit zwei taubeschlagenen Flaschen ab. Skeptisch dreht er die mitgelieferten Gläser unter der kargen Deckenbeleuchtung und tauscht sie gegen die Zahnputzbecher aus.

Ich sitze über den Notizen. Hunderte von Zetteln. Namen, Gesprächsaufzeichnungen, Zeitungsausschnitte. Sie sind Bruchstücke einer Fährte, von der wir nicht wissen, wie lang sie ist. Und doch haben wir die Hoffnung, schließlich auf Michael, „Mike", Tsalickis zu stoßen. Tsalickis ist längst eine Legende in der Region zwischen Kolumbien, Brasilien und Peru. Eine Legende im „Weißen Dreieck", das für uns ein „Dreieck des Schweigens" ist.

Keine Straße, kein Weg, keine Eisenbahntrasse führt in diesen Winkel am Oberlauf des Amazonas. Einzig der schiffbare Fluß und die seltenen Flugverbindungen stellen den Kontakt zur Außenwelt her. Leticia ist das Zentrum dieses gottverlassenen Dreiecks, etwa eintausend Kilometer Luftlinie entfernt von Manaus, Bogotá und Quito, in Kolumbien gelegen, von der brasilianischen Schwesterstadt Tabatinga lediglich durch eine unsichtbare Grenze getrennt, zu erreichen noch am leichtesten über Iquitos, Peru.

Der eine, malerische Teil der Geschichte von Mike Tsalickis war vor mehr als drei Jahrzehnten nach Amerika vorgedrungen, nach Hollywood sogar. Von *National Geographic* bis zum *True Magazin* hatten die Zeitschriften an seinem Ruhm gewebt, *Reader's Digest* hatte ihn als „Ein-Mann-Revolution-am-Amazonas" gefeiert. Über dreißig Jahre war er der amerikanische Held des Regenwaldes gewesen, eine Mischung aus Indiana Jones und Albert Schweitzer. Und nun saß Tsalickis in einem Gefängnis in Florida. Auch die bunten Blätter hatten ihren Liebling längst fallen lassen. Über drei Tonnen Kokain, Schwarzmarktwert eine Viertelmilliarde Dollar. 27 Jahre. Wenig Aussicht, lebend rauszukommen.

Doch weder die ruhmreichen Anfänge noch dieses

vorläufig letzte Kapitel seiner Lebensgeschichte haben uns ein weiteres Mal hierhergelockt. Wir wollten nicht noch einmal das Loblied auf den „König von Leticia" hören, der den Bürgern ein Krankenhaus geschenkt, der die Touristen, das Geld der Pharmakonzerne, der internationalen Zoos hierhergeholt, der ein bißchen Wohlstand in die Stadt gebracht hatte. Auch wenn die meisten Menschen in dieser Region noch immer voller Ehrfurcht und Dankbarkeit vom „guten Mike" sprachen, beeindruckt von seinem Charisma, seinen außerordentlichen Talenten, bereit den Kokainschmuggel als Kavaliersdelikt abzutun – wer lebte hier nicht vom und mit dem weißen Gold? –, wir suchten nach einer Seite seines Charakters, seines Lebens, die auch nach den hiesigen Maßstäben als „monströs" galt. Wir suchten nach dem Tsalickis, der die Menschen am Fluß verstummen ließ, antwortlos sich abwenden. Die Mutigeren blickten sich scheu um und nuschelten eine Ausflucht.

„Das dunkelste Kapitel unserer Geschichte fand bei Leticia im Dreiländereck statt." Nur dieser eine Satz stand auf dem Zettel, den ich in der Hand hielt. Er stammte von einem ehemaligen kolumbianischen Botschafter in Europa, einem Mann, der sein Land liebte und lernen mußte, es zu hassen – für den Alptraum aus Gewalt, der vielen Menschen den Tod gebracht hatte, auch Mitgliedern seiner Familie. Er war selbst nicht mehr sicher in Kolumbien, lebte seit einigen Jahren in einer amerikanischen Universitätsstadt und unterrichtete dort Politikwissenschaft. Dieser ehemalige Botschafter hatte sein peinigendes Geheimnis einem Freund in Europa offenbart, wenn auch nur in düsteren Andeutungen. Zugleich hatte er ihn beschworen, Stillschweigen darüber zu bewahren. Er wollte sein furchtbares

Wissen, das ihm keine Ruhe ließ, das er nicht preisgeben und doch auch nicht für sich behalten konnte, mit ins Grab nehmen. Der Zettel, den es eigentlich nicht gab und den wir nicht besitzen durften, dieses Blatt Papier stand für den Anfang unserer Suche.

Das Telefon klingelte. „Señor Wheeler ist in der Halle."

„Ich kenne keinen Wheeler. Was will er?"

„Weiß nicht. Er wartet hier unten."

„Na schön, in fünf Minuten."

Der Mann, der Wheeler sein mußte, war in der karg möblierten Lobby nicht zu übersehen.

„*Hola!* Ich bin Philip J. Wheeler, der Leiter von *Amazon Travels*. Wollte mal sehen, ob bei Ihnen alles läuft."

„Danke, Mister Wheeler, glänzend."

„Phil. Wie wär's mit einem Drink?"

„Gern, Phil."

Wir gingen in die holzgetäfelte Hotelbar. Schummriges Licht, mit Waldmotiven bemalte Wände. Es roch modrig und leicht nach Pisse, wie immer bei diesem Wetter. Philip J. Wheeler war Mitte sechzig, Kalifornier, lebte seit Jahrzehnten am Amazonas und war auch als Gringo ein angesehener Geschäftsmann in Iquitos. Die Stadt hatte vierhunderttausend Einwohner und war dennoch ein trauriges Urwaldnest, das überwiegend aus primitiven Pfahlhäusern bestand und aus Hütten, die auf Balsaflößen im Strom errichtet waren. Bis heute zehrt Iquitos vom Mythos des Carlos Fermin Fitzcarraldo, den einst die Gier nach Kautschuk mit seinem Schiff sogar über die Urwaldberge getrieben hatte. Auch hundert Jahre danach verdampft hier noch jede Asphaltpiste im Busch. Wie Leticia, das noch dreihundert Kilometer tiefer im Regenwald liegt, ist auch Iquitos nur übers Wasser oder durch die Luft erreichbar. Eine Stunde Bootsfahrt entfernt, hinter der Mündung des Rio Nanay, verrottet der Rest von Fitzcarraldos Dampfer, wie ein an Land geschwemmter Paiche-Fisch, sterbensdurstig zum Wasser geneigt. Aber den wenigen Besuchern wird eine Kopie gezeigt, das Schiff, das Werner Herzog nachbauen hatte lassen und das heute im Hafen liegt.

Wheeler zwinkerte, als er merkte, daß er uns mit der Geschichte über Fitzcarraldos Schiff nichts Neues erzählte. Er blieb beim Bier und wir beim Pisco, den sein peruanischer Gehilfe nachbestellte.

Offenbar hatte Wheeler von irgendwem gesteckt bekommen, daß wir mal wieder auf der Durchreise nach Leticia waren. Nun wollte er sich die beiden Europäer selbst ansehen. Denn Besucher, die auf eigene Faust weiter in den Dschungel wollten, waren selten in Iquitos. Die meisten blieben hier auf den geregelten Touristenrouten, und die führten nicht oft noch tiefer ins grüne Nichts. In das Nichts mit dem verheißungsvollen Frauennamen: Leticia. Hauptstadt des größten kolumbianischen Bezirks Amazonas, wo ein Bewohner auf mehr als drei Quadratkilometer Regenwald kommt, am südlichen Ende eines Landzipfels gelegen, um den es zwischen den Nachbarländern immer wieder bewaffnete Konflikte gegeben hatte. In den achtziger Jahren hatte es das Schmugglernest sogar auf eine schwarze Liste der US-Regierung geschafft. Für kurze Zeit Welthauptstadt des Kokainhandels.

Nicht lange nachdem Militärhubschrauber und Kanonenboote für Ruhe gesorgt hatten, waren Schultz und ich zum ersten Mal dorthin gekommen. Seit Anfang der achtziger Jahre bereisten wir Lateinamerika.

Damals vibrierte die Stadt noch in der Erinnerung an die Gewalt. Heute lebten viertausend Soldaten unter den 23 000 Einwohnern und sorgten für Ruhe. Leticia, so schien es, war ein friedlicher Ort geworden.

Wir hatten bei diesem ersten Besuch Jagdgeschichten gehört. Keine normalen Geschichten von Jagden auf Affen, Krokodile oder Jaguare. Nein, absurdes Zeug. Es begann mit einer geflüsterten Erzählung am Fluß, meilenweit entfernt von der nächsten Siedlung, spätabends, wenn Bier und Rum bereits Wirkung zeigten, später folgten ein Hinweis hier, eine Andeutung da. Wir notierten die bruchstückhaften Informationen, die so wenig zusammenzugehören und so unglaublich wie sinnlos schienen. Zurück in Deutschland, breiteten wir das alles noch einmal aus und fingen an zu recherchieren. Dabei stießen wir etwa auf den ehemaligen Diplomaten und seinen Freund, der uns den Zettel zusteckte. Zweimal kehrten wir auch ins Weiße Dreieck zurück, bemüht, den Eindruck urwaldverrückter Touristen zu erwecken. Mehr und mehr Puzzlestücke kamen dazu, und bisweilen fügten sich einige Teile ineinander. Sie formierten sich zu einer beunruhigenden Ahnung. Allmählich schälte sich die Silhouette des geheimnisvollen Mike Tsalickis aus dem Dämmer. Aber ein zusammenhängendes Ganzes war aus den Puzzlesteinen noch nicht zu legen. Es war, als ob man zu viele davon in der Hand hielt – sobald man ein neues zu fassen bekam, fielen andere zu Boden.

Wheeler gegenüber sprachen wir unsere Suche nicht an. Sein Geschäft war der Tourismus, er verdiente damit Geld und wollte, daß es so blieb. Da konnte er unsere Sorte der Neugierde nicht brauchen. Außerdem war er Amerikaner wie Tsalickis und hatte mit ihm zusammen einige Jahre die Flußpassage zwischen Iquitos und Leticia betrieben. Aber Wheelers Berichte schürten nicht gerade unsere Vorfreude auf einen Ausflug mit einem seiner Flußkähne.

„Piraten", sagte er. „Sie kassieren auf der Wasserroute nach Leticia ab. Die Kerle haben eine Marktlücke gefunden."

„Hat das was mit den alten Zeiten zu tun?"

„Und ob." Phil warf dem Peruaner einen Blick zu. Der winkte dem Kellner.

Auf Leticia kam das Gespräch wie von selbst, der Name drückte wie eine Gewitterwolke auf die Gegend. Früher galt dort für Besucher die Regel: Nach der Dämmerung bis du nur im Hotel sicher. Koksbarone mit Jeeps und Bodyguards auf Motorrädern im Gefolge beherrschten die Straßen, Huren die Gehsteige. Sie flogen donnerstags mit Laufmaschen aus Bogotá ein und sonntags mit prallen Täschchen wieder zurück. Die Dons schnupften, soffen und rammelten in den fünfzehn Bordells, und wenn ihnen das nicht mehr reichte, befahlen sie, Teppichläufer über zwei Straßenzüge auszurollen, und ließen eingeflogene Zirkuspferde darübertanzen. Dazu spielte ein Orchester „An der schönen blauen Donau". Oder sie lockten mit märchenhaft dotierten Schönheitswettbewerben minderjährige Grazien aus allen Landstrichen herbei, und wenn das Festgetümmel am Ufer zwischen schneeweißen Zelten, schwitzenden Salsabands und jaulenden Folkloregruppen dem Höhepunkt zustrebte, raubten sie den Models in ihren gepanzerten Limousinen die Unschuld.

Das war das Leticia der achtziger Jahre. Jeder hatte bündelweise Geld einstecken, und auch für die Habenichtse am Fluß fiel einiges ab. Es gab genug zu erledigen. Jobs und Menschen, die dann den Amazonas hinabtrieben.

Irgendwann war der Bogen überspannt. Ein Hinweis der Konkurrenz aus Cali leitete das Ende von Mike Tsalickis ein. Auch das Ende der Schnee-und-Blut-Operette von Leticia war gekommen. Das FBI erwischte Tsalickis mit einer Riesenladung Kokain. In seinem Sägewerk hatte er das Pulver in aufgebohrten Edelholzstämmen verstecken lassen. Dann war die Ladung den gesamten Strom hinunter und durch die Karibik nach Florida verfrachtet worden. Agenten der Bundespolizei hatten ihn nachts beim Entladen gefilmt. 701 mit Koks gefüllte Stämme ließ er auf der einen, achttausend auf der anderen Seite abladen. Dann erst griff die Polizei zu. Als Tsalickis vor Gericht bestritt, von der Beiladung gewußt zu haben, rief die Staatsanwaltschaft einen Mathematiker in den Zeugenstand. Der rechnete vor, wie groß die Wahrscheinlichkeit war, daß einer zufällig 701 aus neuntausend tippt: eher räumt einer sechsmal hintereinander den Lotto-Jackpot ab.

Aber sogar der Staatsanwalt war von Tsalickis so angetan, daß er der örtlichen Zeitung erzählte, wie gern er seinen Geschichten im Kreuzverhör gelauscht hatte. Ein umfassendes Geständnis legte Tsalickis nicht ab. Auch dann nicht, als ihn die Drogenbehörde DEA im Gefängnis wieder in die Mangel nahm und sogar Haftverkürzung anbot. Da war er schon über sechzig, und 27 Jahre hinter Gittern bedeuteten quasi lebenslänglich. Doch Tsalickis weigerte sich, mit den Behörden zu kooperieren. Und er sagte etwas Interessantes: Er habe nach dem Fehlverhalten der US-Regierung in seinem Fall kein Vertrauen mehr in das staatliche Zeugenschutzprogramm. Washington habe ihn verraten. Was er damit meinte, sollte sich uns erst viel später erschließen.

Jedenfalls brach nicht nur über Tsalickis', sondern auch über Leticia das Verhängnis herein. Die Helikopter der amerikanischen Militärberater in Kolumbien spürten die provisorischen Landepisten für die Leichtflugzeuge der Kokainschmuggler auf, sie orteten Crack-Labore, Kokaplantagen und die MG-bewehrten Hochsitze an den Flußarmen ringsum. Sie warfen Bomben auf alles, was sie fanden. Zugleich übte Washington Druck aus auf die kolumbianische Regierung, in Leticia endlich für Ordnung zu sorgen. Damit war zwar der Kokainschmuggel im Länderdreieck nicht zu unterbinden, aber die Regie verlagerte sich in die Hände der konkurrierenden Dynastien aus Cali und Medellin.

Seither ist die Amazonaspassage zwischen Iquitos und Leticia gefährlich geworden, denn neue Jobs fanden viele der einstigen Großverdiener nur, indem sie in Nischen auswichen. Die Piraterie war eine davon. Die flachen Speedboote, die dreimal wöchentlich zwischen den beiden Städten pendeln, werden immer häufiger gekapert.

Wheeler erzählte, wie sogar eines seiner Ausflugsschiffe irgendwo hinter Pevas überfallen worden war. „Uns war sofort klar, daß es keine Schmuggler waren. Sie hatten den ganzen Proviant mitgenommen. Bier, Reis, Salat, alles. Kokainhändler großen Stils, die *narcotraficantes*, haben genug Geld für Powerboote und schöne Frauen. Aber die hier hatten sogar Hunger."

„Habt ihr sie erwischt?"

„Das ist eine irre Geschichte." Er schwieg vielversprechend, bevor er fortfuhr.

„Einige Tage nach dem Überfall kam ein Anruf von den Drogenbossen aus Leticia. Sie behaupteten, nichts mit dem Überfall zu tun zu haben, und um ihren guten Willen zu zeigen, nannten sie mir die Namen der sieben

Täter, wo sie schliefen und sogar mit wem sie schliefen. Ich flog nach Leticia und ging zur Polizei, um die Angelegenheit zu regeln. Aber die Piraten lebten ein paar Meilen stromaufwärts, am brasilianischen Ufer. Also unternahmen die Kolumbianer nichts und baten die Brasilianer um Amtshilfe. Ich stieg im *Anaconda* ab und wartete einige Tage."

„Und was passierte?"

„Nichts. Zumindest solange, bis diese Märchenflotte aufkreuzte. Drei Luxusjachten. Stellt euch vor: Ihr geht wie jeden Morgen zum Fluß runter, und plötzlich stehen da, in den Schlammlöchern vor Leticia, drei unglaubliche, riesige Jachten."

„Was waren das für Verrückte?"

Es glitzerte in seinen Augen.

„Es war Bill Gates. Zwei der Schiffe gehörten ihm, das dritte hatte der Gouverneur von Manaus als Eskorte mitgeschickt."

„Was sucht Bill Gates in Leticia?"

„Erholung, Exotik, weiß der Teufel. Gates sei ein Freund und Förderer des Amazonas, erzählten sie uns. Wir bekamen ihn nie zu Gesicht. Er blieb wohl die ganze Zeit an Bord. Aber abends kam ein schwerbewaffneter Franzose an unseren Tisch im *Anaconda*. Er sagte, er sei Gates' Sicherheitschef. Ich erzählte ihm meine Geschichte und sagte, ‚paß auf, daß deinem Boß nichts passiert'. Der Franzose wollte alles ganz genau wissen und ließ sich auch die Namen der Piraten geben. Am nächsten Tag, als ich zurück wollte nach Iquitos, kam der Hotelmanager zu mir und sagte, die Piraten seien letzte Nacht gefunden worden."

Er machte eine Pause.

„Na los. Was ist passiert?"

„Das übliche." Er steckte sich den Zeigefinger in den Mund und krümmte ihn. „Bumm! Alle weg."

„Was denn – von Gates' Leuten umgelegt?"

Er lachte. „Es war die brasilianische Polizei. Sie hatte die Kerle überrascht, Pistole in den Mund, aus. Als Gates' Bodyguard kam, wollte ich wissen, wie das passieren konnte. Er sagte, er habe nichts mit der Sache zu tun. Er habe den Brasilianern nur erklärt, daß er als Sicherheitschef von Gates' Flotte protestieren müsse, notfalls in Manaus, wenn die Polizei nichts gegen die Piraten unternehme, deren Versteck sie ganz genau kenne. Der Rest war für die Brasilianer Routine. Am nächsten Tag machte Gates' kleine Flotte kehrt. Sie trauten sich nicht mehr weiter."

Die Tränen des Mondes

Schon der Einweihungsflug des wöchentlichen Flugdienstes der Avianca von Bogotá nach Leticia und zurück, der am 4. August 1960 stattfand, bedeutete einen großen Fortschritt für die Missionare im Amazonasgebiet. Das Schicksal hatte es gewollt, daß der Apostolische Präfekt Monsignore Marceliano Canyes zusammen mit einem Nordamerikaner, einem ehemaligen griechischen Schwammtaucher namens Mike Tsalickis, reiste. Von dieser Reise datierte eine langjährige Freundschaft, die sich anfangs für die Mission als nützlich erweisen sollte, aber leider katastrophal endete.

Dieser Mike Tsalickis war mit einer hübschen, armen Frau aus Leticia verheiratet, mit der er sechs Kinder zeugte, die alle die kolumbianische Staatsangehörigkeit erhielten. Ihm gehörte ein Sportflugzeug, mit dem er regelmäßig zwischen Leticia und seiner Heimatstadt Miami in den USA hin- und herflog. Dies war zu einem Zeitpunkt, als es in Kolumbien einen Luftverkehr praktisch noch nicht gab, da Flughäfen erst im Bau waren, so daß sämtliche Reisen ins Innere des Landes sehr langwierig waren, weil Schiffe das einzige Transportmittel darstellten. Nun bot Mikes Flugzeug dem Präfekten die ungewöhnliche Möglichkeit, die zu eröffnenden Missionsschulen schnell und oft zu besuchen. So konnte Mgr. Marceliano bald eine Reihe von Schulen und Internaten eröffnen, mit denen er regelmäßige Kontakte pflegte. Des weiteren erreichte der Präfekt, daß Tsalickis das Spital in Leticia finanziell unterstützte und sogar des öfteren für einen kranken Indio Bett und Pflege bezahlte.

Veronica de Osa,
„Die trüben Wasser des Amazonas"

Seit Jahren greift die Armee hart durch, die Schmuggler sind in den Wald ausgewichen. Und Leticia dämmert dahin wie eine sitzengelassene Braut.

Geo, September 2001

Im Morgengrauen rüttelte uns das *tuctuc*, eine Motor-Rikscha, durch die Schlaglöcher unasphaltierter Straßen zum Flugplatz von Iquitos. Diesmal erreichten wir ihn noch später als an den vergangenen Tagen, aber es war kein Problem. Wir hatten bei der einzigen Linie gebucht, *Servicio Aereas Amazonas*, deren einzige Maschine immer noch kaputt war. Auch unsere Sitze in der Wartehallen waren unbesetzt. Als wären dort schon die Namen eingraviert.

Wie die Tage zuvor saßen wir herum, wie die Tage zuvor warteten auch drei Dutzend Einheimische mit Kisten, Säcken und allerlei Haustieren; ein älteres Ehepaar aus Kanada, zwei kolumbianische Pärchen mit Wollbeuteln und Flöten saßen im Schneidersitz am Boden. Dazu sechs hochgerüstete amerikanische Abenteuerurlauber, die sogar ihre Vitamine nach der Uhr einnahmen – *„Stanley, time for a banana!"* Sie überprüften in regelmäßigen Abständen, ob sie auch sämtliche Landkarten, Impfausweise und Visa einstecken hatten, nestelten an ihrer High-Tech-Trekking-Bekleidung und konnten es nicht erwarten, durch Schwärme von Pium-Fliegen zu laufen und mit den Macheten auf Kletterpflanzen einzudreschen. Die beiden Dänen waren wieder verkatert. Wir alle trafen uns hier jeden Morgen. Alle warteten und langweilten sich, aber alle wollten lieber fliegen, als mit den Flußpiraten Bekanntschaft zu machen.

Dunkelgesichtige Flußbewohner, *caboclos*, tranken Tee aus der Kanne, die eine alte Frau geduldig unter dem Schultertuch hervorholte, jedes Mal breitete sie dabei die Arme wie Schwingen aus. Es dauerte lange, bis sie die Becher hoben. So langsam, wie sich hier alles bewegte. Selbst die Fliegen. Scheibe rauf, Scheibe runter, krabbelten sie ziellos über das stumpfe Glas. Alles schwitzte. Wartete. Nichts passierte.

Als die weiße Mittagssonne das Rollfeld in Hitzeglast tauchte, alle waren am Dösen, flog die Tür des Warteraums auf.

„*Por Leticia!*"

Es brauchte einige Zeit, dann erhob sich eine Stimmung wie im Tollhaus. Damit hatte keiner gerechnet. Lärmend drängten sie hinaus. Wir rauchten zu Ende, schauten durch die Scheibe und fragten uns, warum die fröhliche Reisekolonne um das weiße Flugzeug herumging. Als wir übers Rollfeld gingen, kamen uns die beiden kanadischen Senioren schimpfend entgegen, und dann sahen wir es: Hinter dem weißen Passagierflugzeug stand eine tarnfarbene Propellermaschine der peruanischen Luftwaffe, eine alte Antonow mit grob vernietetem Hängebauch. Dort führten sie uns hin.

Die Heckklappe war heruntergelassen. Man betrat einen Backofen, nahm Platz und bemühte sich, Haltung zu bewahren. Die metallenen Klappbänke an beiden Wänden waren überfüllt, in der Mitte türmten sich das Reisegepäck und die Körbe und Käfige mit Schildkröten, Hühnern, Truthähnen und Hunden der Einheimischen. Ein Geruch breitete sich aus. Schultz fand einen Platz zwischen den *caboclos*, auf mich wartete ein grauer Wasserkanister gleich hinter dem Bordfunker.

Der hantierte an seinen Armaturen, drückte und

klopfte auf Schalter und Uhren, dann war die Checkliste abgearbeitet. Er zog einen verknoteten Plastikbeutel mit Eis hervor, gab einige Würfel in einen Becher und goß aus einer verpackten Schnapsflasche nach. Als er zwischen zwei Schlucken die Kopfhörer aufsetzte, fiel mir ein, was ich hier über die Luftwaffe gehört hatte. Fünf, sechs Bruchlandungen in den letzten drei Monaten.

Aber der Start bereitete keine Schwierigkeiten, auch der Flug verlief störungsfrei. Die Tür zum Cockpit klappte auf und zu, je nach Schräglage. Die Piloten flogen auf Sicht. Einer hatte eine zerfledderte Karte ausgebreitet wie beim Picknick-Ausflug; sie rissen Witze und spähten hinab auf das von teefarbenen Flüssen und Schlammadern durchzogene struppige Fell des Urwaldes, über dem Wölkchen aus Zuckerwatte schwebten.

Dann kam die Landung. Bei der ersten harten Bodenberührung sprang die Ladeklappe im Heck auf. Der Luftsog erfaßte den hintersten Passagier, der sich schreiend an den Nebenmann krallte, der packte den nächsten, andere fielen ins Geschrei ein und der Soldat im Heck pumpte und kurbelte die Klappe wieder hoch, dabei verkantete sich die Hydraulik, und als der Flieger endlich stand, saßen wir fest. Die Hunde winselten, und das Geflügel kreischte, von draußen brüllten sie Anweisungen, wie der winzige Notausstieg an der Seite aufzustemmen sei. Als sich die meisten durch das enge Loch hinausgezwängt hatten, funktionierte auch die Klappe im Heck wieder.

Schweißdurchtränkt taumelten wir ins Freie. Aber dort war es noch heißer. Wir standen auf einer Buschpiste, umringt von einer Horde Soldaten mit Kopftüchern und Maschinenpistolen.

Ich zog die Zigaretten aus der Brusttasche und hielt sie dem nächsten Soldaten hin. Er war keine achtzehn.

„*Hola Señor*, ist das Leticia?"

„*No.*" Der Junge spähte in die Schachtel und entschied sich für drei der vier Zigaretten. „Hier ist Caballococha, Peru."

Ich gab Feuer. „Wieso landen wir dann hier?"

„*Hombre!*" Er lachte. „Das ist eine Militärmaschine. Die fliegt nur im Krieg nach Kolumbien rüber."

Wir schulterten das Gepäck und verteilten Kaugummis, *chicles,* an eine Kinderschar, dann folgten wir ihr ins Dorf. Es ging durch den Busch. Die Sonne brannte; Äste und Zweige über dem Trampelpfad linderten die Hitze nicht, sie zerlegten das gleißende Licht nur in Streifen und Flecken, die den Blick narrten.

Caballococha war eine Mischung aus Schlamm, dampfenden Pfützen und Moskitos, einigen hundert Hütten und einer Stromleitung, an der jeder herumzapfte. Dazu ein paar Kramläden und Tonitos brüchige Kneipe. Eine Bar mit Flußblick, in der sogar ein Radio dudelte. Die kam uns recht. Wir stellten unsere Siebensachen ab und bestellten. Dann stieg ich die Böschung zum Fluß runter, wo die anderen standen. Es herrschte Verwirrung, keiner wußte, wie es weitergehen sollte. Aber auf einmal hieß es, daß uns die Fluglinie tatsächlich einen Reiseleiter mitgeschickt hatte. Einen, der das Ganze hier regeln sollte. Im Flugzeug war er nicht aufgefallen.

Im Nu war der Mann umringt. Er trug Anzug, Hut und sogar eine Krawatte, hatte zwei dicke Metallkoffer mit blauen Aufklebern bei sich und ließ sie nicht aus den Augen. Er redete mit den Fischern, die im Schatten dösten, um ein Boot für die Weiterfahrt zu organisieren.

Ich ging zur Bar zurück. Die Entwicklung hatte man

auch von dort im Blick. Nach einer Weile kamen die Dänen hinterher und hockten sich vor die Kneipe; alle anderen blieben unten, um den Reiseleiter auf Trab zu halten. Der band seine Krawatte um den Griff eines Metallkoffers und wuchtete sie hin und her, als ob diese Ungetüme hier einfach verschwinden könnten. Schließlich sammelte er die Gruppe um sich und fing an, weithin vernehmlich alle Fischer dieses Breitengrads zu verfluchen. Die Verfluchten schaukelten in ihren Netzen und warteten, bis der Preis hochging.

In der Bar kreuzte ein wunderlicher Kerl auf. Nackter Oberkörper, eingefallene Schultern über einer lehmverkrusteten Armee-Hose, an der Seite eine Pistole im Lederholster. Der Körper schien nur aus grauem Knorpel zu bestehen, Haare und Bart farblos, die Augen ohne Glanz. Und doch wirkte er, als könne er Kerle verbeißen, die dreimal so breit waren. Er stand da wie ein dunkler Gedanke, starrte Richtung Tresen und rührte sich nicht. Für Bildungsreisende ein gewöhnungsbedürftiger Anblick.

Tonito brachte frisches Bier.

„Wer ist das?" fragte ich und nickte hinüber.

„Franco Desaparecido", sagte Tonito. Eine Spur zu laut, wie ich fand.

„Franco wer?"

„Desaparecido. Wir nennen ihn so: Der Verschwundene. Ein Gringo, ist vor Jahren von seiner Einheit abgehauen. Er lebt im Ort, hilft gerade beim Bau der neuen Schule."

„Mit der Pistole?"

„Die trägt er immer. Macht er dich nervös, *muchacho?*"

„Naja, er wirkt etwas überspannt."

Tonito grinste. „Franco legt sich mit keinem an, wenn man ihn in Ruhe läßt."

Franco Desaparecido stand unbeweglich, aber seine Pupillen arbeiteten. Sie waren in die Augenwinkel gezuckt wie bei einem Kaiman. Vielleicht hatte er seinen Namen gehört und wollte wissen, was an unserem Tisch vor sich ging.

Tonito ging hinter den Tresen, der Echsenblick wanderte mit ihm. Wenig später verschwand der Mann so plötzlich, wie er aufgetaucht war.

Unten am Fluß hatten sie sich nach zwei Stunden Disputs in der Gluthitze arrangiert. Unsere zermürbte Expedition bestieg den Kahn des Fischers Alvaro und seines Sohnes Jigue, die uns ins Dreiländereck bringen wollten. Beide trugen nur Shorts und Gummilatschen. Der Reiseleiter zog es vor, uns vom Ufer aus hinterherzuwinken. Sein Job war offenbar erledigt. Im Heck machte Jigue den Außenbordmotor flott. Ein paar kraftvolle Züge, und die Schraube rührte die dicke Senfsoße des Flusses auf.

Wir peilten eine schwimmende Tankstelle an. Benzin wurde hier offen angeboten, sie schütteten es einfach aus Wannen um. Als der Sprit hinter uns von einem Plastikbehälter in den anderen lief, steckte sich einer der Dänen eine Zigarette an. Schultz schlug ihm die Kippe aus der Hand und fuhr ihn an.

„Mann, das da hinten ist Benzin!"

„*Fuck, fuck*", stammelte er, „*pardon!*"

Langsam, im Tempo eines überladenen Bananenschleppers, tuckerten wir durch Mauern aus grünem Pflanzenwerk. Wir passierten einige Flußsprengel. Loreto Mocagua, Macedonia, Zaragoza. Ab und zu glitten *caboclos* in ihren Einbäumen vorbei, leicht und wendig, sie tauchten die breiten Ruderkellen mit raschen, gleichmäßigen Stößen in den Fluß und verschwanden wieder in den Seitenarmen.

Am Abend hinter Santa Sofia, als die Sonne wie eine geplatzte Ader zerlief und den Fluß in ein Meer aus Flammen verwandelte, standen Menschen am Ufer und winkten uns zu. Im Näherkommen erkannten wir drei Männer, eine alte Frau und einen Berg Gepäck.

„Wo fahrt ihr hin?" wollte einer wissen, als wir längsseits gingen.

„Leticia", rief Alvaro.

„Nehmt ihr die Frau mit?"

Der glatte Typ paßte von der Uhr bis zu den Slippern nicht hierher. Auch hatten wir öfter gehört, daß die *narcotraficantes* ihren Stoff jetzt gern auf braven Passagierkähnen schmuggelten. Und was wirkt harmloser als eine Greisin unter Touristen? Drei der fünf Koffer waren aus Hartschale. Einfache Plastikbeutel oder das übliche Schnurgepäck hatte sie nicht dabei. Die Alte saß da, stumm und undurchdringlich, mit verschränkten Händen schaute sie auf den Fluß.

„Was ist da drin?" fragte Alvaro und deutete auf die Koffer.

„Kleider und Decken."

„Das ist alles für die alte Frau?"

„Für sie, für meine Schwestern in Tabatinga und die Kinder. Warum?"

Er beugte sich vor und streckte den Arm aus, um den Strick aufzufangen, den Alvaro im Bug zögernd durch die Finger gleiten ließ.

„Zeig mir erst die Koffer", sagte Alvaro.

„Stimmt was nicht?"

„Zeig mir die Koffer."

Wir dümpelten am Uferrand. Das Abendlicht schraffierte den Urwald, der Fluß leuchtete. Eine Wolke aus gelben Faltern und dunklen Brummern tanzte am Ufer, schwarze Libellen schwebten am Bootsrand wie verzauberte Zigarillos.

Aber hier stimmte etwas nicht.

„Was ist, *capitán*", rief einer der Amis, „kann die Señora nicht mitfahren?"

„*Common!*" blökte der nächste; „*let's go, let's go!*"

„*Vamos!*" rief Alvaro nach hinten. Er ließ das Seil ins Boot fallen. Im nächsten Moment heulte der Motor auf und das Boot zog eine Schleife aufs Wasser hinaus. Der Bug stieß nach oben und schnellte über die Wellen, alle zogen die Köpfe ein, und keiner drehte sich mehr um.

Die Gespräche verebbten mit dem letzten Licht des Tages. Wir tuckerten über den ölig schimmernden Rücken des Solimoes. Wohin, war nicht mehr zu erkennen, bis ein Blitz die Finsternis zerriß. Der zweite erhellte ein ungeheures Wolkengebirge, der nächste blieb eine Sekunde, dann einer für eine winzige, gewaltige Ewigkeit. Der Himmel öffnete seine Schleuse. Donnerschläge barsten in das Stakkato auf dem Holzdach. Wir suchten Rettung am Ufer. Zwischen Baumstümpfen und klatschnassen Farnen fand sich Schutz für unseren Kahn, und mit einem Mal wurde es kalt. Wir zogen über, was greifbar war. Nichts war mehr zu sehen von der Urwelt, nur Wasser, zuckendes Licht und angespannte Schattengesichter.

„Die Tränen des Mondes", rief Jigue.

Nach einer halben Stunde war das Gröbste vorbei, die Wolken gaben den Mond frei. Das Wasser stand bis zu den Knöcheln, wir schöpften das Boot aus. Dann wagten wir uns wieder auf den offenen Fluß.

Der Amazonas war aufgewühlt, überall lauerten Strudel. Immer wieder verfingen sich losgerissene Schlingpflanzen in der Schraube und würgten den Motor ab. Alvaro baute sich im Bug auf, um mit einer Taschenlampe, die er auf dem Scheitel festhielt, die Fahrrinne auszuleuchten. Unter der Oberfläche lauerten Baumstämme, ihre gesplitterten Äste staken wie Lanzen nach oben.

Irgendwann ein Schimmern in der Finsternis. Es hielt an und wurde allmählich heller. Mehr und mehr Lichter tauchten auf, schließlich zeichneten sich Häusersilhouetten vor dem Nachthimmel ab. Leticia. Wir steuerten in einen Seitenarm und hielten auf die Floßkneipe *Rosa Delfin* zu.

Als wir allerdings aus dem Kahn steigen wollten, baute sich Alvaro auf den schwankenden Dielen auf und meinte, es sei wohl noch ein Umtrunk fällig. Sein Blick nagelte die Dänen und uns fest. Die übrigen Mitreisenden waren entlassen und hatten bereits andere Sorgen. Sie waren dabei, ihr Gepäck über die dünnen, federnden Holzbalken zu balancieren, die in zwei Metern Höhe die Floßkneipe mit dem Ufer verbanden. Eine der Kolumbianerinnen war schon vom Balken geplumpst, sie arbeitete sich quiekend durchs hüfthohe Wasser an Land. Der nächste war einer der Amerikaner: „*Fucking game!*" Nach Lage der Dinge gab es für uns nur eine saubere Lösung. Wir schleppten unser Reisegepäck in die schwimmende Kneipe.

Rund um die hölzerne Bar standen Plastiktische, an denen fertige Gestalten saßen, die Köpfe gesenkt, Biergläser in Pfützen. Im Lichtschein der Punktstrahler führten Moskitos ihren Veitstanz auf. Es gab auch noch zwei, drei lebensfrohe *chicas*, aber die Schmetterlinge schliefen längst.

Narcotraficantes

Zu jener Zeit existierten in Kolumbien keinerlei präzise
internationale Naturschutzgesetze, und der große Reichtum an tropischen Tieren, insbesondere Tropenvögeln und
Affen, wie auch an Tropenpflanzen wurde durch einen
regelmäßigen Export über Leticia und Barranquilla rück-
sichtslos dezimiert. Daß Mike Tsalickis der bedeutendste
Tropentierhändler war, wurde sehr bald bekannt, ebenso
seine Freundschaft mit dem Apostolischen Präfekten, der
aus diesem Grunde bei den Naturfreunden unbeliebt
wurde. (...)
Es ist wohl anzunehmen, daß der sicher gut informierte Tsalickis es für nützlich hielt, offiziell oder inoffiziell den
Schutz der katholischen Kirche und gleichzeitig den der
US-Regierung in Anspruch zu nehmen. So gab es vertrau-
liche Besprechungen zwischen ihm und Mgr. Marceliano
Canyes, der sich stets über jegliche Indianerhilfe freute.
1967 wurde in Leticia ein amerikanisches Konsulat eröffnet und Mike Tsalickis dort als erster Honorarkonsul der
USA ernannt. Da sich alles so gut entwickelte, wurde
1967 die ATA (Asociacion Transamazonica) gegründet.
Der ATA gehörte ein kleines Flugzeug, eine Cessna HK 98.
George Tsalickis, Bruder von Mike, kam eigens von Miami
damit angeflogen, um sich dem Prälaten als Pilot zur
Verfügung zu stellen und ihm das Reisen zu seinen entfernt gelegenen Missionsstationen zu erleichtern – wohl
aber auch, um die wertvollen Kaimanhäute für die
Lederhändler, die lebenden Affen für die Laborversuche
sowie die prachtvollen Tropenvögel für die Tierhand-
lungen zu transportieren. (...) Später behauptete man,

daß bis zu einhundert Händler unter dem Oberbefehl von Tsalickis gestanden hätten, weil sie dort gut verdienen wollten. All seine dunklen Geschäfte waren durch seinen Status als Honorarkonsul der USA geschützt. Auf den Namen seiner kolumbianischen Frau kaufte er auch eine große Insel im Amazonasstrom, genannt Santa Sofia, von ihm später in Isla de los Monos, Affeninsel, umbenannt. Hier gab er an, garantieren zu können, genügend lebende Affen für medizinische Zwecke nach den USA auszuführen. Und so wurden die hier frei lebenden Affen eingefangen, in große Lattenkisten oder manchmal auch nur Pappkartons verpackt und nach Miami verschifft.

Veronica de Osa, „Die trüben Wasser des Amazonas"

Ein Interpol-Sprecher teilte mit, daß die Behörde Flugzeuge beobachtet, die Ladungen aus Motorrädern und Ersatzteilen nach Leticia bringen und mit gefangenen Tieren aus der Region zurückfliegen. „Wir haben den Verdacht", sagt der Offizielle, „daß die zurückkehrenden Maschinen neben den Tieren mit Kokain oder Kokapaste vollgepackt sind."

Time Magazin, 14. November 1994

Wir saßen am Tresen und stießen mit unserem *capitán* auf die überstandene Fahrt an. Alvaro wollte wissen, weshalb wir hier seien. „Touristen oder Wissenschaftler?" Ich überlegte, ob wir es ihm nicht einfach sagen sollten. Warum nicht gleich mit ihm anfangen? Dafür sprach, daß Alvaro nicht aus Leticia stammte, selten herkam und ins hiesige Klientelsystem nicht einbezogen war. Er konnte aber von den Gerüchten gehört haben, die sich um Tsalickis rankten. Wer weiß, wo er sich vor Jahren herumgetrieben hatte? Dagegen sprach, daß der Abschiedstrunk bereits bei allen anschlug und solche Gespräche einen klaren Kopf erforderten. Ich wollte gerade ausweichen, als Schultz nach draußen deutete. Dort balancierte Jigue mit einem riesigen Koffer auf dem Kopf über die Balken ans Ufer. Es war einer der Metallkoffer, die unser Reiseleiter in Cabballococha nicht aus den Augen gelassen hatte.

Von wegen Reiseleiter. Wir hatten seinen Stoff mitgenommen.

Wir hatten Kokain zwischen unseren Sachen transportiert, von Peru nach Kolumbien, zwei Koffer voll. Alvaro hatte uns alle als Kuriere benutzt.

Als ich herumfuhr, roch ich die Gefahr wie Ammoniak. Seine Augen glühten.

Ruhig bleiben. Nüchtern werden. Nichts war passiert.

„Wo waren wir?" fragte ich.

„Was sucht ihr hier?" wiederholte Alvaro und musterte uns lauernd.

„Jäger."

„Jäger?"

Ich nickte. Schultz stieß mich mit dem Ellbogen. Ich redete drauflos, um Alvaro nicht zu zeigen, daß wir Verdacht geschöpft hatten.

„Was für Jäger?" wollte er wissen.

„Die Jäger der Yaguas. Oder waren es Ticunas?"

„Der Yaguas? Meinst du Indianerjagden?"

„Ja."

„Was weißt du davon?"

„Nichts", sagte ich. Die Geschichte fing ja erst an.

„Was hast du gehört? *Salud.*"

„*Salud y mujeres*", brummte er. „Man hört vieles."

Wie zur Bestätigung setzte mit einem Donnerkrachen ein weiteres Gewitter ein, wir rückten zusammen. Die Tränen des Mondes schrapnellten wieder auf das Blechdach.

Alvaro grinste, als wir anstießen.

„Das funktioniert nicht."

„Was?"

„Mich betrunken zu machen, damit ich ins Reden komme."

„*Claro*. Erzähl es mir lieber nüchtern."

„Den Teufel tue ich, *amigo*, aber vollaufen laß' ich mich trotzdem. *Salud!*"

Schön. Daß wir mit dem Erstbesten einen Treffer landen könnten, war nicht zu erwarten gewesen. Der schwankende Tresen des *Rosa Delfins* schien aber keine schlechte Anlegestelle zu sein.

Der Regen blieb. Wir begannen, die Bemühungen der Dänen um eine hübsche Brasilianerin zu kommentieren. Das Mädchen war in Begleitung eines kahlköpfigen Kerls aufgetaucht, beide völlig durchnäßt.

„Ein Gringo", erklärte Alvaro. „Er arbeitet für die amerikanische Drogenbekämpfung." Die *Drug Enforcement Administration*, DEA, hat ihr Quartier beim Militärcamp des kolumbianischen Infanterie-Dschungelbataillons, und die Agenten selbst, erzählte Alvaro, seien in einer *hostería* in Flußnähe untergebracht. Es hieß, allein in Leticia habe die DEA mindestens vierzig Leute stationiert.

„Du weißt Bescheid", sagte Schultz.

„Jeder weiß das. Wir haben keine Probleme mit den Gringos. Wenn du das Zeug meinst."

„Welches Zeug?"

„Du weißt schon. Die Koffer."

„Wovon redet er?" Schultz zog die Brauen hoch und wandte sich ab.

Alvaro fixierte mich. „Aber du weißt, was ich meine."

„Es interessiert mich nicht."

„*Bueno!*" Er klopfte mir auf den Arm. „*Muy bien.*"

Wenig später war Jigue zurück. Er hatte die Koffer abgeliefert, vielleicht an die beiden, die er jetzt im Schlepptau hatte. Wir bezahlten und wollten austrinken, als sich Alvaro erneut vor uns aufbaute.

„*Russo!*" Er fixierte Schultz, der ihm von seiner russischen Abstammung erzählt hatte. „Bist du so kräftig, wie du aussiehst?"

„Warum?"

„Wir können schnelle fünfzig Dollar verdienen."

„*Muchas gracias.*"

„In zwei Minuten verdient. Wir teilen es."

„Womit verdient?"

Er deutete auf einen von Jigues Begleitern. „Carlão. Drückst du den runter?"

Carlão war ein halsloser Klotz in einem Muskelshirt.

„Ich bin müde", sagte Schultz und warf mir einen lustlosen Blick zu. Aber ich fand, das war eine Gelegenheit. Er gab nach, wir setzten uns in Marsch. Nach einigen Schritten packte ich Alvaro an der Schulter.

„Hör zu, mein Guter, es gibt eine Bedingung: Wenn *El Russo* gewinnt, kannst du das Geld behalten. Aber dafür bekommen wir eine Auskunft."

„Was meinst du?"

„Du weißt, was ich meine."

„*Sí!*" Er lachte und schlug ein.

Die anderen standen auf, als sie uns kommen sahen. Carlão schlenderte prüfend zwischen den leeren Tischen umher, um vorzuführen, was für ein kapitaler Brocken er war. Er pflanzte sich auf einen Plastikstuhl und rief: „Komm schon!"

Schultz machte ein paar Liegestützen, dann nahm er Platz. Wir stellten uns um den Tisch auf. Die Dänen und ein paar andere kamen herüber. Der Wirt lehnte überm Tresen und schaute gespannt zu.

Schultz hatte solche Brecher-Typen immer im Armdrücken besiegt. Er schätzte sie über bestimmte körperliche Merkmale ein: Handgelenk, Unterarmform, Schuhgröße, Körperbau und Bewegungsart. Der Händedruck zur Begrüßung.

Die Pranken packten zu.

Ein paar *caboclos* schreckten aus dem Schlaf, als Carlão zu brüllen und zu drücken begann. Beide Kämpfer waren Sprinter. Aber Carlãos früher Fehler war unser Sieg, schon jetzt. Ein Sprinter hat nur einen wirklichen Versuch, schlägt der fehl, bleibt für den zweiten wenig Kraft. Fast fünf Minuten dauerte seine Attacke, dann kam der Arm wieder in die Ausgangsposition. Als er schnaufend ausatmete, schlug Schultz zu. Carlãos Hand krachte auf dem Tisch. Er hatte sich mehr verausgabt, als es schien.

„Eine Bombe!" Entzückt steuerte Alvaro den Tresen an. „Carlão schaffen nur wenige!" Alvaro gab eine Runde aus.

„Du bist dran, Alvaro", sagte ich.

Er kratzte am Flaschenetikett herum. „Wie lange seid ihr hier?"

„Ein paar Wochen. Mit Unterbrechungen."

„Kommt in drei Tagen hierher. Ich bringe euch jemanden, der die Geschichte kennt."

„So läuft das nicht. Woher weiß ich, ob du kommst?"

„Denkst du, ich bin ein Lügner?"

„Ich denke, wir haben eine Vereinbarung. Also gib uns einen Namen. Jetzt. Jemand, den wir fragen können. Du bist uns was schuldig."

Er zögerte, schließlich sagte er: „Fahrt zum Padre. Ihr müßt Padre Lozano fragen. Er lebt am Itacuai, einem Seitenarm des Rio Javari. Drei oder vier Tagesreisen von hier."

„Geht das genauer?"

„Ich war nie dort. Aber jeder kennt ihn, es gibt da eine Mission."

Eine Mission am Javari. Ausgerechnet am Grenzfluß zwischen Brasilien und Peru. Eine gottverlassene Gegend, je tiefer man vordringt.

„Sonst weißt du niemanden, hier in Leticia?"

„Niemand, der was erzählt. Großer Gott, was kümmert euch der alte Kram?"

„Wir treffen uns hier, in drei Tagen?"

„In drei Tagen. *Te juro*."

Jigue balacierte unser Gepäck ans Ufer, müde erreichten wir das Hotel.

Zweiter Teil
Einem Phantom auf der Spur

Ein verlorener Freund

Heute läßt sich die These wagen, daß ein politischer Dissens zwischen den legalen staatlichen Eliten Kolumbiens und den Guerillas nur noch aus Gründen des politischen Marketings aufrechterhalten wird. Tatsächlich ist der Drogenhandel ein verbindendes Element zwischen Teilen der politischen, wirtschaftlichen und militärischen Elite Kolumbiens, den beiden Hauptguerilla-Organisationen FARC und ELN, den Paramilitärs und der eigentlichen Drogenmafia. Sie alle streben die Kontrolle über die Anbauregionen, die Exportkorridore für die Drogen und die Importkorridore für Waffen und verbotene Chemikalien zur Drogenherstellung an. Zwangsläufige Folge ist eine Zunahme von Menschenrechtsverletzungen, von Massenmorden und einer gewaltigen Migrationsbewegung der armen Kleinbauern und Landarbeiter sowie indigener Volksgruppen im nördlichen Choco sowie in Putumayo und Amazonia in Südkolumbien. Denn die für den Koka- und Mohnanbau geeigneten Flächen sind meist identisch mit traditionellen Anbaugebieten für kleinflächige Landwirtschaft und damit wichtig für die lokale Versorgung der Bevölkerung. Sie werden Ziel des Drogenkrieges um die Herrschaft über die neuen Drogenplantagen und die Absatzwege. Seit kurzem kommt die von den USA lancierte Drogen- und Guerillabekämpfung namens Plan Colombia hinzu. Dieser Plan Colombia wurde im Jahr 2000 vom US-Kongreß verabschiedet. 1,3 Mrd. US-$ wurden dafür bewilligt. Rund achtzig Prozent der Summe entfallen auf die Militärhilfe, fließen jedoch zu weit mehr als der Hälfte direkt der

US-Rüstungsindustrie für Waffen, Munition oder Kampf-
hubschrauber zu. Außenpolitisch dient der Plan den
Sicherheitsinteressen der USA, denn der nationale kolumbianische Konflikt könnte sich auf die angrenzenden
Länder ausweiten, weil die Ursachen für die Entstehung
der Guerillas und der Paramilitärs vom kolumbianischen
Staat nicht beseitigt werden. Ein drittes starkes Motiv
liegt in der Zugangssicherung für US-Unternehmen zu
strategischen Rohstoffen wie Erdöl, Tropenholz, dem
genetischen Reichtum Amazoniens, Metallen und den
enormen Süßwasservorräten dieser andinen Region.

Elmar Römpczyk, „Kolumbien.
Synonym für Drogen und Gewalt?"

Als ich am nächsten Tag die Balkontür des Hotel-
zimmers öffnete, prallte mir die Luft entgegen. Ein sen-
gender Mittag. Hinter der Halbinsel Isla Fantasia, einige
hundert Meter entfernt, wand sich der Fluß als fleckiger
brauner Schlauch. Weiter drüben auf der peruanischen
Seite entlud sich ein Gewitter; mächtige Schattensäulen
in zwei oder drei Kilometer Entfernung zeigten an, wo
die Sintflut niederging. Auf unserer Seite war nur Moped-
geknatter zu hören. Mit tief ins Gesicht gezogen Hüten
saßen die Männer Leticias unter Palmen und Platanen
und säumten die aus großen, rissigen Steinplatten beste-
hende Durchgangsstraße. Durch den Orellana-Park spa-
zierten Mädchen mit ihren Kindern auf dem Arm.

Beim Kaffee im Hotelgarten kam Doña Carmen an
unseren Tisch, die Chefin des Hotels *Anaconda*. Die
Angestellten nannten die ältere Dame Carmelita, allerdings nur hinter ihrem Rücken. Manchmal fürchteten

sie ihre Strenge, die sie uns gegenüber mit einem milden Blick tarnte. Es war noch immer der fürsorgliche Blick einer Nonne. Einst hatte Doña Carmen im Kloster gelebt. Damals waren ihre drei Brüder erfolgreiche Kokainschmuggler, die vom Gewinn dieses Hotel gebaut hatten, einschließlich eines Roulettetisches im Hinterzimmer, den selbst Pablo Escobar, Chef des Medellin-Kartells, gern besucht hatte. Aber kaum florierte das Etablissement, war die Konkurrenz der Brüder auf den Plan getreten. Drei Kopfschüsse. Binnen ungefähr eines Jahres verlor das Haus seine Herren.

Erbinnen waren *Hermana* Carmen und die Mätresse des ältesten Bruders, eine Señorita, die sie nur Chou-Chou nannten. Die beiden unterschiedlichen Frauen beschlossen, sich zusammenzutun und das Hotel ohne Glücksspiel weiterzuführen. Damit war die Mätresse keine Mätresse, die Nonne keine Nonne mehr. Doña Carmen managte das Hotel. Doña Chou-Chou kam ein, zwei Mal im Jahr aus Bogotá, sah in die Bücher und gab rauschende Parties.

Beim Frühstück versicherte Doña Carmen, daß in Leticia wie auch drüben in Tabatinga das Leben völlig sicher sei. Man könne sich bei Tag und Nacht frei bewegen, sie empfahl besonders den Zoo und die Bibliothek und bot ihre Hilfe an bei der Suche nach Führern für den Regenwald.

Zunächst wollten wir Hector aufsuchen, unseren alten Freund in Santa Rosa, auf der peruanischen Seite des Dreiländerecks. Hector betrieb eine offene Kneipe mit gewaltigem Strohdach auf dem Hochufer. Wir hatten einige Urwaldtouren mit ihm unternommen. Er war zuverlässig und kannte sich aus in der Region, wußte Bescheid über jeden und alles. Einer wie Hector war unverzichtbar, wenn wir uns auf die Fährte von Mike Tsalickis begeben wollten.

Wir setzten für ein paar Pesos über den Fluß und landeten zehn Minuten später in Santa Rosa an. Die Kneipe war bereits gut besucht. Hectors Frau Marilda legte brasilianische Musik auf. Sie stammte aus Manaus und wollte zurück, lieber heute als morgen. Aber Hector hielt sie hin mit dem Versprechen, daß sie dorthin ziehen würden, sobald er genug Geld beisammen hatte. Er war zwar fleißig und sehr geschäftstüchtig, aber er war nicht der Typ, der den Urwald einfach aufgeben würde für die unwägbare Existenz in einer chaotischen, von schwimmenden Elendsvierteln, *favelas*, umzingelten Millionenstadt.

Marilda geriet aus dem Häuschen, als sie uns sah. So ein Besuch war ein gesellschaftliches Ereignis. Wir tauschten ein paar Erinnerungen an unseren letzten Besuch aus, und sie lief schließlich ins Haus hinüber, um Hector zu rufen.

Dann stand er vor uns. Schmal und drahtig mit der dicken, dunklen Hornbrille, und auch seine Begrüßung war überschwenglich. Die nächsten drei Stunden stießen wir ausgiebig aufs Wiedersehen an. Es versammelten sich immer mehr Gäste am Tisch, vermutlich auch auf unsere Rechnung. Wir verabredeten eine Tour zur Isla de los Micos, einen Herrenausflug, raunte Hector verschwörerisch. Irgendwann, wir hielten einander bierselig im Arm, sagte er: „Hör mal, ich hätte euch die Freundschaft gekündigt, wenn ihr nicht sofort bei mir aufgekreuzt wärt!"

„Hector, ist doch Ehrensache."

„Ertappt!" rief er, und setzte ein listiges Suffgrinsen auf.

„Wobei?"

„Ihr seid gestern gekommen. Ich habe euch schon erwartet!"

„Gestern? Wie kommst du darauf?"

„Ich habe einen Anruf erhalten." Hector beugte sich vor und raunte: „Denk mal nach. Vielleicht aus Iquitos?"

„Wheeler", sagte ich.

„*Sí, Señor.* Wheeler, mein alter Chef."

„Du hast für ihn gearbeitet?"

„Ich bin Touren für ihn gefahren. Später habe ich mich selbständig gemacht."

„Aber der Kontakt ist geblieben."

„Man lebt hier von Kontakten."

Hector musterte mich angestrengt, als versuche er, einen verschlierten Gedanken blank zu polieren. Ob ihn die Ahnung durchwehte, daß er einen Fehler gemacht hatte? Er beging schon den nächsten.

„Seid ihr noch hinter Tsalickis her?"

„Tsalickis? Was meinst du?"

„Hör mal, du hast dauernd über ihn geredet. Du wolltest alles über ihn wissen, und über die Indiojagden, die es nie gab. Und jetzt wollt ihr wieder auf die Insel."

Für Hector, wie für fast alle hier, gab es diese Jagden nicht.

„Blödsinn, Hector, vergiß das. *Salud!*" Ich hob das Glas. „Wieso sagt dir Wheeler, daß wir hierher kommen?"

„Er meint, ich soll mich um euch kümmern."

„Wir sind Freunde, Hector. Wenn wir was brauchen, kommen wir sowieso zu dir."

Er blinzelte. „Das habe ich ihm gesagt. ‚Señor', habe ich gesagt, ‚die kommen zu mir.' Und jetzt seid ihr hier! *Salud!*"

Die Dämmerung brach herein. Hector und zwei Saufkumpane begleiteten uns über den Fluß. Von der Anlegestelle steuerten sie ohne Umschweife Leticias Kneipengasse an. Es ging zu Gracielas Bar. Schultz war nüchtern geworden, als ich unterwegs von Hectors Fauxpas berichtet hatte. Auch er meinte, wir müßten uns von dem Trio trennen. Es war auf den alten Freund nicht mehr zu bauen, das war betrüblich genug. Zusätzlich hatten wir Verdacht geschöpft, daß uns Hector und die beiden Saufbrüder, Tata und Ernesto, als Aufpasser untergeschoben werden sollten. Uns war aufgefallen, daß sie ihre Rechnung selbst bezahlten. Zudem erboten sie sich für Hilfsdienste, sogar Zigaretten holten sie, das war ungewöhnlich. Niemand tut hier etwas ohne Bezahlung, keiner krümmt freiwillig einen Finger für Gringos, die er nicht kennt, und die ihn nicht bezahlen.

„Pinga", rief Hector, „mehr Pinga!" Graciela brachte Zuckerrohrschnaps, und von Runde zu Runde fiel es leichter, den Inhalt des Glases aufs Pflaster zu kippen. Hector baute merklich ab, aber Tata und Ernesto hielten sich zäh; erst gegen Mitternacht, als sich die ganze Schar in einer Alkoholpfütze aufzulösen begann, konnten wir verschwinden.

Wir nahmen ein Taxi nach Tabatinga. Die Nacht regiert auf der brasilianischen Seite, wo Kneipen und Verkaufsstände die einzige befestigte Straße umsäumen, die Avenida Internacional. Tabatingas Ecken hallen wider von Samba, Forro und Pagode, für längere Unterhaltungen braucht es kräftige Stimmbänder. Wir stiegen vor einer Discothek aus, setzten uns an einen Straßenverkauf und beobachteten den Betrieb. Hunderte Mopeds parkten davor, hundert weitere kurvten

hupend durch die Straßen. Der samstagabendliche Kür-
lauf der hübschen Mädchen, der *garotas*, von denen
wimmelte es hier. Noch so ein Unterschied zur kolumbianischen Seite, ein paar Meter weiter. Drüben fuhren sie
vorbei, hier hielten sie an.

Wir gingen über die vierspurige Straße in eine Seitengasse, in der brüchige Holzbuden aneinander lehnten, ihre Latrinen schlossen offenbar schlecht. Auch hier
versuchte jeder Wirt, seinen Nachbarn zu übertönen.
Wir entschieden uns für eine Hütte, aus der es weniger
laut herausdröhnte und die womöglich deshalb keine
Gäste hatte. Zwei *garotas* bedienten. Das heißt, eine lag
in der Hängematte, die sich quer durch den kleinen
Schankraum spannte, die andere brachte das Bier und
setzte sich zu uns, als sei das Teil der Bestellung.

Bald darauf breitete sich am Tisch hinter uns eine
Schar Halbstarker aus. Die Burschen hatten offenbar
Koks und Alkohol intus und pöbelten herum. Wir gaben
Nenca und Claudia, den Wirtinnen, ein Bier aus.

Ich fragte Nenca, ob sich hinter uns alles im Rahmen
bewege.

„Das weiß man nie", sagte sie.

„Du weißt nicht, was hier los ist?"

„Doch. Ich weiß, daß in Tabatinga jede Woche jemand erschossen wird", sagte sie.

„Jede Woche?"

„*Sim*. Jeden Freitag, jeden Samstag, jeden Sonntag."

„Hör auf damit, Nenca", sagte Claudia. „Ich will das
nicht hören."

„Macht sie Witze?" fragte ich.

„Nein." Claudia schloß die Hände im Schoß und
schaute auf die Schlammstraße. Schultz kniff die Augen
zusammen. War hier wieder alles wie früher, als es die

Killer von Don Evaristo an einem Wochenende auf ein Dutzend Morde gebracht hatten?

„Nenca. Ich dachte, seit einigen Jahren ist das der ruhigste Ort der Welt."

„Leticia, ja. Aber Tabatinga ist gefährlich. Die Drogenbanden schießen auf jeden, den sie für einen Rivalen halten. Sie jagen die Peruaner, weil die das Geschäft übernehmen, das früher die Kolumbianer erledigten."

„Aber wir sehen nicht gerade wie Peruaner aus, oder?"

„Wer weiß das? Ihr könntet Besucher sein, die nur herumreisen, oder Geschäftsleute. Wenn euch jemand für Kokainhändler, *traficantes*, hält, wird er nicht fragen, ob ihr Touristen seid."

Später landeten wir wieder an der Avenida. Am Straßenstand vor der Discothek saugten wir Eiswasser aus Plastikbeuteln und erörterten die Lage. Es sah schlecht aus. Wir hatten Hector, unseren Führer verloren. Und schlimmer: Hatte schon jemand ein Auge auf uns geworfen?

In diesem Moment erschien das Unterfangen sinnlos, Tsalickis auf die Spur zu kommen und das Puzzle legen zu können. Wahrscheinlich würden wir mit jedem altgedienten Dschungelführer hier dasselbe Problem kriegen wie mit Hector. Kein hartgesottener Waldläufer würde sich einlassen auf unsere Art von Vergangenheitsforschung. Viele waren selbst ein Teil dieser Vergangenheit.

„Angel", sagte Schultz schließlich. „Wir suchen morgen Angel, er hat uns auf diese Spur gesetzt, er wird uns helfen, weiterzukommen."

Angel Maturana. Ein politischer Querkopf, ein Intellektueller, den es hierher verschlagen hatte. Er stammte aus Riohacha an der Nordküste, hatte in Barcelona studiert. Aber seine Liebe galt seit vielen Jahren dem Dschungel. Und seine Angst.

Auf der Suche nach einem Helfer

Die Gringos geben die Waffen. Kolumbien stellt die
Toten.

Plakat im Rebellengebiet der FARC, Februar 2002

Hier gibt es nicht einen Menschen, der nicht für die
Drogenmafia arbeitet. Das bestätigen auch der Polizeichef
von Tabatinga, Raimundo Souza, und der Bischof dieser
Gemeinde, Alcimar Magalhaes.

Hoy-Online, 2001

Tabatinga und Leticia liegen an der Hauptroute für
Drogentransporte an organisierte Kriminelle in Brasilien
sowie für den Schmuggel von Vorläuferchemikalien,
Waffen und Sprengstoff. Drogenhandel und Waffen-
schmuggel sind dort die wirtschaftlichen Hauptaktivi-
täten, und FARC-Einheiten erholen und versorgen sich
regelmäßig in Leticia. Brasiliens Regierung befürchtet,
daß der US-Hilfsplan den Drogenhandel in den brasilianischen Amazonas hinüberdrückt. Die Regierung ist offiziell besorgt, daß die Reste der chemischen Luftbesprü-
hungen in Kolumbien ins regionale Flußsystem eintreten
und die Gewässer vergiften, während zugleich Tausende
kolumbianischer Flüchtlinge in den brasilianischen
Bundesstaat Amazonas drängen. Dieser Staat hat nur die
Größe Pennsylvanias, mit 130 000 Bewohnern. Die FARC
hat die Kontrolle über den Kokainhandel in Südkolumbien
erlangt, und ihre Kräfte umfassen mehr als 17 000 Krieger,

die von geschätzt 36 000 zivilen Milizionären unterstützt werden.

Stratfor's Global Intelligence-online,
27 September 2000

„*H*ola *Señora!*" Schultz rief Doña Carmen hinterher, als sie an unserem Frühstückstisch vorüberging. Sie
blieb stehen und betrachtete ihn.

„Señora, sind Sie sicher, daß man in Tabatinga gut
aufgehoben ist?"

„Waren Sie drüben?"

„Ja. Es hieß, daß es am Wochenende oft Schießereien
gibt."

Doña Carmen kam näher und musterte uns irritiert.
Nur der Ventilator, der die Luft wie ranzigen Bananen-
brei umrührte, war zu hören. Flapp, flapp, flapp.

„Es stimmt", sagte sie. „Brasilianer und Peruaner
haben Probleme miteinander. Sie sollten besser nur tagsüber nach Tabatinga gehen. Nachts vereinbaren Sie unbedingt einen Treffpunkt mit dem Taxifahrer."

Wir verkniffen uns die Frage, warum sie gestern das
Gegenteil erzählt hatte. Doña Carmen schickte uns ein
mildes Lächeln und wollte gehen.

„Señora", sagte ich, „noch eine Frage."

„Gern."

„Vor einigen Jahren gab es hier einen *guia*, er hieß
Angel Maturana. Wir suchen ihn, weil wir einen guten
Dschungelführer brauchen."

„Angel Maturana? Das sagt mir nichts."

„Wir haben ihn sogar hier im Hotel getroffen."

Sebastiano, der junge Frühstückskellner, schlich herbei wie immer, wenn irgendwo eine Unterhaltung lief. Er sah Doña Carmen gespannt an, als sie wiederholte: „An einen Angel erinnere ich mich nicht. Es gibt aber genug gute Führer, ich arrangiere gerne etwas. Haben Sie spezielle Wünsche?"

„Er sollte ehrlich sein und erfahren, und möglichst seit zwanzig Jahren im Urwald unterwegs. Wir vertrauen auf Ihre Empfehlung."

„Kommen Sie nachher in mein Büro."

Die beiden nächsten Tage gingen für Gespräche und Erkundigungen drauf. Doña Carmen rief einen Dschungelführer nach dem anderen herbei, ältere, alte, düstere, fröhliche und ein paar Halbverrückte. An Don Damaso fanden wir Gefallen.

Wir trafen ihn mittags am Pool. Der Kellner brachte Wasser, Säfte und eine lange Holzstange, mit der Damaso drei grüne Papageien in Schach hielt, die eine Weile lang versuchten, in unsere Schuhe zu hacken. Papageien lieben Leder, ihre Schnäbel sind scharf genug, um die stärksten Schuhe zu zerfetzen.

Don Damaso sagte, er sei Anfang fünfzig. Er zischelte beim Sprechen, hatte pechschwarzes Haar, war klein und breit und offenbar in guter Kondition. Sein Vater war Ecuadorianer, die Mutter Jivaro-Indianerin. Er machte einen ehrlichen Eindruck. Wir beschlossen, mit ihm zu fahren.

Zunächst wollten wir jedoch herausfinden, was mit Angel war. Die Suche nach ihm gestaltete sich mysteriös. Nicht, weil uns niemand, auch Damaso nicht, etwas über sein Verbleiben sagen konnten. Nein, irritierend war, daß ihn hier niemand kannte, niemand je gekannt hatte. Aber das wußten wir besser. Auf der Flußreise hatte uns Angel sogar seinen Ausweis anvertraut; aus

Vorsorge, wie er sagte, gegen diebisches Personal in einer Hütte, in der wir übernachteten. Zurück in Leticia, hatten wir uns noch einmal hier im Hotel gesehen. Ständig hatte er Leute getroffen. Und jetzt erinnerte sich niemand an seinen Namen. Es machte uns neugierig.

Am dritten Abend gingen wir zur Anlegestelle hinunter, um Alvaro zu treffen, der seinen Informanten in die Flußkneipe mitbringen wollte. Große Hoffnung hatten wir jedoch nicht. Unterwegs erhob sich Geschrei am Himmel, als Hunderte Papageien wie jeden Abend zur Plaza flatterten. Auch das ging angeblich auf Tsalickis' Geschäfte zurück, auf die Zeit, als er noch Tiere in die USA exportiert hatte. Wann immer die amerikanischen Behörden aus Seuchenangst einen Einfuhrstopp verfügten, blieben die Händler in Leticia auf der Ware sitzen. Sie öffneten dann einfach die Käfigtüren, und die Papageien flogen in den Regenwald. Allerdings nur bis zum Abend. Dann kehrten sie in den Ort zurück und schliefen in den Bäumen. Und das hielten sie bis heute so.

Am Ufer roch es wie immer nach Müll, vergorenen Früchten und Fisch. Die Fischer und die Röster stiegen herauf, müde vom Rudern in ihren Einbäumen und gebeugt unter den Manioksäcken. Nach der kurzen Dämmerung wurde es stickig und still. Gleichgültigkeit legte sich über den Fluß. Bedächtig ächzte der *Rosa Delfin*. Wir saßen am Tresen und klatschten Mücken tot. Mehr war nicht zu tun. Alvaro hatte uns hängenlassen. Je tiefer wir vorzudringen versuchten in diese Welt, um so weiter wich sie zurück.

„Jetzt haben wir einen Führer", brummte Schultz, „aber kein Ziel mehr. Woher wollen wir wissen, ob die Sache mit dem Padre stimmt?"

Immerhin gab es ihn, so viel hatten wir schon erfahren, und er war als Indianerkenner bekannt. Wir hatten eine lose Vereinbarung mit Don Damaso getroffen. Hatten ihm erzählt, daß wir ein Erlebnis im Indianergebiet suchten und in die Gegend des Itacuai fahren wollten, um dort mit dem Experten zu reden. „Private Studien", hatten wir gesagt.

„Wir müssen offen mit Damaso reden", sagte ich.

„Und wenn er kneift? Hier hat sich viel verändert. Alles ist anders als beim letzten Mal."

„Vor allem will keiner mehr über Tsalickis reden."

„Und Angel? So einer kann gar nicht in Vergessenheit geraten."

„Deshalb wird er uns am besten erklären können, was hier läuft. Wir müssen ihn finden."

Der untergetauchte
Dschungelführer

Ein Streit um Edelhölzer wie Mahagoni und Zedern
könnte den Tod von Antonio de Souza, 55 Jahre, und
José Carlos Mariano, 23 Jahre, verursacht haben. Die
Leichen der beiden Holzfäller wurden in der Nähe des
Rio Quixito, innerhalb des indianischen Javari-Reservats,
aufgefunden, weniger als einhundert Kilometer entfernt
von Atalaia do Norte. Holzfäller in der Region beschul-
digen Korubo-Indianer, die auch als Caceteiros bekannt
sind, der Morde. Die Korubos hatten erst vor drei Jahren
den ersten Kontakt mit der nationalen Indianerorgani-
sation Funai.

Folha, 27. November 2000

In einem Interview mit der Washington Post behauptet
der Führer der paramilitärischen AUC, Carlos Castaño, es
gebe enge Kontakte zwischen seiner illegalen paramilitärischen Gruppe und den Sicherheitskräften. Vor allem auf
der unteren Ebene herrsche zwischen den AUC sowie
Polizei/Militär Einverständnis darüber, daß der gemein-
same Feind die Guerillas seien. Er behauptet, in den
Reihen der AUC kämpften rund 35 ehemalige Offiziere,
mehr als einhundert Ex-Unteroffiziere sowie mindestens
eintausend ehemalige Mannschaftsdienstgrade, die aus
den Reihen von Polizei und Militär gekommen seien.
Carlos Castaño lehnt in dem Interview die Schaffung
einer demilitarisierten Zone für die ELN im Departement
Bolivar ab. Castaño räumt Verstöße seiner Männer

gegen das humanitäre Völkerrecht ein, bezeichnet aber gleichzeitig Berichte über Grausamkeiten der AUC als erlogen. Internationale Organisationen wie Human Rights Watch oder amnesty international würden immer wieder der Propaganda der Guerilla aufsitzen und falsche Meldungen über die AUC verbreiten. Castaño stellt die AUC als eine Kraft dar, die ebenso militärische wie politische Ziele verfolgt.

amnesty international, Rundbrief der Kolumbien-Koordinationsgruppe, 12. März 2001

„*Vaya con dios!*" Maria Montoya strahlte. „*Gracias Señor! Vaya con dios!*" Noch einmal zog sie meine Hand durch das Seitenfenster des Taxis und dankte überschwenglich für die zehn Dollar.

Der alte Nissan fuhr los. Wir warteten, bis er in einer Staubfahne ums Eck gerumpelt war. Dann mischte sich der Duft der Orangenbäume, die vor einer steinernen Mauer blühten, in die Wolke aus Alkoholbenzin. Schultz klopfte an das gewaltige Holztor.

„*Quién es?* Wer ist da?" rief eine Stimme. Schritte näherten sich.

„*Tus amigos, Angel!*"

„*Quién es?*"

Das Tor schwang zur Seite, und vor uns stand er. Angel. Lang aufgeschossen, drahtig, nur in Shorts, die buschigen Augenbrauen hochgezogen. Er breitete die Arme aus und lachte. Er schloß die Tür und führte uns durch sein abgeschottetes Reich. Das ganze Anwesen war von einer Mauer umgeben, die Rückwand grenzte an eine Lagerhalle für Holzstämme. Den hinteren Teil des Hauses bewohnte er, der vordere diente als Werkstätte. Es war so, wie Maria gesagt hatte, Angel gab jetzt Unterricht. Er schulte junge Mechaniker an Boots- und Moped-Motoren. Das wurde hier gebraucht. Und für Angel war es wieder mal was Neues.

„Wie habt ihr mich gefunden?" rief er aus dem Küchenteil.

„Wir haben den Kellner im Hotel geschmiert. Er hörte sich um, und heute erzählte ihm eines der Zimmermädchen, daß du ihren Sohn unterrichtest. Sie hat uns hergebracht."

Angel kam mit drei Bier zurück. Seine Fröhlichkeit war zu einem Grinsen geronnen. „Es ist nicht mehr einfach hier."

„Einfach? Es hat fünf Tage gedauert, dich zu finden. Warum kennt dich niemand mehr?"

„Das Problem ist, daß sie mich zu gut kennen."

„Also doch. Du hast bei der Drogenmafia angeheuert!"

„*Sí! Sí!*" Schepperndes Lachen. „Dann wäre ich ein respektierter Mann."

„Angel, was ist los?"

Er hatte mit ungefähr dreißig Gleichgesinnten eine Bürgerbewegung gegründet, die die politischen Entwicklungen in Leticia verfolgte. Auslöser dafür war, daß die Drogenbarone, die Anfang der neunziger Jahre inhaftiert und enteignet worden waren, plötzlich ihre Häuser zurückerhielten. Die Regierung Pastrana, die sich jahrelang mit der Linksguerrilla FARC arrangiert hatte, hatte die Seite gewechselt und sich der Mafia angenähert. Pastrana hatte die bislang offiziell respektierte Freizone mitten im Land aufgelöst und damit die nächste Phase des Bürgerkriegs gezündet. Nun stärkte die

Regierung wieder die Mafia – ein Schachzug, mit dem sie die um Drogen- und Waffengeschäfte rivalisierenden Gruppen aufeinanderhetzen wollte. Also waren die Direktoren der Antidrogenbehörde DNE, *Dirección Nacional de Estupefaciendes,* auf die Idee gekommen, daß es gegen die Grundrechte verstoße, wenn jemand zweimal für dasselbe Verbrechen verurteilt werde. Plötzlich hieß es: entweder Gefängnis oder Enteignung. Mit diesem Taschenspielertrick gaben sie den Koksbaronen Häuser und Ländereien zurück. Daß diese Liegenschaften mit Drogengeldern finanziert worden waren, ignorierte die Regierung.

Die FARC sei schon lange in der Stadt, sagte Angel. „Neuerdings schreiben sie es an die Hauswände: *Ya llegamos.* Wir sind da. Sie waren immer in den Urwäldern hier, nicht weiter weg als fünfzig Kilometer, haben sich in Leticia mit allem versorgt, aber immer darauf geachtet, daß es nicht zu Zwischenfällen kam. Denn das Dreieck des Schweigens ist ihr Rückzugsgebiet. Mit dem Wegfall der Freizone drückt das Verbrecherpack aus den Bergen in diesen Landtrichter, und die Regierung empfängt sie, indem sie die Drogenbarone in alte Rechte einsetzt."

„Und die Paramilitärs sind auch in der Nähe?"

Die *Autodefensas Unidas de Colombia* (AUC), „Vereinigte Selbstverteidigungsgruppen von Kolumbien", wie sich sich nennen, sind die schlimmsten Schlächter im Lande überhaupt. Ihre Verwicklung in den Drogenhandel ist belegt, ihre Anführer, voran Carlos Castaño, kontrollieren über siebzig Prozent des gesamten Exports sowie einen Großteil des Anbaus und der Produktion. Diese rechtsgerichtete Söldnertruppe ist für unzählige Massaker gegen die Zivilbevölkerung und Massenvertreibungen verantwortlich, handelt aber in erkennbarer Abstimmung mit der Armee. Seit dem Amtsantritt des neuen kolumbianischen Präsidenten Alvaro Uribe Veles im Sommer 2002 mühen sich die Paramilitärs um mehr Seriosität, sie wollen als gleichrangige Verhandlungspartner anerkannnt werden. Castaño räumte gar ein, es gäbe einen kleinen Teil Paramilitärs, die in Morde und Drogenwirtschaft verwickelt seien. Von diesen hätte sich die AUC getrennt. Doch die strategische Frömmelei wirkt wie mit Bogotá abgesprochen. Und auch mit den US-Behörden? Vielen im Land gilt Castaño seit über zehn Jahren als Agent der DEA.

„In der Nähe? Die seht ihr überall. Schaut einfach die Soldaten an. Viele sind tagsüber kolumbianische Armeeangehörige, nachts sind sie Paramilitärs. Das gibt ein Zubrot zu ihrem kargen Sold."

„Und gegen die alle wollt ihr antreten – FARC, Drogenmafia und Paramilitärs?"

Angel sah uns an. „Wir bombardieren die Behörden mit Anfragen, Anträgen und Anzeigen."

„Anonym?"

„Offen."

„Ihr seid lebensmüde."

„Wir kriegen Drohbriefe, jeden Monat. Nach Tabatinga traut sich keiner mehr rüber."

„Weil die Brasilianer um sich schießen?"

„Ja", sagte Angel. „Aber in Tabatinga werden die Morde nur ausgeführt, drüben warten die Killer, auch die kolumbianischen. Erteilt werden die Aufträge auch in Leticia, und hier wird auch bezahlt."

„Warum die Mühe? Früher wurde das doch direkt in Leticia geregelt."

„Heute sind hier viertausend Militärs stationiert.

Eine ganze Armee bewacht 23 000 Einwohner. Tabatinga hat 35 000 Bewohner, aber es gibt nur 56 Polizisten. Das reinste Killerparadies."

Nimm's mir nicht übel, aber wird Tabatinga auch für uns zu heiß, wenn wir hier mit dir gesehen werden?"

„Kommt drauf an, wer euch sieht. Wie lange, und was man von euch weiß. Ihr habt doch nicht überall wegen Tsalickis herumgefragt?"

„Nicht direkt. Uns fiel bald auf, wie verängstigt die Leute plötzlich sind."

„Ich rate euch, haltet euch zurück. Einer wie Tsalickis ist wieder auf der Gewinnerseite, auch wenn er im Gefängnis sitzt. Wie sind eure Pläne?"

„Uns wurde ein möglicher Informant genannt", sagte ich. „Padre Lozano, ein Missionar, der am Rio Itacuai lebt. Es heißt, er weiß alles, was die Indianer angeht. Kennst du ihn?"

„Nein, aber ich habe den Namen gehört. Ist er jetzt in der Stadt?"

„Das ist das Problem. Ich fürchte, wir müssen ihn besuchen."

„Dann habt ihr wirklich ein Problem." Angel stieß zischend Luft durch die Schneidezähne. „Ihr wißt, daß ihr ins Javari-Tal müßt?"

„Das ist der einzige Weg, den ich kenne."

„Du kennst nicht mal diesen, *amigo*. Die Brasilianer machen Schwierigkeiten. Es ist teuer und kompliziert, einen Passierschein zu bekommen."

„Angel, den Schein wirst du uns besorgen."

„Aber dann gehen die Probleme erst los. Die Gegend ist gefährlich. Die brasilianische Polizei riegelt den Fluß ab. Warum, kannst du dir denken."

„Warum?"

„Weil da unten die Drogenmafia operiert. Der Javari ist *terra incognita*, ein ideales Rückzugsgebiet. Sie haben Landepisten und Labore da draußen. Es gibt die seltsamsten Missionare, es sind massenhaft illegale Holzfäller zugange. Und wenn ihr da durch seid, kann es noch übler werden. Womöglich kriegt ihr die Caceteiros an den Hals."

„Was heißt ihr? Du kommst mit uns."

„Ich? *No, por favor.* Ich bin die nächste Zeit beschäftigt. Ich habe den Umzug eines Freundes aus Tabatinga am Hals und jeden Tag die Lehrlinge hier. Ich kann nicht einfach abhauen."

„Sonst noch Gründe?"

Angel grinste. „Ich wäre nicht scharf auf diesen Trip. Ihr solltet euch das auch gut überlegen. Mit wem wollt ihr fahren?"

„Mit Don Damaso."

„*Bueno*. Weiß er, was ihr vorhabt?"

„Nicht genau."

„Gut. Erzählt's ihm erst, wenn ihr unterwegs seid."

Er stand auf, ging in die Küche und kam mit frischem Bier zurück.

„Hör mal", sagte Schultz, „was meintest du mit den Caceteiros, die einem da oben an den Hals gingen?"

„Ihr habt nie von den Caceteiros gehört?"

Angel lachte auf, rollte die nächste Zigarette und zündete sie an. Er inhalierte, blies den Rauch aus. Ließ den Blick über unsere Gesichter wandern.

„Ihr habt nie davon gehört? Man nennt sie auch Korubos. Sie sind heimtückisch. Sie laden Fremde in ihr Dorf ein, zeigen ihre Frauen vor, die oft Schönheiten sind. Sie bewirten dich – und plötzlich hauen sie dir den Schädel ein. Von hinten. Mit einem Hartholz, das einem

Baseballschläger ähnelt. Das Ding ist gut einen Meter lang und aus schwerem Macucu."

„Bravo", knurrte Schultz.

„Warum tun sie das?" fragte ich.

„Hat verschiedene Gründe." Angel spitzte den Mund, spuckte Tabakkrümel aus und nahm einen Schluck Bier.

„Vor ein paar Jahren gab es ein Gemetzel zwischen Caceteiros und illegalen Holzfällern, die in ihr Gebiet eingedrungen waren. Angeblich hatten die sich auch an Indianerfrauen rangemacht. Jedenfalls brachten die Indios fünf oder sechs Weiße um. Die Holzfäller verschwanden, aber ein paar Monate später sammelten sie einen schwerbewaffneten Trupp, drüben in Benjamin Constant. Sie fuhren den Fluß rauf und schossen über den Haufen, was ihnen vor die Gewehre kam. Ich habe die Leichen selbst gesehen, jeder konnte sie sehen. Der Fluß trug sie herunter. Es waren Dutzende. Und ich will nicht wissen, wie viele im Wald verfault sind."

„Dann herrscht da unten Krieg?" fragte Schultz.

„Das ist kein Krieg. Ihr wißt nichts von diesen Indianern. Die Caceteiros töten nicht aus Mordlust. Kein Indio tut das. Sie bringen Leute um, aber sie haben einen anderen Bezug dazu. Die Toten sind wie Symbole."

„Was für Symbole?"

„Sie töten jedes Jahr zwei, drei Leute, die in ihr Gebiet eindringen. Die Leichen legen sie an ihrer Gemarkung ab. Es soll zeigen, wo das Land der Caceteiros beginnt."

„Sie nehmen Leichen als Marksteine?"

„So ungefähr."

Allmählich glaubte ich, daß das kein Jägerlatein war.

„Was ist mit dem Fluß?" fragte ich. „Zählt der auch zu ihrem Gebiet?"

„Caceteiros sind Waldbewohner."

„Also kommt man mit dem Boot durch?"

„*Bueno*, es ist ja nicht so, daß sie das Ufer bewachen. Ihr werdet aber an Land höllisch aufpassen müssen."

„Dann gehen wir nicht an Land."

„Doch, mein Lieber, das werdet ihr tun. Es ist Trockenzeit. Die Mission des Padre wird sicher nicht am Wasser liegen. Vielleicht müßt ihr tief in den Busch rein."

Als wir Angel verließen, war es Nacht, auch den nächsten Tag verbrachten wir bei ihm. Wir hatten vereinbart, ein paar Sachen bei ihm unterzubringen und die Einkaufsliste mit ihm zu erstellen. Wir besprachen unter anderem einen Notplan. Vierzehn Tage nach unserer Abreise sollte er Nachforschungen anstellen, falls wir nicht zurück waren. Dann gingen wir mit einer von ihm erarbeiteten Vorschlagsliste zur Bibliothek in der Banco de Colombia und machten Kopien und Notizen.

Anderntags ging es mit Damaso nach Tabatinga. Wir deckten uns im Großmarkt an der Avenida Internacional und in den kleinen Läden, den *lojas*, mit Konserven, Reis, Kaffee, Salz, Wasser und Kondensmilch ein, dazu kamen Werkzeug, Plastikplanen, Nylonschnur, zehn Stangen Zigaretten, zehn Paletten Bier, acht Flaschen Rum, Batterien für die Taschenlampen, sechs Macheten, kleine Geschenke, die man an Ästen und Zweigen befestigen konnte, Spiegel, Kämme, Klingen, Töpfe, Ketten und Ohrringe aus buntem Plastik, Angelhaken, Tonpfeifen. Und noch mehr Macheten.

Wir luden alles in Damasos altes Auto. Dann fuhr er zum Flußhafen von Tabatinga, weil es dort noch eine

wichtige Sache zu besprechen gäbe. Na schön. Wir waren
der Meinung, es sei alles erledigt.

Wir betraten ein sauberes *Barzinho* mit einem wei-
ten Blick über den Fluß. Als wir saßen, erhob sich im
Halbdunkel hinter der Theke ein Ungetüm von Mann
und kam an unseren Tisch, so rasch das möglich war mit
gut drei Zentnern Körpergewicht. Er hatte einen Leder-
hut auf, schwere Umhängetaschen hingen an seinen
Schultern. Das Hemd war schweißnaß.

„*Oi*, Damasao", wisperte er heiser, „*tudo bom?*"

„*Tudo*, Euler. Das sind meine Klienten, *Jorge e
Tomais*."

Ich schüttelte Eulers feuchte Hand.

„Also hört zu", begann Damaso. „Wir haben über
die Strecke gesprochen, die wir fahren wollen. Und ich
habe erklärt, daß die Gegend am Javari nicht ungefährlich ist. Besonders am Itacuai. Ihr wißt, was da unten los
ist. Euler", der langte jetzt in eine der Taschen, „hat uns
ein gutes Sortiment mitgebracht."

„Wovon redest du?"

Der Dicke wuchtete eine Tasche auf den Tisch und
drehte uns die Öffnung zu.

„Davon. Alles erstklassige Ware."

Wir starrten auf Pistolen und Revolver.

„Großartig", sagte Schultz. Er nestelte in der Hemd-
tasche herum, in der das Mobiltelefon steckte. Wir hatten es immer dabei, es funktionierte auch als Aufnahmegerät.

„Jorge", sagte Damaso gütig. „Habe ich nicht erklärt,
wie gefährlich es am Javari ist?"

„Von Waffen war nie die Rede."

„Nein, und natürlich wollen wir dort nicht herum-
ballern. Es ist einfach besser, wenn wir was dabeihaben."

„Wir kaufen keine Waffe," sagte ich, „und wir wollen in keine Situation kommen, in der man eine braucht. Wir machen eine Flußreise, nichts weiter. Wenn das zu gefährlich ist, blasen wir es ab."

„Es ist eine Vorsichtsmaßnahme."

„Alles am Javari ist gefährlich", warf Euler ein. „Es gibt jede Menge Gesindel. Holzfäller und Schürfer, *narcotraficantes*. Und es gibt wilde Matses."

„Du meinst Caceteiros?"

„Matses. Auch die haben noch Gruppen mit wenig Außenberührung. Manche lehnen jeden Kontakt ab. Wie die Caceteiros."

„Das wird ja immer besser", knurrte Schultz.

Damaso wurde unruhig. „Euler, du machst mir die Leute verrückt! Matses sind nicht gefährlich. Und sie leben im Wald, die bekommen wir nicht zu Gesicht. Und Caceteiros erst recht nicht."

„Damaso", sagte ich, „ich will wissen, wie die Chancen stehen, daß wir auf Leute stoßen, die wir besser nicht treffen sollten."

„*Amigos*, habt ihr kein Vertrauen?"

„Wie denn? Du widersprichst dir selbst: Einerseits brauchen wir Waffen, andererseits ist die Reise ungefährlich."

„Nichts wird passieren, verlaßt euch drauf. Ich meine nur, um sicherzugehen, wäre eine Waffe nützlich. Das ist kein Widerspruch. Du nimmst die Malariatabletten auch nur für den Fall, daß du den falschen Stich abkriegst. Die Waffe gehört zur Ausrüstung wie ein Kochtopf, den man nicht benutzt."

„Das ist mir egal. Wir sind Reisende. Und wir wollen keine Leute besuchen, die das nicht wünschen. *Comprendes?*"

Don Damaso hob die Handflächen. Aber Euler blieb hartnäckig. „Ich verstehe nicht, was ihr gegen eine gute Waffe habt. Ich mache euch einen guten Preis."

„Endgültig nein", sagte Schultz.

„Dann bleibt auf dem Hauptstrom. Das Javari-Tal ist nicht der Amazonas. Es ist viel gefährlicher."

„Kennst du den Javari?" fragte Schultz.

„Hab' ihn jahrelang befahren. Eine Begegnung mit den Caceteiros müßt ihr vermeiden. Unbedingt."

„Wo sind sie?"

„Als ich auf dem Javari fuhr, waren sie irgendwo bei Posto Lobo. Aber das ist Jahre her. Die Gruppen wandern. Ihr solltet genau wissen, wo sie stecken."

Schweigend fuhr Damaso nach Leticia zurück. Morgen früh würde es losgehen. Ohne Pistolen.

Ich rief Angel an. Er hatte eine Erlaubnis besorgt. Wir luden ihn zu einem opulenten Abendessen ein, das wir mindestens so sehr genossen wie er. So bald würde es nichts Vernünftiges mehr geben.

Um zehn lagen wir in den Betten.

„Bist du sicher, daß wir alles richtig machen?"

Schultz zündete sich eine Zigarette an. Die Glut beleuchtete sein nachdenkliches Gesicht. „Ich habe mir auch schon überlegt, die Tour abzublasen", sagte er.

„Und?"

„Wir würden es uns nie verzeihen. Wenn nicht sofort, dann später."

Er hatte recht. Wir waren hier, um etwas zu finden, dem wir jahrelang nachgegangen waren. Wir brauchten ein Muster, eine Idee, wie wir das verdammte Puzzle legen sollten.

Die Fahrt beginnt

Wir, die armen Menschen Lateinamerikas, wurden viele
Jahre lang vom Imperialismus der Yankees ausgebeutet.
Aber es kommt der Tag, an dem die Rechnung beglichen
wird. Euer Ehren, Kokain ist unsere Rache, es ist die
Atombombe Lateinamerikas!

Carlos Lehder Rivas,
Chef des Medellin-Kartells, 1992

Kolumbien, das führende Land in den Verhandlungen
über das „Biosafety-Protokoll", soll als erster von mehreren asiatischen, zentral- und südamerikanischen Staaten
das sogenannte „Green Agent" erhalten. Dabei handelt
es sich um Pilze, die illegale Plantagen angreifen sollen.
Diesen Kernpunkt des „Planes Colombia", der auf Krieg
und Völkermord hinausläuft, lehnen lokale Bauern, Teile
der USA und die Europäische Union ab. Die US-Regierung dagegen hat die Finanzmittel dafür bewilligt. Ein
Beweis, wie ernst die im „Plan Colombia" anvisierte
Ausräucherung zu nehmen ist, findet sich in einem ausführlichen Bericht des „Sunshine Project". Ziel dieser
Non-Profit-Organisation ist es, Mißbrauch von Biotechno-
logie aufzudecken. Sie fordert die UN-Versammlung zur
Konvention über biologische Vielfalt auf, die gefährlichen
Experimente der USA mit den Pilzen zu stoppen, die
Koka-, Mohn- und Cannabispflanzen töten und jetzt in
Kolumbien eingesetzt werden sollen. Dem Bericht zufolge
„können die Pilzsorten Fusarium Oxysporum und Pleo-
spora Papaveraceae in den ökologisch empfindlichen

Gebieten Asiens und Amerikas auch andere Pflanzen befallen und töten", nicht nur Coca, Mohn und Cannabis. Sie würden auch von der Coca abweichende Formen vernichten, die dieser genetisch nahestehen und von denen andere Pflanzen und Tiere und das ökologische Gleichgewicht abhängen. Bedenklich ist auch, daß die Pilze noch nie in den Tropen getestet worden sind. Der intensive Einsatz giftiger Pflanzenvernichtungsmittel im Vietnam-Krieg (Agent Orange) ist ins historische Gedächtnis eingebrannt. Die Folgen sind bekannt. Dreißig Jahre später planen die USA, ein biologisches Kampfmittel (Green Agent) im Krieg gegen Drogen einzusetzen. Obwohl sie das Gegenteil behaupten, experimentieren amerikanische Wissenschaftler mit Klonen und gentechnisch veränderten Arten des Fusariums: Dies ist kein vager Verdacht, sondern eine noch größere Bedrohung. Ein Zeichen für die Ablehnung ist, daß die EU den Friedensprozeß unterstützt, nicht aber den „Plan Colombia". Bei einem Treffen in Mesa de Donantes in Spanien äußerten sich mehrere MdEPs und Vertreter von NGOs besorgt in bezug auf die Bedrohung durch den Plan. Sie verwiesen darauf, daß die betroffene Region Teil des Amazonasgebietes ist und die Folgen unkalkulierbar sind.

ATTAC Weekly Newsletter, 19. Juli 2000

Unser Boot schob sich aus der Glocke von Gestank, die über dem Hafen lag. Wir ließen Tabatinga hinter uns, Iroa, dessen Kahn Damaso für diese Tour gemietet hatte, drehte den Motor auf und steuerte in die Mitte des Stroms. Die Häuser gerieten außer Sichtweite, bald traten auch die Ufer zurück. Wir waren noch nicht lange unterwegs, als eine mächtige Windbö ins Vordach knallte und das Segeltuch abriß. Es flappte davon und legte sich weit hinten über den Fluß. Iroa, indianisch-brasilianisches Halbblut, ignorierte den Zwischenfall mit demselben wortlosen Gleichmut, mit dem er uns in Tabatinga begrüßt hatte. Er fuhr in unvermindertem Tempo weiter.

Iroa steuerte ein gut zehn Meter langes Holzboot, angetrieben von einem tuckernden Dreißig-PS-Motor, mit einem halbhohen Holzaufbau im Heck, in dem die gesamte Ausrüstung verstaut war und den Iroa wie ein Hofhund bewachte. Der Kahn machte genug Fahrt, um die Sonne ertragen zu können, aber das war nun trügerisch. Da die Plane fehlte, konnte man sich im Fahrtwind leicht verbrennen, ohne es zu merken. Wir versammelten uns in der Bootsmitte unter dem Hauptdach aus Palmenfasern. Damaso kletterte über die Wasserkanister, setzte sich und drehte eine Zigarette.

„Wir fahren bis Atalaia do Norte", sagte er. „Dort wird Iroa Benzin tanken. Und wir gehen zum Posten der CIVAJA, dem Indianerrat, um Genaueres über Padre Lozanos Aufenthaltsort zu erfahren. Außerdem müssen wir *benzoato de benzilo* kaufen."

Benzoato ist ein Medikament gegen den Acarus, einen Hautparasit, der zwischen Dermis und Epidermis über den Körper wandert und brennenden Schmerz verursacht.

Don Damaso ließ das Feuer herumgehen. Zeit für ein Schwätzchen.

„Ihr beiden reist viel, was?"

„Ein paar Länder kommen zusammen", sagte Schultz.

„Seid ihr mit dem Flugzeug aus Bogotá gekommen?"

„*No*", sagte ich. „Mit dem Drogenkurier aus Caballococha."

Damaso schaute verdutzt.

„Wir sind mit der peruanischen Luftwaffe in Iquitos abgeflogen", erklärte Schultz, „aber die dürfen in Leticia nicht landen. Also haben sie uns unterwegs abgeladen, und bei der Gelegenheit auch zwei Riesenkoffer mit Koks. Da wußte aber noch keiner, was drin war. Zum Glück wußten es auch die Militärs nicht. Ein Kurier nahm uns dann in seinem Kahn mit, die Passagiere und die Kokskoffer."

Damasos Grinsen war breiter geworden.

„Macht euch wegen der Militärs keine Sorgen. Die wissen, was sie an Bord haben. Glaubt ihr, jemand wäre so verrückt und schmuggelt seinen Stoff in einer Militärmaschine? Die Generäle lassen sich das Geschäft nicht entgehen. Sie machen Millionen. Ich will nicht wissen, was die Regierung davon einstreicht."

Er zog ein Augenlid runter.

„Sie machen das so offen?" fragte Schultz.

„Wer soll sie hindern?"

„Es wird doch ein paar anständige Offiziere geben."

Don Damaso brach in Lachen aus und drehte sich um.

„Hörst du das, Iroa? Er glaubt, es gibt anständige Militärs!"

Iroa guckte einen Tick grimmiger und machte sein Daumenzeichen, er hatte nichts mitbekommen. Don Damaso wandte sich mit feierlicher Miene an uns.

„Kennt ihr Vladimiro Montesinos?"

„Der Berater des peruanischen Ex-Präsidenten Fujimori", sagte ich, „und Chef des Geheimdienstes."

„Und wer hat ihn ausgebildet?"

„Wenn du so fragst, die CIA."

„Dieser CIA-Mann in Diensten Perus hat, als Jurist, den größten Kokaindealer von Leticia verteidigt. Evaristo Porras Ardila."

„Don Evaristo?"

„Ja, die große Nummer des Medellin-Kartells. Sie hatten Don Evaristo mit einer Ladung Kokain geschnappt, aber Montesinos ließ die Richter bestechen."

Wieder so ein Beispiel für die absurde politische Situation am Amazonas. Wenn der peruanische Geheimdienstchef einen der größten kolumbianischen Koksbarone nach Escobar erfolgreich verteidigte und die Amerikaner, die das alles genau mitbekamen, daraus keine Konsequenzen zogen, waren ihre Bemühungen zur Drogenbekämpfung als Farce entlarvt.

„Der Ärger für Montesinos begann vor einigen Jahren, als El Vaticano, ein Drogenbaron, vor Gericht aussagte, er habe ihm jeden Monat fünfzigtausend Dollar Schutzgeld bezahlt."

„Als Montesinos schon Berater des Präsidenten war?"

„Ja. Als Fujimoris Geheimdienstchef hat er sich um den Drogenhandel in der Region gekümmert. Montesinos bezahlte umgekehrt mit Informationen. Er kannte ja alle Antidrogenaktionen von Polizei und Militär, und vor allem kannte er die Pläne der DEA. Wenn der amerikanische Antidrogenchef McCaffrey kam, saß er neben Montesinos und lobte ihn für seine tolle Arbeit gegen die Drogenbosse."

„Du willst mir nicht erzählen, daß die Amis so dumm waren", sagte ich.

„Natürlich nicht. In Wahrheit sind ihnen die Drogen egal, der ganze Aktionismus ist ein Alibi."

„Wofür?"

„Es geht um die politischen Gruppen, die sich in den Drogengebieten zusammenrotten. Jede Menge subversive Banden."

„Und die sind so gefährlich?"

„In Gegenden wie hier können sie gefährlich werden. Die Menschen, die in den Anden und im Dschungel darunter leben, sind schnell aufzuwiegeln. Sie haben nichts zu verlieren – und auf solche Gruppen reagieren die Gringos traumatisiert. Denkt an die FARC. Denkt an den *Sendero Luminoso*, den Leuchtenden Pfad, der wieder auf der peruanischen Seite aktiv ist."

„Aber ELN und FARC sind kolumbianische Probleme, was kümmert das die Amis?"

„Es geht um Politik, *amigo*, um die Feinde Amerikas. Die FARC ist das beste Beispiel dafür, daß aus einer winzigen Rebellenzelle ein Alptraum für die Gringos werden kann. Mit der FARC hat es damals genauso begonnen, wie sie es überall befürchten, wenn irgendwo mehr als zwei Kolumbianer zusammensitzen und über Politik reden. Die FARC hat mit 48 Guerilleros angefangen."

Don Damaso fing an, die Geschichte zu erzählen. Im Mai 1964 hatten sich die Landarbeiter der autonomen Bauernrepubik Marquetalia erhoben. 16 000 Soldaten rückten mit amerikanischer Unterstützung an, um den Aufruhr niederzuschlagen. Die Armee warf Bomben, setzte Bakterien und das berüchtigte Agent Orange ein, es wurde gefoltert und kam zu Erschießungen.

„Nur wer Glück hatte, schaffte es bis in den Knast."

Don Damaso trat die Zigarettenkippe mit Nachdruck auf den Planken aus.

„Die Bauern waren fast unbewaffnet. Es war eine einzige Abschlachterei. Aber 48 Rebellen überlebten das Gemetzel. Aus ihnen ging die FARC hervor. Heute hat sie siebzig Fronten im Land und zwanzigtausend Mann unter Waffen. Dazu dieselbe Anzahl Milizionäre."

„Du meinst zwanzigtausend Mörder, Dealer und Waffenhändler."

„*Bueno*", rief er. „So seht ihr das, von außen. Du vergißt, daß die FARC auf große Sympathie in der Landbevölkerung stößt. Und sie hat sogar Vertreter in über einem Dutzend Ländern. Das alles ist ein Problem für die Yankees. Es hindert sie daran, die vollständige wirtschaftliche und politische Kontrolle in Lateinamerika zu übernehmen. Sie operieren zwar seit langem mit Angst und Druck, mit ihrer politischen Macht und den Marionetten, die sie in unsere Regierungen bringen. Aber sie erreichen nicht die Herzen und die Köpfe der Leute, versteht ihr? Das ist das Problem. Wenn die Menschen sie ablehnen, können sie zwar ihre Stärke zeigen und durchsetzen, aber sie werden niemals Ruhe haben. Also lautet die Frage für die Gringos: Wie erreichen wir die Köpfe und Herzen der Menschen?"

Er hatte sich in Hitze geredet. Wo seine persönlichen Sympathien lagen, war unübersehbar.

„Du willst doch nicht leugnen, daß die FARC einer der größten Kokain-Produzenten des Landes ist. Und daß der *Plano Colombia* der USA auf die Drogenbekämpfung abzielt."

„Nein", rief er, „völlig falsch! Das sind Lügen, die den Leuten erzählt werden. In Wahrheit ist *Plano Colombia* eine Strategie der Amerikaner, ihre Interessen zu stärken, hier und überall in Südamerika. Woher kommt denn das Übel, das sie bekämpfen wollen? Von den bettelarmen Bauern – oder von den mächtigen

Drogenbaronen, die deren Ernte für Spottpreise auf-
kaufen und in teure Drogen verwandeln? Die Koka-
pflanze ist nicht gefährlich, das wird sie erst, wenn sie im
Labor mit chemischen Zusätzen bearbeitet wird – aber
wo kommen die Chemikalien und die Laborausstattun-
gen her? Doch nicht aus Kolumbien. Das alles kommt
aus den Ländern, in denen der reine Stoff am Ende wieder landet – aus den USA und Europa. Dort sitzen die
Verbrecher. Dort dürfen ihre kolumbianischen Handlanger, Generäle, Bankiers, frühere Präsidenten, ihr
schmutziges Geld waschen, ohne daß sie Probleme
bekommen. So. Jetzt sag mir, welche Plage ausgerottet
gehört: die Drogenhändler oder die Bauern hier in den
Wäldern?"

Er hatte uns nicht überzeugen müssen. Wir waren
genug informiert, um im *Plano Colombia* vor allem ein
neues Instrument der US-Außenpolitik zu sehen, das
dazu dienen sollte, die politische Entwicklungen im südamerikanischen Hinterhof besser in den Griff zu bekommen. Schon der Ansatz der Strategie zeigte, daß es
nur darum geht, amerikanische Interessen zu schützen,
sogar vor einer allzu effektiven Drogenbekämpfung.
Ohne Skrupel zielte der *Plano Columbia* auf die Landbevölkerung, die kaum Alternativen zum Kokaanbau
hat, weil andere Agrarprodukte durch die rigiden US-
Schutzzölle nicht mehr rentabel für den Export produziert werden können.

Trotzdem überraschte mich der Eifer, in dem Damaso seine Ansichten vortrug.

„Was kriegt ein Kokabauer für ein Kilogramm?"
fragte ich.

„Eine Handvoll Dollar. Wenn das Zeug in Kokain
umgewandelt ist, bezahlt ein kolumbianischer Händler

zweitausend Dollar dafür. Aber in Miami, Rom oder Frankfurt ist es fünfzigtausend Dollar wert."

„Du kennst die Preise."

„Das ist hier kein Geheimnis. Am wenigsten für die Amerikaner. In dieser Gegend schwirren mehr CIA-Leute herum als Moskitos. Montesinos hat sogar selbst mit Waffen und Drogen gehandelt, zusammen mit dem Präsidentenbruder Santiago Fujimori. Meinst du, die Amis haben das nicht beobachtet? Für ein paar Jahre legten sie den Leuchtenden Pfad lahm, und Präsident Fujimori konnte sich damit schmücken. Jetzt sitzt Montesinos im Gefängnis, der Pfad bringt Leute um wie eh und je, die CIA sucht sich neue Spitzel und Verbündete. Und das Militär transportiert weiterhin den Stoff."

Wir schwiegen. Hier brauchte man Ärger nicht zu suchen, er fand einen von alleine. Ich fragte mich aber auch, was uns mit Damaso noch bevorstünde.

Die Männer des Jaguars

In den letzten zwei Jahren wurde das sogenannte „Weiße
Dreieck" – die Amazonasregion zwischen den Territorien
von Peru, Kolumbien und Brasilien – zum weltgrößten
Produzenten und Verteiler von Kokain. Laut Rosende
Temoche Lara von der Zollbehörde in Iquitos wird Kokain
an den Flußbänken in allen drei Ländern produziert. Laut
Lara wurden viele Boote auf dem Amazonas entdeckt, die
Äther, Aceton und andere Chemikalien transportieren, die
für die Kokainherstellung benötigt werden. Teile davon,
versichert er, werden auch an die Labore am Javari-Fluß
geliefert, einem Seitenarm des Amazonas. Mauro Spósito, Superintendent der Bundespolizei von Amazonien
und Mitglied der Informationsgruppe über den Drogenhandel (GAN), befürchtet, daß die Flußbänke des Javari
bald die Basis für ein brasilianisches Medellin sein werden. Die Drogenbarone, die dank der amerikanischen
Drug Enforcement Administration (DEA) aus Peru und
Kolumbien vertrieben werden, lassen sich jetzt hier, auf
der brasilianischen Seite, nieder. Dank der Überwachung
von Kontenbewegungen und der Hilfe von Informanten
hat GAN eine Liste von dreihundert brasilianischen
Politikern und Geschäftsleuten erstellt, die in den Drogenhandel verstrickt sind. Spósito sagte in einem Interview
mit der Tageszeitung O Globo in Rio de Janeiro, daß der
Kokaintransport von Antônio Mota Graça dirigiert wird,
Bruder von Floriano Ramos Graça, dem Bürgermeister
von Benjamin Constant im Bundesstaat Amazonas.

BRAZZIL, 1997

Auf der Höhe von Benjamin Constant bogen wir südlich in den Rio Javari ein und erreichten nach knapp zwei Stunden Atalaia do Norte. Iroa setzte uns an Land. Atalaia war eine Holzfällerstation. Hausboote, Schleppkähne und Kanus dümpelten am Flußufer, die sanft ansteigende Böschung war mit Stämmen und Brettern übersät. Wir arbeiteten uns einen rutschigen Lehmpfad hinauf, dann lag die Hauptstraße, auf beiden Seiten von Holzhütten flankiert, wie ein Förderband vor unseren Augen. Die Hitze hatte sie leergefegt. Nur wir rührten den glühenden Mittagsstaub auf, doch es blieb ein Gefühl, daß sich hinter den Türen und Fenstern Augen verbargen, die uns schon erspäht hatten. Der Ort verriet bescheidenen Wohlstand. Es gab Bars, kleine Läden, jede Menge Holzhäuser. Es roch nach frischem Holz. Zedern, Mahagoni, Balsa, an teuersten Baumaterialien war kein Mangel. Aber die Nahtstelle zweier Welten stellt man sich aufregender vor. Das also war der Eingang zur größten unerforschten Region am oberen Amazonas?

Wir setzten uns auf die Veranda des einzigen Krämerladens, der geöffnet war, und bestellten Wasser. Schultz forderte Damaso auf, sich bei dem Händler nach unserem Ziel zu erkundigen.

„*No*", murmelte er. „Es muß nicht jeder mitkriegen, daß wir ins Indianergebiet gehen."

„Wieso? Wir sind Touristen."

„Das interessiert hier keinen. Die meisten leben von was Verbotenem. Und sie werden nervös, wenn sich Fremde in ihr Hinterland begeben. Verhalt' dich ruhig und freundlich. Am besten gebt ihr euch gleichgültig bei allem. Und bloß nicht zu eng mit den Indios sein. Die brasilianische Indianerbehörde FUNAI hat dafür gesorgt, daß hier immer mehr Sägemühlen still stehen. Für die Menschen sind die Indianer an allem schuld."

„Es scheint ihnen doch ganz gut zu gehen."

„Sie haben eine Alternative gefunden." Don Damaso beugte sich vor und senkte die Stimme. „Kokain – was denkst du! Viele, die hier vor ein paar Jahren mit Holz gehandelt haben, verkaufen jetzt weißes Gold. Oder Waffen, die Geschäfte lassen sich ja fast nicht trennen. *Mira!* Schaut –" Er deutete zum Ende der Straße hinunter. Dort waren fünf Gestalten aufgetaucht.

„Matses! Gleich seht ihr Jaguar-Männer!"

Sie kamen näher, und wir erkannten den Gesichtsschmuck. Sie trugen blaue Tätowierungen, die den Mund weit über die Wangen und fast bis zu den Ohren verlängerten, aus den Nasenflügeln ragten kurze, dünne Palmstacheln – eine Imitation der Barthaare von Raubkatzen. Sie trugen Shorts; nur einer hatte ein schmutziges T-Shirt an. Als sie in raschen Schritten vorbeigingen, rief Don Damaso hinüber.

„*Amigos!* Wißt ihr, wo wir den Indianerrat finden?"

Sie blieben stehen, kamen aber nicht näher.

„Wir suchen den Indianerrat", sagte Damaso. „Hat die CIVAJA hier ein Büro?"

Der mit dem T-Shirt trat vor und deutete in unsere Richtung. „CIVAJA", rief er. Sein Gesicht, glatt und rund wie ein Kieselstein, wirkte trotzdem alt. Die Hand fuchtelte weiter in unsere Richtung, und ich sah, daß auch seine Nägel wie Katzenkrallen zugefeilt waren. „CIVAJA!"

Der hilfsbereite Jaguar-Mann drehte ab und ging mit seinen Kameraden davon.

„Er hat ein seltsames Gesicht", sagte ich, „alt und jung zugleich."

„Der war nicht älter als dreißig", erwiderte Don Damaso.

Wir blieben im Schatten der Veranda sitzen, bis die Mittagshitze verglüht war und die Straße sich langsam mit Menschen, Karren und Motorrollern füllte. Dann machten wir uns auf den Weg. Auf Schritt und Tritt begegnete man Indios. Sie lebten stromaufwärts in kleinen Kommunen, die meisten waren nach Atalaia gekommen, um ihre illegalen Holzladungen zu verkaufen.

Das *Casa do Indio* war verschlossen, ein schmuckloser weißer Bau mit blau gestrichenem Holzdach. Vor die Fenster waren Bretter genagelt. Es sah nicht so aus, als sei hier erst seit gestern geschlossen.

Wir gingen ein paar Schritte weiter, fanden eine offene Bar und bestellten wieder Wasser. Ab und zu ging Damaso zum *Casa do Indio* und schaute nach, ob jemand gekommen war. Nach zwei Stunden trägen Wartens war klar, daß wir in Atalaia übernachten mußten. Ohne den genauen Aufenthaltsort des Padres zu kennen, war eine Weiterfahrt sinnlos. Es dämmerte. Don Damaso ging zur Anlegestelle hinunter, um Iroa Bescheid zu geben. Er kehrte erst in der Dunkelheit zurück, hatte Schlafplätze in einem Privatquartier gefunden – und jemanden vom Indianerrat. Der Posten, wurde ihm erklärt, sei zur Zeit nur selten besetzt.

„Der Padre ist umgezogen, sagen sie. Schon vor zwei Jahren."

Schultz' Blick verriet, daß ihn dieselbe Hoffnung befallen hatte wie mich.

„Zurück nach Kolumbien?" fragte er.

Don Damaso setzte eine Bierflasche an und trank ausgiebig. Dann lächelte er.

„*No*, ich muß euch enttäuschen. Er lebt noch da

oben. Aber er hat den Flußarm gewechselt, weil die FUNAI das Gebiet der Caceteiros abgesperrt hat."

„Sehr gut", sagte Schultz. „Das wird uns die Reise erleichtern."

„*No.*" Don Damaso hob die Hände. „Es heißt, er wohnt ein ziemliches Stück im Wald. Die Station soll einen Tagesmarsch vom Fluß entfernt liegen. Es ist Indianergebiet, und wir brauchen einen Führer."

Die Wirtin brachte Fisch mit Reis und *farofa*, ein Maniokgranulat, das hier zu jedem Essen gereicht wird. Damaso aß nicht mit, er blieb beim Bier.

Gegen neun Uhr gingen wir zu unserer Unterkunft. Die Gastgeber hatten sich bereits in ihren Wohnbereich zurückgezogen. Uns war ein winziger Raum zugewiesen, in dem drei viel zu kurze, handtuchbreite Betten nebeneinander standen.

Damasos Blick wurde starr. Er zog langsam die Mütze vom Kopf.

„*Tranquilo!*"

Er machte einen Buckel und ein Gesicht, als sträubten sich ihm die Nackenhaare, dann erschlug er ein handtellergroßes Insekt, das die Wand hochkrabbelte.

„Wo steckt Iroa?" fragte ich.

„Kommt mit, wir gehen zu ihm."

Es ging in eine unbeleuchtete Seitengasse, die hinunter zum Fluß führte. Ich zog das schweißnasse T-Shirt aus und stopfte es in den Hosenbund. Der Abend hatte keine Abkühlung gebracht. Wir gingen den unbefestigten Pfad hinab. Von hinten näherte sich ein Motorroller und preschte dicht vorbei. Auch der nächste verpaßte uns nur um Haaresbreite. Dann kam einer von vorne. Deutlich war zu erkennen, wie der Fahrer vor uns einschwenkte, Gas gab und knapp vorbeischoß. Was war das? Ein Begrüßungsritual? Es hörte nicht auf, immer wieder schnitten Scheinwerfer durch die Dunkelheit, drei oder vier Verrückte waren am Werk, und stets passierten sie uns so knapp, daß es nur als feindselige Attacke zu deuten war. Wir liefen dicht hintereinander, eng an den Fassaden entlang.

„Damaso, was ist los?" rief Schultz.

„Nichts", kam von hinten die Antwort, „sie sind betrunken!" Aber es klang nicht überzeugt. Die jähe Vorstellung, daß hier keine Hilfe zu erwarten war, wenn man in einen Schlammassel geriet, machte mich fassungslos. Aber dann endete der Spuk so unvermittelt, wie er begonnen hatte.

An der Böschung zum Fluß saßen sie beisammen, Iroa und acht Indios. Ein paar hockten auf den Verandastufen vor einem langen Holzhaus, die anderen verteilt auf dem Lehmboden. Es waren auch Matses dabei. Alle waren mehr oder weniger nackt, einige trugen nur die traditionelle Bauchschnur, mit der sie den Penis hochbinden.

Iroa stellte seinen Nebenmann vor, der Shorts und Gummilatschen trug. „Das ist Sarcamino."

Wir nickten Sarcamino und den anderen in der Runde zu. Keiner sagte etwas, niemand gestikulierte, nichts verriet ihren Gemütszustand. Ihre Gesichter waren ausdruckslos. Sie wirkten weder verunsichert noch selbstbewußt, noch schienen sie irgendwie an uns Neuankömmlingen interessiert; es war so, als wären wir gerade von einem Spaziergang zurückgekehrt.

„Ihr wollt zu den Caceteiros", sagte Sarcamino.

„Nein, auf keinen Fall", sagte ich und sah Iroa wütend an.

„Wir wissen, daß das Gebiet gesperrt ist, und sind

froh, daß wir nicht hinmüssen", sagte Don Damaso. „Wir wollen Padre Lozano besuchen. Kennt ihr ihn?"

Niemand antwortete.

„Der Padre lebt in der Nähe des Itacuai", fuhr Don Damaso fort. „Wir brauchen vielleicht einen Führer."

„Es gibt viele Führer."

Verschlossene Gesichter, die hin und wieder von regelmäßig aufglühenden Zigaretten erhellt wurden. Neben Iroa waren Bierdosen aufgestellt. Er rollte jedem eine zu.

„Sarcamino", fing Don Damaso an, „erzähl' was los ist. Ich war lange nicht mehr hier."

„Nichts hat sich geändert", sagte Sarcamino. „Das Holzgeschäft macht Probleme. Und wir haben Probleme. Viele Probleme."

„Was für Probleme?"

„Mit den Holzhändlern und mit den Kokainhändlern und mit der Polizei. Es ist schlimm. Die Holzhändler haben einen Posten der CIVAJA angezündet."

„Woher wißt ihr, daß es Holzhändler waren?"

„Es war eine Warnung."

„Warnung wovor?"

„Die Bundespolizei hat eine Flugpiste im Urwald gefunden und gesprengt. Mehrere Indios wurden festgenommen und zum Reden gebracht. Erst bringen einen die Polizisten zum Reden, dann verschwinden sie und wir bleiben zurück mit den Todesdrohungen der Drogenhändler. Wir können nichts tun."

Wir schwiegen. Es war eine Zwickmühle. Die Regierung beugt sich dem Druck der internationalen Gemeinschaft, die fordert, daß der Urwald und seine Ressourcen geschützt werden. Also werden in Brasilia Gesetze und Verbote erlassen. Doch die greifen nicht in so entlegenen Winkeln wie dem Javari-Tal, das die Größe von Portugal besitzt, aber nicht vom Staat, sondern von einer postkolonialen Klientelwirtschaft regiert wird. Von einem Netz aus Wirtschaft, Politik und Vollzugsbehörden, dessen lokale Häscher mit Powerbooten und automatischen Gewehren arbeiten. Und wenn wie hier die Interessen der illegalen Holzindustrie beschnitten werden, wird kurzerhand auf andere Geschäfte umgesattelt. Kokain. Die Regierung mag noch so viele vernünftige Gesetze verabschieden – solange sie nicht dafür sorgt, daß sie auch konsequent umgesetzt werden, bereitet sie damit nur selbst Korruption und Schattenwirtschaft den Boden.

„Was tut die Funai?" fragte Don Damaso.

„Die kann uns so wenig schützen wie die Bundespolizei."

Schweigen. Wir rauchten und tranken das lauwarme Bier.

Wieder brachte Damaso das Gespräch in Gang. „Wie bringt die Polizei eure Leute zum Reden?"

Sarcamino antwortete nicht, sondern übersetzte die Frage in die Runde. Sogleich sprang einer auf und begann gestenreich und stampfend einen Vortrag, die meisten anderen mischten sich ein. Nach einer Weile faßte Sarcamino die Beiträge zusammen.

„Die Polizisten sind schlau. Sie behandeln Festgenommene meist so, daß am Körper keine Spuren zurückbleiben. Sie stecken den Kopf des Verdächtigen in einen mit Wasser gefüllten Plastiksack. Sie hängen ihn gefesselt an der Decke auf, bis er redet, oder sie machen die Schlangennummer. Wenigstens gibt es keine Zahnarztbesuche mehr."

„Wie geht die Schlangennummer?" fragte Don Damaso.

„Der Gefangene wird von einer Schlange gebissen. Sie sagen ihm, daß er jetzt nur noch ein paar Minuten zu leben hat, wenn er nicht sofort das Gegengift erhält. Dann erzählt jeder, was sie hören wollen."

„Und das Serum kriegt er?"

„Ja. Destilliertes Wasser, denn die Schlange war nicht giftig."

Schweigen. Ich fragte mich, wer von den Männern hier schon mit diesen Verhörpraktiken in Berührung gekommen war.

„Was ist der Zahnarztbesuch?" fragte Schultz.

„Ein Schuß in den Mund", sagte Damaso. Von der Behandlung hatte ich erst kürzlich gehört.

So ging es weiter. Es war niederschmetternd, eine Nacht voll lähmendem Zorn und lähmender Hilflosigkeit. Nur Schilderungen von Mord und Elend. Am Ende erbot sich Sarcamino, am nächsten Tag mit uns zu kommen.

Auf verbotenem Terrain

Der geheime Krieg der CIA in Südamerika führte zu
Konflikten mit der offiziellen Außenpolitik der USA. Die
CIA besorgte Waffen und Ausrüstungen (inklusive Lufttransport) für uniformierte Dschungelkrieger, welche
durch die Einnahmen aus Coca-Pflanzen finanziert wurden, die von der Landbevölkerung angebaut und in
Rauschgift umprozessiert wurden. Diese Operationen
schufen ein Netz des geheimen internationalen Waffen-
handels, der wiederum die illegalen Kriege der CIA finanzierte – ohne daß der US-Kongreß Kenntnis davon hat
und fast ohne jede Überwachung.

Colby/Dennet, „Thy Will Be Done"

Brasilien will mit der Gründung einer teils von der
Privatwirtschaft finanzierten Elite-Einheit der Polizei die
zunehmenden Aktionen der Drogenmafia bekämpfen.
Wie das Justizministerium nach Medienberichten vom
Donnerstag in Brasilia mitteilte, soll die neue Truppe aus
sechshundert Beamten bestehen. Nach einer Testphase
mit einer kleinen Einheit im Bundesstaat Rio de Janeiro
soll die landesweite Truppe im August ins Leben gerufen
werden. Für die neue Einheit sind nach Schätzung der
Regierung Investitionen von umgerechnet rund elf Millionen Euro jährlich nötig. Brasilia erwägt die Möglichkeit,
daß Privatunternehmen einen Teil der Kosten übernehmen. Allein in Rio und São Paulo hat die Privatwirtschaft
im vergangenen Jahr fast vier Milliarden Euro für Sicher-
heitsvorkehrungen ausgegeben, heißt es im Justiz-

ministerium. Die Behörden führen eine steigende Zahl
von Gewalttaten in Brasilien in erster Linie auf die
Drogenmafia zurück, die von den Slumgebieten der
Metropolen und sogar aus den Gefängnissen heraus ihre
Geschäfte und Terroraktionen steuert.

dpa 22.5.2003

Am Sonnabend um 13 Uhr brasilianischer Ortszeit
besuchte eine Expedition der brasilianischen Indianerbehörde FUNAI eine Gruppe von dreißig Indianern des
Tsohon-djapa-Stammes am Rio Jutai, etwa dreihundert
Kilometer von der peruanischen Grenze entfernt.

Die Regierungsbeamten unter Leitung des
Indianerexperten Sydney Possuelo nahmen Kontakt zu
ihnen auf, weil sie von dem benachbarten Stamm der
Canamaris unterworfen wurden. Possuelo, 62, leitet die
Abteilung für isolierte Indianerstämme der FUNAI.

Heute sind es vor allem Holzfäller und Wilderer, die
in die Indianergebiete eindringen. Sie schleppen Krankheiten wie Malaria und Grippe ein, die für die Indianer
meist tödlich verlaufen, oft schießen sie die Ureinwohner
wie Tiere einfach ab. FUNAI-Schätzungen zufolge gibt es
noch etwa fünfzig isolierte Indianerstämme im brasilianischen Amazonasgebiet. Seit zehn Jahren ist Possuelo
vor allem im Vale do Javarí aktiv, einer riesigen, kaum
erforschten Region an der Grenze zu Peru. Dort hat
er jetzt auch den Kontakt zu den Tsohon-djapa aufgenommen.

Vor drei Jahren nahm Possuelo erstmals Kontakt zu
einer Gruppe der kriegerischen Korubos auf, die ebenfalls
in der Gegend siedeln. Dieser Stamm, der mit Knüppeln
bewaffnet ist, hat sich in den vergangenen Jahrzehnten

immer wieder Gefechte mit weißen Eindringlingen geliefert. Wilderer machten mit Schrotflinten Jagd auf die
Eingeborenen, dabei kamen zahlreiche Indianer ums
Leben. Drogenhändler aus Kolumbien und Peru nutzen
das Gebiet zum Kokaintransport, dabei setzen sie auch
Indianer ein. Possuelo erhält häufig Morddrohungen.
Mehrere Politiker der Region sind in illegale Abholzungen
und Drogenschmuggel verwickelt. Das Länderdreieck
zwischen Brasilien, Kolumbien und Peru hat sich in den
vergangenen Jahren zu einem bedeutenden Umschlag-
platz für Kokain entwickelt.

Die Welt online, 10. April 2001

Wir standen früh auf. Die Nacht in den Kinder-
betten war eine Tortur gewesen. Iroa und Sarcamino
hatten auf dem Boot geschlafen. Sarcamino war Mitte
dreißig, ein dunkler Typ und sehr athletisch. Er trug
Shorts, und falls er sonst noch etwas bei sich hatte, so
hatte es Iroa bereits verstaut.

„Er ist Marubo", teilte uns Iroa mit. Er steuerte das
Boot auf den braunen Fluß und fuhr Richtung Süden.

Der Tag verlief ereignislos. Sarcamino hatte in Leticia neben Spanisch sogar ein paar Brocken Englisch
gelernt. Jetzt arbeitete er mit verschiedenen Gruppen,
darunter die CIVAJA und der Missionsrat CIMI, der
an die katholische Kirche gebunden ist. Padre Lozano
kannte er zwar nicht, aber er hatte von ihm gehört, und
er sprach mit spürbarer Achtung von ihm. „Er ist ein
weiser Mann", sagte er, „der Padre weiß und kennt alles.
Er hat auch keine Feinde. Er ist besser als die anderen
Padres."

„Welche anderen Padres?" fragte ich.

„Die Missionare mit den Flugzeugen."

„Du meinst die von der Wasserflugstation im Drei-ländereck?"

„Ich meine die mit den Flugzeugen hier draußen, die nicht missionieren."

„Das versteh' ich nicht. Was tun diese Padres denn sonst?"

Er antwortete nicht.

„Drogen?"

Sarcamino wandte sich ab und schaute auf den Fluß. Auch Damaso sagte nichts. Wir bohrten eine Weile, aber mehr war nicht zu erfahren.

Dafür berichtete Sarcamino bereitwillig von den Schlichen der Holzfäller. Entweder preschen sie gleich in den Wald, mit Bulldozern und Kettensägen, und hauen um, was immer ihnen den Weg versperrt zu den weit verstreut wurzelnden Edelhölzern, zu Ipe-Bäumen und Mahagoni, Teak und Zedernhölzern. Ist das India-nergebiet aber stärker besiedelt und eine Auseinander-setzung wird früher oder später unvermeidlich, verteilen sie erst einmal billigen Kram, T-Shirts, Taschenlampen, Transistorradios, Spielzeug, Konserven und so weiter. Nach einigen Wochen kehren sie zurück und erklären, die Sachen seien auf Kredit vergeben worden, und weil die Indianer nicht zurückzahlen könnten, nähmen sie sich jetzt, was ihnen zustünde: Edelhölzer.

Aber statt die Stämme gezielt anzusteuern und nach Wegen zu suchen, die eine geringstmögliche Zerstörung verursachen, schneiden sie sich von Baum zu Baum, hauen alles weg, was mit dem kostbaren Stamm ver-wachsen ist. Auf diese Weise werden für einen Edel-stamm im Schnitt vier Dutzend andere Bäume nieder-

gemacht. Und im Sägewerk setzt sich der Raubbau fort.
Nicht einmal die Hälfte eines Stammes wird zu Brettern
verarbeitet, das meiste landet als Abfall im Feuer.

„Und es gibt keine Möglichkeit zur Gegenwehr?"
fragte Schultz.

„Doch", sagte Sarcamino. „Die Caceteiros erschlagen die Holzfäller, die in ihr Gebiet eindringen. Dann
starten die Holzfäller eine Racheaktion und bringen
noch mehr Indianer um."

„Gibt es auch Widerstand ohne Waffen?"

„*Sim.*" Sarcamino machte eine bedächtige Pause.
„Sie setzen zugespitzte Holzpflöcke in die Pfade, über
die die Bulldozer kommen."

Holzpflöcke gegen Caterpillars. Niemand lachte.

Wir machten Mittagspause in einer verlassenen Ma-
niok-Rösterei, rechtzeitig vor einem kräftigen Regenguß. Bei der Weiterfahrt in der Nachmittagshitze zog
sich jeder in sich selbst zurück. Das Sonnenlicht ver-
schwamm im laubgrünen Dunst über dem Urwalddach,
ich lag im Bug und sah einer Familie von Botos zu, rosa
Delphinen, die uns unter ständigen Pirouetten begleiteten.

Vollkommen reglos standen die grünen Wände ringsherum. Doch sie waren beseelte Natur. Alles hier war
Mimikry, Maskerade, Metamorphose. Lug und Trug.
Tödliche Schlangen, die wie Wurzeln am Boden lagen;
Kaimane, deren Mäuler wie fauliges Holz im Wasser
trieben; bunteste Frösche, deren Gift ausreichte, um
Dutzende Menschen zu töten; Schmetterlinge, deren
Flügel die Maserung der Bäume imitierten; Landschaf-
ten aus riesigen Seerosen, die sich als trittfeste Teppiche
darboten und nichts als lauerndes Gewässer unter sich
verbargen. Teiche, Tümpel, Flußarme bereicherten das

Narrenspiel, sie spiegelten das Pflanzendach des Ur-
walds so getreu wider, daß man nicht wußte, wo oben
und wo unten war. Jedes Teil in diesen ewigen, alles ver-
wischenden Halbschatten konnte sich in etwas anderes
verwandeln, in sein genaues Gegenteil.

Als ich aus meinen Gedanken erwachte, trieben wir
mit blubberndem Motor auf das Ufer zu. Das Licht
begann zu schwinden, die Unterseite der Wolken hatte
sich verfärbt und reflektierte rötlich im Wasser. Voraus
lag eine Flußbehausung, Kinder planschten zwischen
den hölzernen Stelzen. Ein Stück daneben wuschen
zwei Mädchen Wäsche. Jetzt hatten sie die Arbeit unterbrochen, standen aufrecht im flachen Wasser.

Iroa fuhr an den Bootssteg, an dem drei Kanus fest-
gemacht waren. Auf der Lichtung, die sich hinter dem
Stelzenhaus öffnete, standen in größerer Entfernung
zwei weitere Hütten. Ein hagerer Mann trat aus dem
Haus am Fluß und musterte uns Ankömmlinge.

„Hier übernachten wir", verkündete Don Damaso
knapp. Sarcamino sprang an Land, rief etwas und ging
auf den *caboclo* zu. Der Mann antwortete und winkte
ihn in die Hütte hinein. Die beiden kannten sich.

Juacir hieß unser Gastgeber. Sein Stelzenhaus war
geräumig; geschnitztes Rohr und Bretterwände unter-
teilten es in vier Zimmer, eine Küche und den Wohnraum, der auf eine schmale Veranda führte. Juacir lebte
hier mit seiner Frau Niuza, einer Tante und sechs
Kindern.

Wir saßen auf den kurzen Wandbänken im Wohnraum, tranken Wasser mit einem Schuß Pinga und kämpften gegen die Mücken. Das heißt, Iroa, Sarcamino,
Damaso, Juacir und Niuza blieben so gut wie unbehel-
ligt, aber auf Schultz und mich stürzten sich die Bie-

ster. Wenigstens war es ein unterhaltsames Thema für alle.

Die Wirtsleute zeigten sich sehr scheu, und wir überließen Damaso das Reden. Nach dem Essen, Fisch mit Farinha, zubereitet von der Familie, und Spaghetti mit Tomatensoße aus unseren Vorräten, zogen sich Iroa und Sarcamino aufs Boot zurück. Wir holten Moskitonetze und Hängematten und richteten uns in dem Raum ein, der uns zugewiesen war. Verblichene Zeitungsausschnitte von Latinosängern und Schauspielern hingen an den Wänden, in der Ecke lagen zwei zusammengerollte Matten. Es war das Zimmer der älteren Töchter, die nach dem Abendessen verschwunden waren. Juacir hatte die beiden mit einem knappen Kommando ausquartiert, in die Nachbarhütten auf der Lichtung.

Don Damaso, Juacir und zwei Männer aus der Ansiedlung versammelten sich im Wohnraum zum Würfeln. Schultz stellte unser Kassettenradio auf der Veranda auf. Die Luft war klar, tausend Sterne am Himmel. Wir saßen in der milden Nacht, tranken Bier und hörten Pavarotti zu.

Bald gesellte sich Juacir junior zu uns. Er war zehn Jahre und hatte Stunden lang darauf gewartet, uns seine beste Freundin vorführen zu können: Pretinha. Eine schöne und, wie er versicherte, wohlerzogene Python. Gleich darauf ringelte sich Pretinha um meinen Unterarm und kroch nach oben; warm und weich und unternehmungslustig. Pythons nutzen sie am Fluß gern als Haustiere, in der Hütte halten sie den Leuten die Ratten und anderes vom Hals. Man darf sie nicht aufschrecken, wenn sie schläft, und sollte nicht drunter durchgehen, wenn sie irgendwo im Dachgebälk hängt – ansonsten ist die Python von bezaubernd ausgeglichenem Gemüt.

Ganz im Gegensatz zu ihrer tödlichen Kusine im Wasser, der Anaconda.

Die Hängematten waren bequem. Meinen Schlaf unterbrach nur ein Regenguß in den frühen Morgenstunden. Vor dem Frühstück badeten wir im Fluß unter dem Pfahlbau, zu dem eine Luke im Küchenboden führte. Danach gab es Malzkaffee und Maniok-Kuchen. Wir bezahlten für die Übernachtung bei Juacir, dankten ihm und Niuza für die Gastfreundschaft und kündigten uns für den Rückweg wieder an. Juacir fuhr mit zwei Männern los zum Fischen, wenig später brachen auch wir auf.

Unsere Gastgeber hausten an einem südlichen Seitenarm des Yavari, dem Rio Quixito. Wir mußten ein Stück zurückfahren, um wieder auf den Itacuai zu gelangen. Ohne es zu sehen, hörten wir den Motor eines Kleinflugzeugs, es mußte irgendwo in der Nähe im Tiefflug vorbeiziehen. Am frühen Mittag, kurz nachdem wir den Itacuai erreicht hatten, stoppte uns ein graues Patrouillenboot der brasilianischen Bundespolizei. Drei Uniformierte mit verspiegelten Sonnenbrillen und umgeschnallten Maschinenpistolen kamen an Bord. Der Hauptmann verlangte die Papiere, deren Studium ihn so viel Zeit kostete, daß wir uns schon darauf einrichteten, mit Geld nachhelfen zu müssen. Aber die Dokumente kamen ohne Schikane zurück. Dabei fiel mir auf, daß Damaso einen brasilianischen Paß vorgezeigt hatte. Das war aber nicht der Moment, ihm solche Fragen zu stellen.

Respektlos fingen die Polizisten an, im Holzaufbau herumzuwühlen, was Iroa überhaupt nicht gefiel. Sie ließen ihn die Wassertanks und sogar zwei Konservendosen öffnen, um sicherzugehen, daß wir keine chemischen Zutaten schmuggelten, die man zur Herstellung von Kokain braucht. Während dieser Durchsuchung kam es zu einer absurden Szene. Ein paar hundert Meter voraus schnurrte plötzlich eine Zweimotorige tief über die Baumwipfel, wo sie für das Radar nicht zu erfassen war. Alle Köpfe fuhren hoch und schauten ihr nach. Was für ein kompromittierender Moment. Als sie außer Sicht war, wühlten die Uniformierten mit erhöhtem Eifer weiter, als hofften sie, hier ein paar Gramm von dem zu finden, was der Flieger gerade kistenweise über uns hinwegtransportiert hatte.

„Was ist das?" Der Hauptmann stand im Heck und hielt drei Metallstücke in die Höhe. Die Aufladevorrichtung für das Mobiltelefon, das zugleich unser Aufnahmegerät war. Schultz zog das Handy aus der Brusttasche und zeigte ihm, wie es funktionierte. Zum Glück wollte der Hauptmann nicht sehen, ob wir hier überhaupt Kontakt zu einem Netz bekamen.

Als alles geklärt war, rauchten wir gemeinsam eine Zigarette. Die Polizisten legten die Waffen aus der Hand, die Spiegelbrillen behielten sie auf. Es reizte mich, sie nach den Flugzeug-Missionaren zu fragen, aber ich ließ es bleiben.

Zum Abschied wies uns der Offizier darauf hin, daß wir uns mit niemanden einlassen sollten, der über das Wasser reist. Nicht nur die Holzfäller seien kriegerisch gestimmt, auch die Fischer seien zur Zeit aggressiv und würden nicht zögern, Waffen einzusetzen, wenn ihnen etwas nicht in den Kram paßte. Dann verließen die Polizisten unseren Kahn und wir fuhren weiter.

„Das war die berühmte *Operación Cobra*", sagte Damaso. „Das Kokaingeschäft drängt immer stärker hier herüber, sie filzen jede Planke auf dem Fluß."

„Aber in der Luft haben sie Schwächen", sagte Schultz.

„Klar! Das würde ja dem Geschäft schaden. Und wer will das schon?"

„Damaso", warf ich ein, „du hast einen brasilianischen Paß?"

Er grinste.

„Ich habe einen kolumbianischen und einen brasilianischen, und ich habe eine kolumbianische und eine brasilianische Frau. Viele in Leticia halten es so. Wißt ihr was? Wir wählen sogar in beiden Ländern. *No problema.*"

Am Nachmittag erreichten wir eine Kommune. Fünf Häuser mit fünf Familien, in einer Reihe akkurat in den Busch hinein geschoben. Hier wollte uns Sarcamino verlassen. Er hatte aber versprochen, einen Führer zu besorgen, mit dem wir die letzte Strecke zurücklegen könnten.

Auch hier empfingen uns die Siedler zurückhaltend. Im Vergleich zu Juacir am Rio Quixito wirkten ihre Hütten armselig. Dafür entfaltete sich die Natur üppiger, zugleich wurde sie wilder und ungastlicher. Am Flußufer machten einem die Pium-Fliegen zu schaffen, winzige, schwarze, widerliche Stechmücken, die sich in Schwärmen aufs Gesicht stürzen. Zeit für die Vitamin-B-Tabletten.

Wir hängten die Matten im Wohnraum der zweiten Hütte auf. Zuerst hatte es eine Debatte gegeben, wer uns beherbergen dürfe, und wir hatten sie mit Damasos Vermittlung beigelegt, indem wir den Siedlern einen Gesamtpreis versprachen. Tatsächlich kam es auf die Unterbringung gar nicht an. Diese hier war so schmutzig und karg, daß wir lieber auf dem Boot geschlafen hätten. Aber wir suchten Kontakt, wir brauchten ja einen Führer. Und wir mussten mehr erfahren über diese Gegend, die uns jetzt, mit heranbrechender Nacht, erstmals in Anspannung versetzte.

Wir waren nicht mehr weit entfernt vom Zusammenfluß des Itacuai mit dem Itui, wo ein schwimmender Posten der FUNAI jede Weiterfahrt in die verbotene Zone unterbindet. Aber genaugenommen war das hier schon das Land der Caceteiros. Das erfuhren wir von Goncalvo, unserm Hausherrn, der hier mit Frau und fünf Kindern lebte.

Also war es passiert – wir waren tatsächlich im Grenzgebiet der Caceteiros gelandet. Jeder hatte uns gewarnt, dort hinzufahren; viele hatten behauptet, man könne gar nicht dorthin gelangen, und wir hatten alles zur Kenntnis genommen, das eine mit Schrecken, das andere erleichtert, und sind dann auf kürzestem Weg hineingefahren. Jetzt waren wir hier, und all das Gerede zuvor besorgte uns nicht mehr. So ist es meistens. Schließlich lebten – und überlebten es – auch die Leute hier, mit ihren Alten und Kindern. War das nicht Alltag für sie?

Aber so einfach, wie es schien, lagen die Dinge nicht.

Die Gespräche nach dem Abendessen in Orlandos Hütte riefen die Furcht wieder wach. Die Siedler waren in ständiger Acht vor ihren unsichtbaren Nachbarn, die in der weiteren Umgebung für ein rundes Dutzend Todesfälle gesorgt hatten und von deren Nähe sie immer wieder warnende Zeugnisse erhielten. Vor einigen Monaten hatten sie hier sogar zwei gekreuzte Speere gefunden; die Caceteiros hatten sie in den Pfad gerammt, den die *caboclos* zu ihren Gemüsefeldern nahmen. Es war das Symbol vieler Amazonasindianer.

Gekreuzte Speere auf einem Urwaldpfad verheißen dem, der daran vorbeigeht, den Tod. Am unheimlichsten sei gewesen, daß die Indianer sie bei der Feldarbeit beobachtet hatten, sagte Orlando, denn die Speere fanden sie auf dem Heimweg. „Es war", sagte er, „als zitterten sie noch in der Erde."

Es gab viele solcher Geschichten. Gilberto, ein trotz seiner Jugend fast zahnloser Bursche mit einem verschlagenem Gesichtsausdruck, erzählte, daß ein Stück weiter flußabwärts in einem Seitenarm eine Gruppe Matis lebte. Die war im vergangenen Jahr von Caceteiros überfallen worden; ein Mann und eine Frau wurden dabei getötet. Im selben Jahr waren Caceteiros, als alle Siedler zu einem Kirchenfest nach Atalaia gereist waren und die Kommune verwaist zurückgelassen hatten, in zwei ihrer Hütten eingedrungen. Bei der Rückkehr fehlten Kleidung und Küchenvorräte. Überdies fanden die Männer einmal Schlaghölzer am Waldrand, die, wie es aussah, in großer Eile zurückgelassen worden waren. Sie zeigten die Hölzer Tage später einigen FUNAI-Mitarbeitern. Einer der Waldläufer, *sertanistas*, erzählte ihnen, er habe solche Keulen schon häufiger gesehen. Auch die gebrauchten, an einer habe noch Menschenhaar geklebt. Es sei das Holz gewesen, mit dem der FUNAI-Angestellte Raimundo Magalhaes erschlagen worden war.

Es gab weitere Nachrichten, die die Stimmung trübten. Die wichtigste betraf den Führer, den Sarcamino für uns vorgesehen hatte. Ein Indio, aber er war gerade auf dem Weg zu einer Kommune auf dem Javari, und keiner wußte, wann er wiederkehren würde. Es konnte zwei oder drei Tage dauern, es konnte eine Woche dauern. Oder länger.

Auf eine ungewisse Warterei konnten wir uns nicht einlassen. Jetzt rächte sich der mit Angel vereinbarte Zeitplan. Er war viel zu knapp bemessen. Falls wir eine Woche oder länger festsaßen, würden wir vielleicht gerade beim Padre sein, wenn sich in Leticia bereits ein Suchtrupp in Bewegung setzte. Das würde uns, neben hohen Kosten, genau das bescheren, was wir am wenigsten brauchten: Die Aufmerksamkeit der gesamten Region. Wir drohten das Opfer unserer einseitig auf Sicherheit abzielenden Vorbereitung zu werden. Opfer der eigenen Angst.

Schultz und ich besprachen uns mit Damaso und Sarcamino. Ich bat den Indio, einen anderen, verlässlichen Führer zu besorgen.

Er musterte mich aus dunklen Augen. „Nimm Gilberto, den Bruder von Orlando. Der ist überall unterwegs und kennt den Wald besser als alle anderen."

Gilberto. Ausgerechnet. Der mit dem verschlagenen Gesichtsaudruck.

„Du meinst, daß Gilberto der beste Führer ist?"

„Ja. Und er wird der einzige sein, der diese Tour mit euch macht. Er geht am häufigsten zu den Indianern."

„Bist du sicher, daß Gilberto zuverlässig ist?"

Die Frage kam nicht von mir, sondern von Don Damaso. Offenbar hatte er ähnliche Vorbehalte wie ich, und wieder fiel mir auf, wie schnell man einander in fremder Umgebung ähnlich wird.

„Ihr könnt ihm vertrauen", erwiderte Sarcamino. „Was soll er euch tun wollen?"

„*Bom*", sagte Don Damaso, „wenn du meinst."

„Wir gehen mit Gilberto morgen auf Tagestour", entschied ich. „Wir beschnuppern ihn, dann sehen wir, ob es funktioniert. Außerdem überbrücken wir damit einen

Tag. Es besteht ja die Chance, daß der Indio zurück-kehrt."

„Gilberto soll uns zu den Matses bringen, von denen er erzählt hat", schlug Damaso vor. „Es wird Zeit, daß ihr ein paar Indios seht. Dafür sind wir doch hier, oder?"

Er sah mich an. Lehnte ich den Vorschlag ab, müßte er sich jetzt fragen, wozu wir wirklich unterwegs waren. Don Damaso war immer noch auf dem Stand, daß wir private Feldstudien betreiben wollten, Indio-Gruppen besuchen und mit dem Experten Padre Lozano über die Region fachsimpeln. Jetzt waren wir schon zwei Tage unterwegs, und wir hatten den Dschungel keine hundert Meter tief betreten. Es blieb keine Wahl.

„Großartig. So machen wir es."

Vergebliche Exkursion

Die Indianer mit der kürzesten Lebenserwartung leben
in der Amazonasregion – sie beträgt 24,5 Jahre, das sind
18,1 Jahre unter dem nationalen Durchschnitt der indigenen Bevölkerung. Im Javari-Tal gibt es vier verschiedene
Gruppen: Die Marubos, deren Lebenserwartung 21 Jahre
beträgt und die niedrigste des Landes ist, die Matis mit
24,3 Jahren, die Matses mit 23,5 Jahren und die Kana-
maris mit 29,3 Jahren. Die niedrige Lebenserwartung (...)
ist größtenteils auf regelmäßige und heftige Ausbrüche
von Malaria und Hepatitis zurückzuführen, die von Holzfällern eingeschleppt werden, die illegal in die Reservate
der Indianer eindringen, um Bäume zu schlagen.

SEJUP, Mitteilung Nr. 231/1996

An erster Stelle müssen als Auslösung von Migrationen
Todesfälle, welcher Ursache auch immer, genannt werden. Bei einem Todesfall verbrennen die Yaguas das Haus
des Verstorbenen und verlassen den Ort, weil ihnen sonst
die Totenseelen, die bis zu ihrer Ankunft im Totenland
umherirren, Schaden zufügen würden. Als Todesursache
anerkennen die Yaguas nur Totschlag und „Zauberei",
beides wiederum in sich auslösende Faktoren für
Wanderungen.

Annemarie Seiler-Baldinger,
„Indianische Migrationen am Beispiel
der Yagua Nordwest-Amazoniens"

Ein Truggebilde berührte der Vater Nainuema, etwas
Geheimnisvolles ergriff er. Kein Stab war vorhanden, um
es zu halten. An einem Traumfaden hielt er den Trug mit
dem Hauche. Am Traumfaden knüpfte der Vater das Leere
an. Mit Tabakrauch festigte er den Truggrund, dann ließ
er sich auf der erträumten Erde nieder und trat sie eben.
Nun spuckte er auf sein Werk, damit Wald wachse, und er
setzte den blauen und den weißen Himmel darüber.
Aus dem Schöpfungsmythos der Witotos.

Es war noch dunkel, als uns Gilberto weckte. Er
hieß uns alles einpacken, auch die Hängematten, und
verschwand aufs Boot. Es blieb nur noch Zeit für eine
Dusche unter Goncalvos Regentonne. Samtweich fiel
das Wasser durch die Kühle des dämmernden Morgens.

Wir fuhren los. Gilberto hielt sich abseits, bis wir das
Frühstück, Ananas, geröstete Bananen und Kaffee mit
viel Dosenmilch, beendet hatten. Damaso hatte uns
seine Eindrücke geschildert; demnach schien Gilberto
in Ordnung zu sein. Nun, im Licht des erwachenden
Tages, nahm ich einen stark vernarbten und verunsi-
cherten jungen Mann wahr. Er war geschmeichelt durch
unseren Auftrag, es machte ihn stolz, uns seinen Wald
zeigen zu dürfen. Und seine aufrichtige Freude zerstreu-
te die Vorbehalte der vergangenen Nacht.

Nach gut zwei Stunden bogen wir in einen Seitenarm
ein, einen *igarape*, der bald enger wurde. Von beiden
Seiten wucherte der Busch heran, das Wasser hatte bald
nur noch zehn Meter Breite und wurde ständig dunkler.
Schließlich war es schwarz. Wir tuckerten im Standgas

dahin, ohne Fahrtwind nahm die Hitze rasch zu. Der Urwald sirrte. Lianen und bemooste Äste hingen von den turmhohen Bäumen. Irgendwo röhrten Brüllaffen, über uns segelten dunkel gefiederte Adler. Ab und zu fiel ein großes Insekt auf den Bootsboden. Als wir schwerfällig einen Baumstamm umschifften, begann Schultz, Wasser ins Boot zu schaufeln. Don Damaso packte ihn am Arm.

„Jorge, weißt du nicht? Je dunkler das Wasser, desto gefährlicher die Bewohner."

„Schön, jetzt weiß ich's." Er machte weiter.

Damaso lehnte sich zufrieden zurück. Gilberto registrierte es mit einem zahnlosen Grinsen.

„Wie lange?" fragte ich ihn.

„Eine Stunde, vielleicht länger. Solange der Igarape breit genug bleibt für das Boot."

„Er wird immer enger?"

„Ja. Zum Höhepunkt der Trockenzeit muß man das letzte Stück durchs Flußbett gehen. Es mündet in ein verzweigtes System von Urwaldseen. *Muito bonito*, sehr schön, ihr werdet sehen."

„Schön voll mit hungrigen Piranhas", warf Don Damaso ein. Er war froh darüber, daß endlich etwas geboten wurde, und wir behielten für uns, daß wir schon häufiger in den natürlichen, während der Trockenzeit von jedem Rinnsal abgeschnittenen Dschungelteichen geangelt hatten, bis das Wasser rings ums Boot zu brodeln begann wie eine urzeitliche Druidensuppe. Es genügt, ein paar Drahthaken mit roh zerhackten Fischstücken reinzuhängen. Je länger Piranhas von der Zufuhr frischen Wassers abgeschnitten sind und damit von der Beute, die es transportiert, um so aggressiver werden sie.

„Und wenn das Boot nicht mehr weiterkommt?" fragte Schultz.

„Steigen wir aus und laufen", sagte Don Damaso.

Gilberto nickte.

Es war nach einer guten Stunde soweit, ein Baumstamm versperrte die Weiterfahrt.

„Stop, Iroa!" rief Gilberto und sprang mit zwei, drei Schritten in den Bug vor. „Fahr' nicht näher ran!"

Er deutete auf das verbliebene dürre, himmelwärts ragende Geäst, in dem etwas hing, das wie ein dicker, schwarzer Sack aussah. Ein Nest wilder Wespen.

Iroa setzte zurück. Wir suchten nach einer Ausstiegsmöglichkeit, mußten aber ziemlich weit zurückfahren. Mit Iroa vereinbarten wir, daß er uns an dieser Stelle in sechs Stunden erwarten würde. Nach Gilbertos Schätzung lag das Haus der Matis zwei Stunden Wegmarsch entfernt.

Wir schulterten die Rucksäcke, die nur einige Liter Wasser, Plastikfolien, Kekse, einen kleinen Topf, Reis, ein paar Dosen Thunfisch, ein Erste-Hilfe-Set und kleine Geschenke enthielten, und sprangen auf die Landzunge. Gilberto verschwand in einer Luke im Dickicht, die zu finden uns allein zehn Minuten gekostet hätte.

Viel war nicht besprochen worden. Wir stapften Gilberto hinterher, hackten Schneisen ins Pflanzendickicht und wurden sogleich von einer dämmrigen Schattenwelt umfangen. Schritt für Schritt den Weg bahnend, manchmal kletternd, drangen wir ein in einen trillernden, keckernden, knisternden Geräuschkokon, eine Weile begleitete uns noch der erdige Dampf des Flußbettes. Gilberto mußte immer wieder warten, trotzdem legte er ein Tempo vor, das mir auf Dauer deutlich zu hoch erschien. Aber ich wollte nicht schon nach den ersten paar Schritten jammern. Anders als der kleinwüchsige *caboclo* hatten Schultz und ich mit Lianen, Ästen und herunterhängenden Pflanzen zu kämpfen. Gilberto war zwanzig Zentimeter kleiner als ich, und wo er elegant durchglitt, kam ich nur gebückt voran. Aber dieses Handicap war keines gegen die Schwärme von Pium-Fliegen, die sich einige Male auf uns stürzten, stecknadelkopfgroße, blutgierige Biester, deren Stiche scheußlich juckten. Glücklicherweise blieben die meisten kleben in dem Film aus Schweiß und Chemie, der unsere wenigen ungeschützten Körperstellen bedeckte.

Die Luft schmeckte modrig, als inhaliere man Wurzelsuppe. Nach wenigen Minuten und einer endlos lang scheinenden Strecke durch dorniges Gestrüpp, die wir auf allen vieren kriechend, die Macheten vor uns herschiebend und die Rucksäcke hinterherzerrend zurücklegten, war ich außer Atem. Wir hatten kleine Handtücher in den Gürteln stecken, aber die waren bald unbrauchbar. Schweiß lief in die Augen, wir hatten nach kürzester Zeit keine Orientierung mehr – außer Gilberto.

Wir konzentrierten uns darauf, den Weg nicht zu verlieren, einen mit Laub bedeckten Trampelpfad, meist nur zu erahnen, den wir um keinen Schritt verlassen sollten, wie Gilberto und Don Damaso immer wieder riefen. Es war ein Akt für sich, hier wie die Zirkuskamele durchs Gehölz zu staksen. „Große Gefahr", sagte Gilberto, drehte sich um und setzte eine schmerzverzerrte Miene auf, „große Gefahr für alle, wenn jemand auf die *Cobra* tritt."

„Das ist doch sein Lieblingsgag", schnaufte Schultz. „Um uns Rotgesichter auf Trab zu halten."

Unterbrochen wurde der Weg von unzähligen Furchen, Trockenbetten und manchmal kleinen Schluchten, über die bemooste Baumstämme gelegt oder einfach nur gefallen waren, auf denen wir nun ungeschickt mit dem Gepäck balancierten. Anfangs hielten wir bei jeder dieser Turnübungen den Atem an. Doch mit der Zeit stellte sich eine gewisse Übung ein, allmählich fand jeder seinen Trick, um damit klarzukommen. Ich ging die Stämme ohne Zögern an. Das rettende Ufer mit dem Blick fixieren, ruhig atmen und ohne nachzudenken drüber weg.

Schweigend marschierten wir im Gänsemarsch durch den Dschungel. Festgeschweißt an eine unsichtbare Sonne. Auch Tiere waren nicht zu sehen. Gilberto vorne war plötzlich unruhig geworden. Diesmal war es nicht unser schleppendes Tempo, das ihn zu einer Hatz querfeldein bemüßigte. Er ließ uns anhalten, dann verschwand er im Dickicht.

Wir machten Zigarettenpause. Don Damaso nutzte die Gelegenheit und erklärte uns die medizinische Wirkung der hier in Sichtweite wachsenden Pflanzen. Immerhin reichte das Angebot an dieser beliebigen Stelle zur Behandlung von Durchfall, Kopfschmerzen, Hautausschlägen – und es half sogar gegen Schlangenbisse. Nach einer Viertelstunde kehrte Gilberto zurück. Mit einer Miene, die nichts Gutes verriet.

„Die Felder sind völlig runter. Sie müssen schon Monate weg sein."

„Monate?" echote ich einfältig. „Wann warst du das letzte Mal hier?"

„Vor einem halben Jahr."

Wir waren erschöpft, naßgeschwitzt und enttäuscht.

„Laßt uns den Platz aufsuchen", schlug Don Damaso vor, „dann könnt ihr euch wenigstens ein Bild von den Hütten machen."

Nach wenigen Minuten öffnete sich eine kleine Lichtung, auf der nur eine *maloca* stand, die allerdings gut fünfzehn Meter lang war. Das Dach aus tabakbraunen Palmblättern, das bis einen Meter auf den Erdboden heruntergezogen war, fiel an der einen Seite bereits zusammen. Die *maloca* war in Ost-West-Richtung erbaut, die Eingänge lagen an den Stirnseiten. Die Feuerstellen waren nur noch zu erahnen. Jetzt war die Hütte von Insekten besetzt; ansonsten war sie leer bis auf die verwitterten Reste einer geflochtenen Hängematte, einen zerfransten Köcher, der von einem Balken hing, dazu einige Tontöpfe, verrostete Konserven, Stoffreste.

Wir setzten uns auf eine weit ausladende Astgabel, die sich als natürliche Sitzbank in der Lichtung aufspannte, und tranken gierig. Schultz und ich hängten die nassen Hemden in die Sonne. Unsere Gesichter und Arme waren völlig verdreckt, jeder hatte ein paar Schrammen von dem Dornengestrüpp am Anfang. Wir desinfizierten sie, im feucht-warmen Dschungelklima heilen selbst kleinste Wunden schlecht. Don Damaso hingegen war nur leicht erhitzt, und Gilberto war die Anstrengung der vergangenen Stunden überhaupt nicht anzumerken.

Wir gingen umher. Dreißig Meter über unseren Köpfen trafen sich die Kronen gewaltiger Bäume, das Unterholz war gerodet. Diese künstliche Lichtung und das Langhaus waren die einzigen Spuren des verschwundenen Lebens. Sonst gab es keinen Hinweis, nur eine tiefe Stille, die diesen Platz füllte; als zögere der Urwald, ihn sich zurückzuholen. Es war ein verwunschener Ort. Eine Gruppe von 25 Indianern hatte bis vor kurzem hier gelebt, zwei von ihnen waren erschlagen worden. Hatte der Gestank des Todes die Bewohner vertrieben? Ein Frösteln begleitete diese Vorstellung. Jedenfalls war das nicht unser Platz, wir sollten nicht hier sein.

Ein Rascheln schreckte mich auf, das die Ankunft eines Spinnenaffen anzeigte. Zeternd machte er sich am Palmdach zu schaffen.

Als wir zur Astgabel zurückkehrten, hatte unsere Reiseleitung den nächsten Plan ausgetüftelt.

„Es gibt einen See in der Nähe", sagte Don Damaso.

„Wo ist er, und wie weit?" fragte Schultz.

Gilberto ging in die Hocke, nahm einen Stock zur Hand und begann zu zeichnen. Eine Schlangenlinie für den Flußarm, den *igarape*, über den wir gekommen waren, ein Stück weiter links ein Kreuz, das unseren Standort markierte und, als dritte Seite eines gleichschenkligen Dreiecks, der Weg zu dem See, in den der *igarape* mündete.

Kurz vor Mittag setzten wir uns wieder in Marsch.

Nach einem komfortablen Wegstück, das unter einem häufig durchbrochenen Blätterdach und manchmal durch gleißende Helligkeit führte, holte uns der dampfende Urwald wieder zu sich. Sein Dämmerlicht vertrieb rasch die Trägheit, die mich befallen hatte. Denn hier im Unterholz begann wieder die Seiltänzerei über schmierige Baumstämme.

Plötzlich, als wir im Lianendickicht unter einer Galerie überhängender, großblättriger Pflanzen hindurchgingen, schoß mir etwas in den Hinterkopf – ein heißer Schmerz, der von einer Stelle über den Halswirbeln bis in die Schläfen flammte. Ich stand gekrümmt, plötzlich gelähmt, die anderen eilten herbei. Panik erfaßte mich, der Schmerz war so stark, daß ich taumelte. Was war das, verdammt – ein Schlangenbiß?

Gilberto und Don Damaso untersuchten meinen Hinterkopf.

„Das ist ein Stich", sagte Don Damaso erleichtert.

„Es ist nur ein Stich." Gilberto untersuchte die fleischige Pflanzendecke hinter uns. „Es muß eine große Wildwespe oder eine Hornisse gewesen sein."

„Nichts Gefährliches?" fragte Schultz.

„Nein", sagte Gilberto. „Es wird anschwellen und eine Weile höllisch wehtun. Diese Stiche brennen schlimmer als die eines schwarzen Skorpions."

Don Damaso riet, die Stelle ständig mit Spucke einzureiben. Alles halb so wild, er selbst sei kürzlich sogar von einer Schlange in den Finger gebissen worden, von einer *Jararaca*, und nichts sei passiert, außer einem kurzen Unwohlsein.

„Wie geht denn das?"

„Sie hatte kaum Gift. Hat sich zuvor wohl an einer Beute verausgabt."

Ich beäugte ihn mißtrauisch, nahm den Rucksack auf und marschierte weiter, während die drei noch eine Weile genüßlich meine Reaktion imitierten.

Ein heftiger Regenguß ging über dem Blätterdach nieder, aber wir hier unten spürten kaum etwas davon.

Für das letzte Stück zum See brauchten wir wieder die Macheten. Der Untergrund wurde schlammig, das Unterholz verfilzt. Gilberto erledigte fachmännisch den Großteil der Arbeit, hackte ein Loch nach dem anderen in die dornige Wand aus Kletterpflanzen. Schließlich erreichten wir ein Bachbett. Dieses kaum knietiefe Rinnsal führte uns weiter, wir brauchten uns nicht mehr durch den Pflanzenvorhang zu schlagen, aus dem es Ameisen regnete und winzige Spinnen. Hier in der Furt konnte man sogar rauchen und sich dem Gefühl hingeben, daß es gegen die Moskitos half, die einen nun wieder reichlich umschwirrten. Dann wurde das Wasser zu einer dicken, schlammigen Soße auf rutschigem Grund, und die Machete immer mehr zum Gehstock. Im Nu verwandelten wir uns in ein Rudel Wasserschweine.

Aber am Ziel wurden wir mit Bildern entlohnt, die sich tief einprägten. Der kleine See lag vor uns wie ein dunkler Brunnenschacht. Gewaltige Farnfächer, majestätisch ausladende Schirme, Katarakte wild leuchtender Orchideen, Bromelien und Schlingpflanzen, die irgendwann in der Luft erstarrt waren, umstanden das Wasser wie eine Schildwache; und all das umschloß eine urzeitliche Stille. Kein Windhauch kräuselte die rauchiggläserne Oberfläche des Sees. Kormorane mit gespreizten Schwingen und andere Riesenvögel standen bewegungslos am Ufer. Die Sonne schickte Lichtsäulen durch das Blätterdach, die sich in Spiralen nach oben zu drehen schienen. Es war ein mystischer, anbetungswürdiger Ort. Wir betrachteten eine unbegreifliche Schönheit. Hunderttausend Jahre Stille um uns.

Wir saßen eine Weile. Tranken Wasser, genossen das Schweigen.

Dann schoß uns ein Knall in die Glieder. Plötzlich, dumpf und hart. Alle vier sprangen wir in die Höhe, jeder starrte den anderen an. Was war das?

Jedenfalls kein Donner, und sicher kein Geräusch des Waldes, soviel stand fest. Es war eine gewaltige, nachhallende Detonation, die durch den Wald gerollt war. Es mußte eine Explosion gewesen sein.

Wir tauschten wilde Spekulationen aus. Es hatte ein gutes Stück weit entfernt geklungen, hoffentlich einige Kilometer, aber was hieß das schon. Hantierte jemand mit Sprengstoff im Dschungel? War der Knall nicht aus der Richtung gekommen, in der sich Iroa mit dem Boot befand? Nicht mal Gilberto fand eine Erklärung, er war so erschrocken wie wir alle. Das verstärkte unsere Sorge. Falls die Explosion etwas mit Iroa zu tun hatte, saßen wir jetzt in der Patsche.

„Sofort zurück", sagte Don Damaso.

„Wie lange brauchen wir?" fragte ich.

„Zwei Stunden", sagte Gilberto, „wenn wir schnell gehen."

„Moment mal", sagte Schultz, „ist es klug, den kürzesten Weg zu nehmen?"

„Wir haben keine Wahl. Ein echter Umweg kostet zu viel Zeit. Wir sollten aus dem Wald raus sein, bevor es dunkel wird. Wir haben nicht mal Netze dabei."

Wir eilten los. Das Flußbett diente uns noch ein gutes Stück weit über die Stelle hinaus, an der wir es betreten hatten. Ich blieb jetzt dicht an Gilberto und bombardierte ihn mit Fragen, die ihm offenkundig nicht behagten.

„Gilberto, können das diese seltsamen Missionare sein, die sich hier herumtreiben, ohne daß sie missionieren?"

„Wer erzählt das?"

„Sarcamino, und die Siedler am Quixito. Jeder erzählt es."

„Ich glaube nicht. Sie waren nie in dieser Gegend."

„Was sind das für Missionare?"

„Drogenhändler."

„Handeln sie auch mit Waffen?"

„Die handeln alle mit Waffen."

„Wieso tarnen sich *traficantes* ausgerechnet als Missionare?"

„Es gibt ihnen die Berechtigung, sich im Gebiet der Indianer einzunisten."

„Aber die Polizei weiß doch, was sie treiben. Sie haben Flugzeuge."

„Na und? Sie haben mächtigen Schutz. Da kann die Polizei nichts machen."

„Sind es Brasilianer?"

„Gringos, Kolumbianer. Brasilianer auch, aber die machen nur die Drecksarbeit."

„Ich dachte, die Amerikaner bekämpfen das Drogengeschäft?"

„Es gibt viele Gringos. Die einen bekämpfen es, die anderen betreiben es."

„Welche betreiben es?"

„Die gleichen, die es bekämpfen."

Also meinte auch er, daß das kriminelle Dreieck mit Absicht am Leben erhalten wurde. Derselbe Eindruck hatte sich aus den Gesprächen mit Don Damaso, Sarcamino, Juacir und vielen anderen ergeben. Und Angel in Leticia war davon so überzeugt, daß er sein Leben aufs Spiel setzte. Die Menschen, hier am Fluß wie die in den größeren Orten, fühlten sich als Spielball fremder Mächte. Aber welches Spiel war das? Welches allgemeine Interesse konnte die Bekämpfung der offenkundigen Kriminalität hier so sehr in den Schatten stellen, daß sie sogar gefördert werden mußte?

Es war nicht die Zeit, solchen Fragen nachzugehen. Wir hatten einen Dschungelpfad gefunden und bewegten uns so rasch es ging voran. Unterwegs füllten wir die Flaschen an einem klaren Bach auf, das Wasser filterten wir durch die verschwitzten Hemden. Weiter ging es, wir rannten fast, atemlos. Die Anspannung wuchs, je näher wir dem vereinbarten Treffpunkt kamen. Gilberto lief nun so weit voraus, daß wir ihn nicht mehr sahen, und Don Damaso führte unser Trüppchen an. Die wachsende

Nervosität und die stillen Befürchtungen, die jeden plagten, ließen mich den dumpf pulsierenden Schmerz im Nacken vergessen. Die Anspannung setzte Kraftreserven frei, die ich heute morgen schon für verbraucht gehalten hatte.

Dann lagen die letzten Meter zum Treffpunkt vor uns. Ich fand nicht den geringsten Anhaltspunkt dafür, daß wir hier heute morgen losgegangen waren; niemals hätte ich diesen Flecken wiedererkannt. Wir krabbelten und krochen und hackten uns mit den Macheten durch dichtes Ufergestrüpp, doch erst als wir auf der Landzunge zum Fluß standen, erkannte ich den Platz wieder, den wir als Landungsstelle genutzt hatten.

Und wo Iroa seit mindestens einer Stunde warten sollte.

Ich wollte Gilberto meine Bewunderung ausdrücken für seinen unheimlichen Spürsinn. Aber Iroa war nicht da. Auch kein Boot.

Der Schrecken über diese Feststellung war größer als der über die Explosion. Er war wie ein Schock. Das bedeutete, daß etwas passiert sein mußte. Und jetzt?

„IROA!" rief Damaso. Der Dschungel schwieg.

Gilberto verschwand wieder im Dickicht. Damaso erklärte kurz, daß wir Brennholz schlagen und eine Unterkunft für die Nacht errichten müßten.

Es war gut, eine Aufgabe zu haben. Mechanisch folgten wir den Anweisungen der beiden und trugen die größten Blätter zusammen, die sich fanden. Reden konnten wir die ganze Nacht noch.

Der Abend kam rasch und mit den befürchteten Moskitoschwärmen. Ein kurzes Farbspektakel, dann hüllte die Nacht den *igarape* ein. Wir hatten einen Unterstand aus jungen Ästen, Ranken und Palmblättern errichtet, von oben und unten mit Plastikfolie bedeckt, und zudem zwei kleine Holzstöße aufgeschichtet, die wir nun ansteckten. Der eine Brand schirmte uns gegen die Baumgrenze ab. Der andere lag am Ufer, um nächtliche Überraschungen von der Wasserseite her zu verhindern. Für solche kamen hier Jaguare und Kaimane, im dümmsten Fall eine hungrige Anaconda in Frage, es war Beginn der Trockenzeit. Einen besonders günstigen Lagerplatz hatten wir jedenfalls nicht erwischt. Aber ein anderer kam, zumindest für diese Nacht, nicht in Frage. Falls jemand nach uns suchte, würden wir ja nur hier zu finden sein. Außerdem war der angrenzende Busch zu dicht und verfilzt, als daß wir uns im Dunkeln wieder hineinschlagen konnten – mit einer Taschenlampe für vier Männer war das sinnlos.

Kaum gab es nichts mehr zu tun, packte uns die Unruhe. Wir waren Schiffbrüchige, und der Dschungel kein touristisches Ausflugsziel mehr, sondern ein Ort unbekannter Gefahren. Wir hatten schon häufiger im Urwald genächtigt, doch nie ohne Gepäck und niemals in einer solchen Situation. Wir aßen Kekse und erörterten die Lage. Das Problem war nicht diese Übernachtung, auch nicht die bescheidene Verpflegung oder die Frage, wie es morgen weitergehen sollte. Wir hatten Angelhaken, Nylonschnüre, dazu ein paar Thunfischkonserven und Kekse. Die Tour zurück würde uns zwei Tage kosten. Gilberto erklärte, daß wir den *igarape* im Laufe des morgigen Tages verlassen und auf den Itacuai zurückkehren könnten. Dort wäre die Chance groß, falls nichts Unvorhersehbares passierte, daß uns Leute aus seiner *comunidad* finden würden. Die würden ja irgendwann mit der Suche beginnen. Auch kamen jeden Tag Fischer vorbei, manchmal sogar *sertanistas* von der FUNAI.

Aber wir wußten immer noch nicht, was die Explosion ausgelöst, was sie zu bedeuten hatte und warum Iroa verschwunden war. Klar war jetzt nur, daß die Dinge zusammenhängen mußten. War Iroa etwas zugestoßen? Es sah so aus. Und, falls ja: Würden dieselben Leute auch nach uns suchen?

Falls uns jemand nachstellte, gab es zwei Gefahren: Unser Weg war auszurechnen, er konnte ja nur zum Itacuai führen. Und durch die beiden Feuer lagen wir hier auf dem Präsentierteller.

Ich ging mit Schultz zu dem Feuer am Fluß, um Hemden und Hosen zu trocknen. Die Aussicht auf eine kühle Nacht in den feuchten Klamotten war nicht verlockend.

„*Tranquilo!*" Gilberto war neben uns aufgetaucht. „Da war was!"

Er ging ein paar Schritte am Wasser entlang und lauschte angestrengt. Auch Damaso kam heran, aber wir hörten nichts. Das heißt, zu hören war eine Menge. Wir standen mit verhaltenem Atem in der schrillenden Nacht. Sterne standen über den scharf gezeichneten Baumsilhouetten, die Milchstraße erschien als fluoreszierende Neonröhre. Mal zerschnitt ein Schrei, dann ein heißes Bellen die Luft, das rhythmische Tackern der Frösche oder nur ein Flügelschatten.

„Still!" rief Gilberto erneut.

Dann kam er angerannt.

„Ein Boot kommt!"

„Was ist mit den Feuern?" Ich zerrte mir das feuchte Hemd über.

„Es ist gleich hier!"

Ich suchte Hose, Socken und Stiefel zusammen, fluchend und zitternd, zwang mich zur Ruhe. Eine fehlende

Socke bedeutete einen wundgescheuerten Fuß, und der würde unser Fortkommen sehr behindern. Wir zogen uns an und suchten Schutz im Gebüsch.

Zwei, drei Minuten vergingen. In der Situation war das eine Ewigkeit. Die Moskitos fraßen einen auf. Dann war etwas zu hören. Ein Motor, der für Momente aufdrehte und wieder erstarb. Das Geräusch kam näher. Stimmen hörte man nicht.

Jetzt war er vor uns. Jeden Augenblick mußte das Boot vor der Landzunge auftauchen. Wer immer es steuerte, die Feuer hatte er längst gesehen.

Der Motor erstarb. Wir warteten. Auch das Boot wartete.

Und dann hörten wir den Ruf: „Iroooaaah!"

Stille.

„Er ist es", brüllte Damaso und stürmte hinaus. „Verdammter Hund! Iroa, komm hierher!"

Wir rannten ans Ufer. Tatsächlich – Iroas Holzkahn tuckerte heran, im Sternenlicht war eine massige Gestalt im Heck zu erkennen, im nächsten Moment flammte Schultz' Taschenlampe auf und überzeugte uns endgültig. Wir waren erleichtert, als hätten wir hier nicht sechs Stunden, sondern sechs Tage festgesessen.

Wir sprangen aufs Boot und zogen trockene Kleidung über, Damaso suchte nach Eßbarem, und Iroa berichtete. Redseliger als sonst, er hatte getrunken. Am Morgen war er den *igarape* zurück bis zum Itacuai gefahren, um nach einer guten Stelle zum Fischen zu suchen. Er steuerte gerade auf einen See zu, als ihn die Explosion aus nächster Nähe überraschte. Er verbarg sich in der nächstbesten Nische, so gut es ging. Später fuhren Fischer an ihm vorbei, die ihm nicht gefährlich erschienen. Er kam raus, und sie erzählten ihm, daß sie mit Dynamit fischten. Iroa fuhr in den See hinein und sah dort weitere Männer, die dabei waren, die mit den Bäuchen oben treibenden Fischkadaver einzusammeln. Es entspann sich ein Gespräch, in dessen Verlauf eine Rumflasche aus unseren Vorräten geleert wurde. Dafür erwarb Iroa guten Fisch. Erst als es dunkel wurde, kam ihm in den Sinn, daß er uns wieder einsammeln mußte.

Gilberto bezweifelte, daß es Fischer waren, er sagte, hier in den Wäldern, wo Armee-Einheiten, Bundespolizei und die FUNAI patrouillierten, und sich eine schußbereite Drogenguerilla verbarg, könne nicht mit Dynamit gefischt werden.

„Was für Leute waren es dann?" fragte Iroa mürrisch.

„Offenbar arbeiten sie für jemanden, den sie mit dem Essen versorgen. Also für Holzfäller oder für die *traficantes*."

Unterwegs zum Padre

Es ist das vertraute Szenario in allen Regenwäldern Südamerikas. Erst werden wertvolle Naturvorkommen in Indianergebieten von nordamerikanischen oder europäischen Firmen entdeckt. Dann dringt das Summer Institute of Linguistics in die Indio-Kommunen ein, um die Kultur der Eingeborenen auszuhöhlen und den Einfluß von Indianerverbänden abzuwehren. Straßen werden gebaut, und das hemmungslose Ausschlachten der Bodenschätze sowie die schnelle Kolonisation beginnen ...

**Süd- und Mittelamerikanisches Zentrum
für Indianerrechte, SAIIC, 1991.**

Die Mehrheit der circa dreihundert lebenden Korubos bleibt ohne Kontakt. Seit Jahrzehnten haben sie jeden Kontakt mit Weißen vermieden, obwohl es sporadisch zu Konflikten mit ihnen kam, mit Toten auf beiden Seiten. Die öffentliche Meinung ist extrem feindlich gegenüber den Korubo, die auch als Caceteiros („Kopf-Brecher") bezeichnet werden. In einigen Fällen gab es Treibjagden, um sie aufzustöbern und zu töten. Kürzlich hat es geheißen, daß Holzfäller beabsichtigten, ihre Dörfer mit Dynamit zu zerstören. Indianer, die für die CIVAJA arbeiten, sind mit dem Tode bedroht worden. Die lokalen Politiker haben Erklärungen gegen die Indianer herausgegeben, und das Syndikat von Atalaia hat gesagt: „Das Javari-Tal gehört uns, und wir lassen nicht zu, daß es demarkiert wird."

Survival International, Mitteilung November 1997

Gegen zehn Uhr morgens erreichten wir Gilbertos *comunidad*. Müde und verkatert. Wir hängten die Matten in Goncalvos Hütte auf, versorgten Kratzer und Moskitostiche und holten den restlichen Schlaf nach.

Nach Sonnenuntergang trafen sich alle Siedler. Gilberto hatte unser Abenteuer herumerzählt, es wurde zum Thema des Abends und wir zum Objekt zahlloser Lachsalven. Nur Iroa, der uns die Sache eingebrockt hatte, hockte auf seinem Boot und bekam nichts davon mit.

Später am Abend fing ich Orlando vor der Hütte ab. Ich wollte vermeiden, daß sich Don Damaso dazugesellte, denn offenbar dämmerte ihm, daß wir mit dieser Unternehmung einen bestimmten Zweck verfolgten. Bei der Zecherei gestern nacht am Igarape hatte er durchblicken lassen, daß er unsere wissenschaftlichen Motive nicht glaubte.

Ich bat Orlando, mir zu erzählen, was er über den Padre wußte.

„Nicht viel. Er ist Kolumbianer und hat viele Jahre am Rio Atacuari und in der Gegend von Puerto Nariño gearbeitet. Er ist sehr alt. Es heißt, er hatte sich mit dem Bischof von Leticia überworfen."

„Mit Monsignore Marceliano Canyes?"

„Den Namen kenne ich nicht, er ist lange tot. Padre Lozano wohnte erst weiter oben am Fluß, aber dann riegelte die FUNAI das Revier ab. Er zog um. Die Indianer mögen ihn, angeblich sogar die Caceteiros. Er spricht viele Sprachen der Indianer. Ja, und er hat eine große Sammlung, ein Museum, in dem er ihr ganzes Leben zeigen kann."

„Er hat ein Museum im Dschungel?"

„Heißt es, ja."

„War er auch hier bei euch?"

„Nur einmal. Er ist ein kluger Mann. Er kennt die Pflanzen wie ein Schamane. Und er hat uns zur richtigen Ernährung ermahnt."

„Redet er viel?"

„Nur, wenn ihn etwas interessiert."

„Und was interessiert ihn?"

„Die Indianer. Die Natur."

„Und Gott?"

„Von Gott hat er nicht gesprochen."

Am frühen Morgen wiederholten sich die Abläufe von vorgestern wie in einem Film. Gilberto weckte und gewährte uns die üblichen zehn Minuten, während er schon aufs Boot huschte. Wir duschten, Frühstück gab es unterwegs. Nur führte uns der Weg jetzt den Itacuai hinauf bis kurz vor den Zusammenfluß mit dem Itui. Hier bogen wir rechts ab in einen Seitenarm. Dieser *igarape* war sehr breit und gut, das heißt schnell befahrbar. Schultz und ich setzten uns in den Bug, aber Don Damaso gesellte sich bald hinzu, und wir bemühten uns, ihn nichts spüren zu lassen von einem aufkeimendem Jagdfieber.

Wir rasteten unter einem riesigen Ceiba-Baum am Hochufer, rechtzeitig vor dem Mittagsregen. Eine Herde kleiner schwarzer Affen kam von den umstehenden Bäumen herübergesprungen und rottete sich über uns zusammen. Die kreischende Zuschauerschaft war scharf auf die Essensreste. Gilberto stand wortlos auf, ging runter zum Boot und zog das Gewehr heraus.

„*Muy delicioso*! Heute abend gibt es gerösteten Affenarm", rief Damaso.

„Ohne mich", sagte Schultz, „lieber bleibe ich bei Süßkartoffeln und Maniokbrei."

„Ich schieße nicht auf die Affen", sagte Gilberto. „Aber wo Affen in Horden unterwegs sind, ist manchmal auch der Jaguar nicht weit."

Bald darauf schwebten zwei riesige Harpyien herbei. Im Nu verstummte die Affenhorde.

Wir fuhren weiter. Stunden später passierten wir eine dramatische Landschaft, in der sich Gruppen dünner Baumstämme auf verschlungenen Luftwurzeln emporreckten. Hier ließ Gilberto anhalten. Wir hätten den Punkt erreicht, sagte er, an dem es nur noch zu Fuß weiterging. Wir fuhren ein Stück weiter und fanden ein lichtes Waldstück an der Flußböschung. Iroa suchte den Platz nach Feuerameisen ab, und wir schlugen das Lager auf.

Schultz und Damaso hatten einen prächtigen Bocachica an Land gezogen, der uns das Abendessen zum Fest machte. Schon um halb neun krochen wir unter die Moskitonetze. Morgen ging es früh raus, und der Marsch würde sehr anstrengend werden. Womöglich war das noch das Geringste. Aber ich schlief schlecht. Ich mußte zu viele Gesichter, Gespräche, Vermutungen in meinem Kopf auslöschen.

Wir erwachten in frühmorgendlichen Duft- und Nebelschlieren. Iroa hatte Kaffee gekocht und war auch sonst von geradezu irritierender Liebenswürdigkeit. Er versprach sogar, uns bei der Rückkehr mit einem köstlichen Fischgericht zu empfangen. Na ja, diesmal würde er gleich ein paar Tage auf uns warten müssen, und wir hatten ihm am Abend eingebleut, daß er jeden Tag bei Sonnenuntergang hier zu sein hatte. Jetzt, vor dem Aufbruch, redete ihm Damaso noch einmal ins Gewissen.

Dann fuhren wir ein Stück zurück. An der Stelle mit den Luftwurzeln gingen wir an Land. Es war kurz vor sechs Uhr. Diesmal hatten wir mehr Gepäck als bei der

Landpartie vor zwei Tagen. Gilberto trug zudem sein Gewehr.

Es ging in ein graugrünes Dickicht ohne jeden Farbtupfer, in dem ich rasch jede Orientierung verlor. Sogar Gilberto korrigierte sich einige Male, aber richtige Unsicherheit verriet er nicht. Einmal mußten wir ein Stück zurückgehen, es kostete aber kaum eine halbe Stunde. Der übliche Wolkenbruch erreichte uns hin und wieder als Sprühregen. An einem Bachlauf rasteten wir, und Don Damaso überraschte uns mit Hühnchenfleisch, das er von einer der *caboclo*-Frauen gekauft hatte.

Es zog uns weiter. Würde uns die Nacht auch nur einen halben Kilometer vor dem Haus des Padres erwischen, dessen genauen Standort wir nicht kannten, müßten wir im Busch kampieren.

Am frühen Nachmittag kam uns Gilberto entgegengeeilt. Er war, wie zumeist, weit vorausgegangen, aber diesmal erwartete er uns nicht irgendwo am Pfad, sondern er kam zurückgelaufen.

„Was ist los?" fragte Don Damaso.

„Da ist ein frisches Feld. Eine Indianerpflanzung."

„Was für Indianer?"

„Ich weiß nicht. Bleibt hier und seid ruhig." Gilberto lud sein Gepäck ab und verschwand wieder.

Indianer. Das war, anders als vor zwei Tagen, keine gute Nachricht. Schon, weil uns selbst die freundlichste Begegnung zu viel von dem kosten würde, was wir am wenigsten hatten: Zeit. Wir hockten uns auf den Pfad, lehnten uns an die zusammengestellten Gepäckstücke, so daß jeder eine Richtung im Blick hatte, und musterten im Gitter aus Dämmer und Licht all die Schatten, die sich vor dem nervösen Auge zu regen begannen, als ob sie Gestalt suchten.

„Wenn es Caceteiros sind", murmelte Don Damaso, „hätten sie sich längst blicken lassen."

„Bist du mal welchen begegnet?" fragte Schultz.

„Nein."

Damaso nestelte an seinem Rucksack herum, dann zog er eine Pistole heraus.

Nach langen Minuten wurde das Schweigen unbehaglich.

„Kaum vorstellbar", sagte ich, „daß der Padre so nahe bei einem Caceteiro-Dorf wohnt. Er müßte ja immer dran vorbei, wenn er die Mission verläßt."

„Stimmt", sagte Schultz. „Aber nur, wenn uns Gilberto in die richtige Richtung geführt hat."

Eine gute halbe Stunde verging. Dann kam Gilberto zurück, und wir waren schon froh, daß er überhaupt zurückkehrte. Er hatte die nähere Gegend abgesucht, aber nichts gefunden. Wir überlegten nicht lange. Wenn wir nicht umkehren wollten, mußten wir weiter.

Gilberto führte uns zu einer Stelle, wo der Wald lichter wurde. Ein Stück voraus war zwischen den Bäumen das Feld zu sehen. Sie hatten es an einen sanften Hang gebaut. Wir öffneten das, was Schultz seit dem Aufbruch in Tabatinga den „Gabensack" nannte, holten eine lange Nylonschnur heraus und suchten zwei starke Äste. Am Rand des Maniokfeldes, auf dem auch Mais, Bananen und Süßkartoffeln wuchsen, gruben wir die Äste drei Meter voneinander entfernt in den Boden und wickelten dreißig Meter Schnur darum. An der Schnur, die selbst ein Geschenk war, befestigten wir Mitbringsel: Macheten, Angelhaken, Pfeifen, Plastikschmuck.

Als wir weitergingen, blieben wir dichter beisammen, sahen aber den ganzen restlichen Tag keine Indianer. Auch Hütten fanden wir nicht. Wir schritten durch lichte Lianenwälder, dann wieder löste sich der Pfad in eine glitschige Masse aus verrotteten Baumstümpfen und Dornenranken auf, aber das einzige, was uns am späten Nachmittag erschreckte, war eine Schlange. Einige Fußbreit neben dem Wegrand lag etwas Dunkles, Staubiges, es ähnelte einem verdrehten Fahrradschlauch. Gilberto war in der Bewegung erstarrt. Dann schleuderte er sie mit der Machetenspitze in den Wald.

Damaso, der ganz hinten gelaufen war, rügte Gilberto als leichtsinnig, er behauptete, das könne eine Buschmeister gewesen sein. Gilberto widersprach lachend. Einer Buschmeister wäre er gewiß nicht auf die Pelle gerückt. Sie zählt zu den giftigsten Reptilien im Amazonasgebiet und ist so aggressiv, daß sie Menschen manchmal sogar aus größerer Distanz angreift.

Als es zu dämmern begann, stießen wir auf ein ermutigendes Vorzeichen: Wir überquerten ein Wasserbett, das mit zwei behauenen Baumstämmen und einem Laufseil überbrückt war.

Die Lichtung, die sich bald darauf öffnete, war tatsächlich unser Ziel. Eine sumpfige Ebene, über der purpurne Abendwolken lagen. Wir gingen über vertrockneten Schlammboden auf ein weit entferntes Stelzenhaus zu, vorbei an Wasserlöchern, Baumstümpfen und verwelkten Seerosen. Gleich hinter dem Haus erhob sich wieder der Urwald. Das Haus war L-förmig angelegt und sehr geräumig. Aus den Halbschatten voraus lösten sich zwei Gestalten. Sie kamen uns langsam entgegen, junge Indianer in Shorts und T-Shirts.

„*Paẽ Lozano?*" rief Gilberto.

„*Sim! O paẽ!*" rief einer und fuchtelte mit der Machete Richtung Haus. Sie gingen vorbei ohne einen Blick.

Eine Beichte

Die nationale Polizei hat heute in Cartagena den ältesten Drogenchef Kolumbiens festgenommen. Es handelt sich um Vicente Wilson Rivera Gonzales, der schon in den achtziger Jahren seinen Clan in Süden Kolumbiens etabliert hatte, mit Operationszentrum in der Amazonas-Stadt Leticia, wo er bis jetzt eine Organisation für Drogenhandel und Geldwäsche leitete, die nach Brasilien, Venezuela, Panama, USA und Holland reichte. 1994 begann die Polizei gegen den Clan der Riveras zu ermitteln, entdeckte dabei kriminelle Aktivitäten, die in Peru, Brasilien und Venezuela mit Mitgliedern des Cali-Kartells vollzogen wurden. Im Zuge dieser Polizeioperation „Amazonas" wurde auch Camilo Henry Rivera Ramos verhaftet, der Sohn des „Don Vicente", gegen den auch in anderen Ländern Drogenermittlungen laufen. Vicente Rivera ist einer der meist gesuchten Männer auch der peruanischen Justiz. Geheime Ermittlungen ergaben, daß die Familie Rivera verschiedene Labore für die Kokain-Kristallisierung in der Region Llorente/Narino und anderswo besitzt. General Luis Ernesto Gilibert sagte, daß der Rivera-Clan seit sieben Jahren von der kolumbianischen Polizei verfolgt wurde, auch per Satellitenfahndung, wobei es gelungen war, seinen Aufenthalt in Leticia festzustellen, von wo er den Drogenhandel ins Ausland persönlich befehligte und koordinierte. Zugleich heißt es, daß mit der Festnahme von Don Vicente einer der ältesten Drogen-Organisationen Kolumbiens ein Ende bereitet wurde.

Pressebulletin des kolumbianischen Verteidigungsministeriums, 23. April 2001.

Dutzende dunkler Falter tanzten um die beiden Kerosinlampen, die Florencia im Schlafsaal aufgehängt hatte. Wir waren nicht die einzigen Gäste. Es gab hier noch einen *caboclo* mit seiner Indiofrau und deren Mutter, sie lagen schon in den Hängematten und nahmen keine Notiz von uns. Wir richteten uns auf der entfernten Seite ein. Fenster gab es nicht, der Boden war aus festgestampftem Lehm, der Raum groß genug, um zwanzig Leute oder mehr zu beherbergen.

Vorhin hatte die alte Frau ein schmackhaftes Essen serviert, während uns Lins Osorio, ein bulliger Kerl, der so etwas wie ein Hausmeister war, darüber informiert hatte, daß Padre Lozano vor einigen Tagen zu einer Matse-Gemeinde aufgebrochen war. Das Dorf war einen guten Tagesmarsch von hier entfernt. Niemand wußte, wann der Padre zurückkehren würde. Lins Osorio ließ Rum und Schalen mit *chicha* herumgehen.

Eine schlechtere Nachricht hätte es für uns kaum geben können. Spät kamen wir in die Hängematten; draußen lief ein Unwetter mit prähistorischem Donner ab. Es paßte zu unserer Gemütslage.

Als ich erwachte, fiel staubiges Licht durch die Ritzen des Bretterverhaus. Die anderen Gäste waren weg, mitsamt ihrer Habe; auch Don Damaso und Gilberto waren schon auf den Beinen. Im Wohnraum, der an das Küchenabteil grenzte, saß Don Damaso und redete auf Lins Osorio ein. Florencia brachte Kaffee, Saft, Bananen und Maiskuchen. Wir waren verkatert. Don Damaso machte die *chicha* dafür verantwortlich, alle hatten dem mit Rum vermischten Maniokbier weitaus heftiger zugesprochen, als es das Zeug verdient hatte.

Für uns blieben nur zwei Möglichkeiten. Entweder wir warteten hier die nächsten drei Tage in der Hoffnung, daß der Padre zurückkehrte. Oder wir brachen selbst zu den Matses auf. Dazu mußten wir allerdings Lins Osorio oder einen anderen Ortskundigen als Führer gewinnen.

Im Moment konnten wir nur warten, denn nicht einmal der schwarze Kaffee brachte uns auf Touren. Jedem war die Enttäuschung anzumerken.

Lins Osorio sagte, er hätte etwas zum Aufwachen. Er verschwand und kam mit einem Tabakbeutel und einem langen Röhrchen wieder. „Jopo", sagte er, füllte ein bräunliches Pulver in das Ende des Röhrchens. „Die Indios nehmen das. Ich habe es mit Tabak vermischt. Eine Prise, und du fühlst dich leicht wie ein Vogel."

Er setzte sich das gefüllte Ende an die Lippen, ich sollte mir das Röhrchen ins Nasenloch führen. Er blies einmal kurz. Ein Blitz schoß mir durch die Nase und detonierte unter der Schädeldecke. Schauer liefen über meinen Körper. Ich hörte das verzerrte Gelächter der anderen, schneuzte braune Krümel, rang um Atem und betete, daß mir das Zeug nicht die Atemwege verätzt hatte.

Aber allmählich wich das ätzende, beißende Gefühl einer Wachheit, einem besonderen Gefühl von Klarheit, ich spürte eine vollkommene Frische und Dynamik, und zu meiner Überraschung verzog sich der Schmerz in die abklingenden Schwellung an meinem Hinterkopf und ballte sich dort zusammen, daß es sich anfühlte, als ob ich den Stich soeben noch einmal gekriegt hätte. Dann ließ sich Schultz eine Prise einschießen.

Zu neuem Leben erwacht, rückte die Möglichkeit eines Marsches zu den Matses näher. Aber Don Damaso hatte dies schon gegenüber Lins Osorio angesprochen, mit abschlägiger Antwort. Padre Lozano würde nicht wollen, daß ihm Lins Osorio irgendwelche Besucher hinterherschleppe. Auch sei das Dorf keine Umgebung, um mit dem Padre Gespräche aufzunehmen.

Wir mußten warten.

Den Tag verbrachten wir mit Damaso und Lins Osorio in der Umgebung, besichtigten die Pflanzungen der Mission und den beeindruckenden Kräutergarten, den der Padre hatte anlegen lassen. Lins Osorio erzählte, daß er aus Puerto Nariño stammte, westlich von Leticia gelegen, und erst seit einigen Jahren hier arbeitete. Er schien ein gutmütiger Kerl zu sein, aber die Art Scherze, die er machte, und die bedingungslose Ergebenheit, mit der er vom Padre sprach, ließen vermuten, daß er auch ein anderes Leben kannte.

Spätnachmittags kehrten wir in die Mission zurück. Wir wollten mit Schultz' Kamera auf die Aussichtsplattform klettern, die Lins Osorio ein paar hundert Meter entfernt ins Geäst eines Riesenbaums gebaut hatte. Sie befand sich in über zwanzig Metern Höhe. Aber dazu kam es nicht mehr. Gilberto sah uns von weitem kommen. Er sprang die Treppenstufen herab und lief uns aufgeregt fuchtelnd entgegen.

„*Rápido*, er wartet!"

„Der Padre?"

„Er ist vorhin gekommen."

Padre Lozano war eine imposante Erscheinung. Vor allem, wenn man einen Priester erwartet hatte. Im Wohnraum kam uns ein hoch aufgeschossener alter Herr mit spärlichen weißen Haarsträhnen und weißem Kinnbart entgegen. Er trug Stiefel, Khakishorts und ein grünes Buschhemd. Die Augen waren dunkel, fast schwarz, der Blick ruhig und eindringlich. Ein guter Wildhüter, kam mir in den Sinn, der sich aus den Anfängen des Jahrhunderts herübergerettet hatte.

„*Boa tarde*. Hatten Sie einen angenehmen Tag?"

„*Boa tarde*, Padre, hatten wir. Sie haben diesen Ort zu einem Paradies gemacht."

„Was immer Sie da draußen finden", sagte er, „es beruht alles auf dem Wissen und dem Können der Ureinwohner."

Er ging um den langen Tisch herum und lud mit einer Handbewegung zum Sitzen ein. Florencia kam mit einer Karaffe Saft aus der Küche.

„Was führt Sie hierher, Senhores?" fragte er.

„Wir haben von Ihrer Arbeit gehört, Padre", sagte ich. „In Leticia wurde uns davon erzählt. Wir suchen authentische Informationen über den Wald und seine Bewohner. Es heißt, niemand kennt die Indios besser als Sie. Als wir hörten, daß Sie unterwegs seien, hatten wir schon Angst, daß unser Besuch vergeblich war."

„Nein." Er musterte uns aus tiefgründigen Augen. „Das wäre nicht passiert. Sie sind nur früher gekommen, als mir gesagt wurde."

„Heißt das, Sie wußten, daß wir kommen, Padre?"

„Ja."

„Von wem?"

„Jucumanare hat es gesehen."

„Jucumanare?"

„Der Schamane der Matses."

„Aber wie hat er das gesehen? Ist er uns gefolgt?"

Zum ersten Mal lächelte Padre Lozano.

„Nein. Er praktiziert eine Art Telepathie. Auf seinen Hinweis bin ich heute morgen aufgebrochen. Deshalb bin ich hier."

Wir waren sprachlos.

„Wie gesagt, alles beruht hier auf dem Wissen der Ureinwohner." Der Padre lächelte immer noch.

„Sie sagen, der Schamane hat aus der Ferne irgendwie wahrgenommen, daß wir auf dem Weg zu Ihnen waren?"

„Nein, nicht irgendwie. Er sieht Dinge, wenn er halluzinogene Pflanzen zu sich nimmt."

„Aha. Und das funktioniert?"

„Daß ich hier bin, um Sie zu empfangen, sollten Sie als Beweis dafür nehmen, daß es funktioniert. Allerdings", setzte er amüsiert hinzu, „hat Jucumanare wohl zu wenig Yage genommen. Er sprach von zwei Besuchern. Und Sie sind zu viert."

„Der Schamane hat alles richtig gesehen", sagte Don Damaso. „Es sind diese zwei Senhores, die Sie besuchen wollen. Gilberto und ich sind die Führer."

Florencia servierte weißes Kaiman-Fleisch in gelblichem Farinha-Granulat. Es schmeckte beinahe wie Hühnchen. Beim Essen schilderte der Padre die Wirkung der wilden Weinranke Yage, die von den Indios für ihre spirituellen Sitzungen verwendet wird. In Trance, tanzend und singend, nehmen die Schamanen alles wesentliche in ihrem Lebenskreis wahr. Sie erkennen Krankheiten und wie sie zu behandeln sind, sie sehen die Jagdtiere und die Orte, an denen sie auftauchen werden und zu erlegen sind. Die Zusammensetzung des Pflanzenstoffs und die Wirkung selbst, führte der Padre aus, ähnelt dem LSD. Mit LSD sei bekanntlich sogar an Menschen exprimentiert worden, erzählte er; Experimente, mit denen die Amerikaner schließlich ein riesiges Programm durchgeführt hatten.

„Aber ich will Sie nicht überfallen mit diesen Dingen, es ist Zeit für mich. Ich sehe Sie morgen beim Frühstück. Wenn Sie wünschen, zeige ich Ihnen dann die Sammlung."

Padre Lozano ging in die Küche, sprach kurz mit Florencia und verschwand in den Nebentrakt, den er bewohnte.

Es war sieben Uhr abends. Lins Osorio erzählte, daß sich der Padre gewöhnlich schon eine Stunde früher zurückziehe.

„Er macht stundenlang Meditationsübungen. Den Morgen beginnt er genauso. Übung von fünf bis sieben, danach Frühstück."

Don Damaso holte eine Flasche Rum aus unseren Vorräten und Lins Osorio erzählte aus seinem Leben. Er genoß hier seit sechs Jahren eine Art Asyl, zuvor war er einige Jahre auf der Flucht gewesen. Vor der Polizei, mehr aber noch vor den Drogenhändlern. In Leticia hatte Lins Osorio für den Clan der Riveras gearbeitet, Don Camilo und Don Vicente, er hatte Kurierdienste übernommen, Labore und Lieferungen überwacht. Und er hatte für seine Auftraggeber getötet. Mehr als einmal. Zehn Jahre lang war er selbst mit einem Fuß im Grab gestanden, doch aus der Bahn geworfen hatte den Killer sein letztes Opfer: Juan Pablo. Es war sein Neffe. Auch der war ins Drogengeschäft eingestiegen, aber schnell selbst abhängig geworden. Juan Pablo begann mit Kokain, wie sie es alle taten, dann nahm er Basuka. Crack, das brutale, unsaubere Zwischenprodukt.

Ein paar Jahre lang hatte Lins Osorio die Schulden des Jungen beglichen. Dann bekam er selbst Drohungen, falls der Neffe nicht endlich von der Bildfläche verschwinde. Eines Abends war Juan Pablo wieder bei ihm aufgekreuzt, zugedröhnt. Er wollte Geld. Lins Osorio gab ihm welches. Stunden später kam er wieder und wollte mehr. Lins Osorio warf ihn raus. Der Junge kehrte mit einer Pistole zurück und richtete sie auf ihn. Er schrie und fuchtelte herum. Sein Schuß ging in die Decke. Lins Osorios Schuß traf.

Lins Osorio war mit dem nächsten Boot nach Iquitos verschwunden. Jahrelang schlug er sich in den Küstenstädten durch, sogar als Schuhputzer. Lima, Guayaquil in Ekuador, später Cali und Barranquilla. Nach der großen Säuberungswelle wagte er sich erst wieder ins Dreiländereck zurück. Dort hörte er von Padre Lozano und reiste zu ihm.

„Es war Zeit, zur Beichte zu gehen."

Gottes eiserne Gesandte

Ich war bei einem Treffen an der Universität von Prince-town, auf dem Weg nach Chile für eine Arbeitsverein-barung mit der UNESCO 1965, als ein Professor zu mir kam: Johan, du hast die drei Fähigkeiten, die wir für ein Projekt namens Camelot brauchen. Du kennst dich in Konfliktforschung und Entwicklungspolitik aus und sprichst Spanisch. Wir möchten dich bitten, an diesem Projekt mitzuwirken. Du sollst mit einem Team in Chile arbeiten." Ich sagte: „Okay, schickt mir die Papiere." Nun machte die Sekretärin, die mir die Unterlagen sandte, einen Fehler. Sie fügte ein Stück Papier bei, das nur für Teilnehmer auf einer höheren Ebene gedacht war. Darauf stand das wirkliche Ziel des Projekts: Herauszufinden, wie die US-Armee den Militärs in befreundeten Ländern helfen kann. Das war nicht für meine Augen bestimmt, aber ich hatte es gesehen. Ich fing an, Briefe an meine amerikanischen Kollegen zu schreiben: „Seid ihr euch bewußt, an was ihr euch da beteiligt?" Diese Wissen-schaftler repräsentierten damals die Crème der US-Sozio-logie. Sie schrieben zurück: „Johan, nimm es nicht so ernst. In den USA mußt du immer das Militär einbringen, um Geld zu kriegen. Betrachte es als sehr guten Weg, um soziale Studien finanziert zu bekommen." Ich kaufte ihnen das nicht ab. Ich kannte meine Kollegen zu gut. Ich ant-wortete: „Okay. Entweder macht ihr einen grundlegenden Fehler oder ich. Ich glaube aber, ich bin näher an der Sache dran, und ich werde meine Bestes tun, um gegen Projekt Camelot zu arbeiten." Zwei Monate sehr intensi-ver Arbeit folgten, und am Ende landete meine Dokumen-

tation auf dem Tisch des Staatspräsidenten von Chile.
Eduardo Frei war furchtbar wütend. Er hatte gerade
äußerst schwierige Verhandlungen mit den Amerikanern
über die zwei Kupferminen laufen, die Allende später
nationalisierte, und er erklärte, wenn Projekt Camelot
nicht sofort eingestellt wird, werde Chile die diplomatischen Beziehungen zu den USA abbrechen. Das Projekt
war darauf angelegt, daß amerikanische Sozialwissen-
schaftler, zusammen mit ihren chilenischen Kollegen,
Chile für die US-Armee ausspionierten. Als er das chileni-
sche Ultimatum erhielt, stoppte US-Präsident Lyndon
B. Johnson das Projekt noch am selben Nachmittag.

Johan Galtung,
Träger des Alternativen Friedensnobelpreises

Das Schlimmste kam im November 1980, als das Inter-
Amerikanische Institut seine Konferenz in Merida,
Mexiko, veranstaltete. Cameron Townsend führte die traditionelle Delegation des Summer Institute of Linguistics
an. Aber erstmals in der Geschichte der Konferenz nahmen auch indianische Regierungsvertreter teil. Cameron
lauschte ungläubig, als ein Delegierter nach dem anderen
sein Lebenswerk anprangerte. Das SIL sei „eine ideologi-
sche und politische Institution", mußte er hören, der
wissenschaftliche Name verberge nicht nur eine gewisse
religiöse Agenda, sondern eine Weltsicht, die fremd für
indigene Traditionen sei und überdies eine amerikanische
politische Kraft, welche die nationalen Souveränitäten
unterminiere. SILs Verbündete – speziell die Delega-
tionen der Militärregime von Chile, Bolivien, Brasilien,
Paraguay, Honduras – schlugen zurück, aber diesmal
waren sie in der Unterzahl. Die Mehrheit der Teilnehmer

verabschiedete eine Resolution, die die Regierungen der Mitgliedsländer aufrief, die Aktivitäten des SIL in ihren Ländern zu überprüfen und, wenn nötig, die Organisation zu verbannen. Um ihrem Ziel ein menschliches Gesicht zu geben, bezogen sich die Delegierten direkt auf den Mann unter ihnen, der das SIL am stärksten symbolisierte: Gründer William Cameron Townsend. Dies war die Gelegenheit für die Konferenz des Inter-Amerikanischen Instituts, ihre Glaubwürdigkeit und Authentizität zu sichern. Für Cameron muß es der schlimmste Tag im Leben gewesen sein. Am Ende wurde eine Resolution vorgeschlagen, die ihm den Titel „Wohltäter der sprachlich isolierten Bevölkerung Amerikas" aberkennen sollte, eine Ehre, die ihm bei der Konferenz 1972 in Brasilien zuteil geworden war. Die Delegierten erhoben sich und verabschiedeten diese Resolution mit Standing Ovations. Als der Applaus endete, ging Cameron davon und kam nie wieder.

Colby/Dennet, "Thy Will Be Done"

Padre Lozano hatte sich mit Astrologie, Ethnologie, Botanik und Linguistik beschäftigt, um Denken und Leben der Amazonas-Indianer verstehen zu lernen. Den Vormittag über zeigte er uns sein Museum, einen Hüttenanbau von sechzig Quadratmetern mit einer umfangreichen Sammlung aus allen seinen verschiedenen Interessensgebieten, in deren Mittelpunkt das Leben am Amazonas stand. Alles war hier vorhanden, sogar ein Schlagstock der Caceteiros. Indianer hatten ihm die Keule besorgt, sie sah wirklich aus wie ein Baseballschläger.

Nach dem mittäglichen Regenschauer trugen wir Stühle auf die schattige Veranda. Padre Lozano hatte Zeit, unsere Fragen zu beantworten. Wir hofften, endlich ein Muster, eine Idee für unsere blutigen und düsteren Puzzlesteine zu erhalten. Schultz trug das aufnahmebereite Mobiltelefon in der Brusttasche. Ich fragte den Padre nach seiner Lebensgeschichte, wollte hören, wie es ihn hierher verschlagen hatte, was er mitbekommen, vielleicht selbst erlebt haben könnte in den vergangenen Jahrzehnten.

Er erzählte, daß er zwar gebürtiger Peruaner, aber in Kolumbien aufgewachsen sei. Als junger Kapuzinermönch war er in den fünfziger Jahren an den Amazonas gekommen. Dort, im Dreiländereck, dem *trapezio*, begann damals die Regentschaft eines Geistlichen, den die Indianer bald fürchten und dem der Padre später voll Abscheu den Rücken kehren sollte: Monsignore Marceliano Canyes, der mit bürgerlichem Namen Eduardo Canyes hieß und aus Barcelona stammte. Zusammen mit seinem Bruder, ebenfalls ein Priester, war Canyes während des spanischen Bürgerkriegs nach Kolumbien ausgewandert. Damals war Barcelona kein gutes Pflaster, wenn man mit Franco sympathisierte.

Als Padre Lozano ihn kennenlernte, war Marceliano Canyes bereits Apostolischer Vikar der Region Caqueta, nördlich von Leticia, und damit geistlicher und weltlicher Herr über die Ländereien der kolumbianischen Amazonasindianer. Dies hatte ein Missionsabkommen zwischen Kolumbien und dem Vatikan so geregelt. Den Missionen wurde Autonomie bei der Arbeit mit den Indios garantiert, dafür nahmen sie der Regierung eine Menge Arbeit ab. Aber die Herrschaft des Bischofs entwickelte sich schnell zu einer Diktatur über die Urbevölkerung. „Canyes beschlagnahmte fruchtbare Gebiete und wies den Indios im Austausch Sumpfregionen als Lebensraum zu. Das gute Land verkaufte er an Privatinvestoren, vor allem an mächtige Familien aus dem Landesinneren. Die Indianer verelendeten." Beide, Indianer und Siedlerfamilien, stiegen später ins Kokaingeschäft ein.

Canyes machte Leticia zum Bischofssitz. Bald erhielt er unter seinen Schutzbefohlenen den Namen *fray manga*. Bedeutet ungefähr Eiserner Bruder.

Noch in den fünfziger Jahren knüpfte Canyes Kontakte, die die Region für die Zukunft prägen sollten. Es begann mit dem Nazi-Flüchtling Rafael von Steinbeck, der nach dem Zweiten Weltkrieg mit Hilfe des Vatikans über die sogenannte Rattenlinie nach Südamerika geflohen war. Steinbeck fand, wie viele andere Nazigrößen und Kriegsverbrecher auch, zunächst Aufnahme in Perons Argentinien. Die Amerikaner verhalfen im Zuge ihrer *Operation Bloodstone*, von der CIA geführt, diesen international gesuchten Kriminellen zu neuen Identitäten und Karrieren – und sich selbst zu erfahrenen Helfern im Kampf gegen den Kommunismus.

Canyes, der „Fürstbischof" von Amazonien, verhalf dem Deutschen, der sich von Argentinien, dann über Panama kommend in eine weniger gut aus Europa einzusehende Region zurückziehen wollte, zu einer Sägemühle in Santa Clara, nördlich von Leticia. Da war Steinbeck schon kriminell vorbelastet. Er war Jahre zuvor, 1958, in Iquitos mit einer Ladung Kokain aufgeflogen, und bereits hier hatten ihm aufgebohrte Tropenhölzer als unauffällige Verpackung gedient. Damit war von Steinbeck ein Pionier auf dem Gebiet des Kokainschmuggels, denn erst viele Jahre später begann das

Weiße Dreieck, die Welt mit Drogen zu überschwem-men. Er floh aus Peru nach Kolumbien und weiter nach Brasilien, wo er bei Kapuzinerpadres in der Nähe von Manaus Unterschlupf fand. Als sich die Wogen geglättet hatten, kehrte er ins Grenzland zurück, nach Leticia.

Und wieder war es ein Kapuziner, der Franco-Sym-pathisant Canyes, der dem deutschen Nazi behilflich war. Der Bischof stellte Steinbeck als Ingenieur des Bezirks ein und verschaffte ihm einen Kredit bei der lokalen Bank. Später mußte Steinbeck ein weiteres Mal abtauchen, als ihn seine alte Drogengeschichte aus Iquitos in Leticia einholte. Das Dreiländereck war für ihn endgültig zu heiß geworden, er floh an die Küste.

„Als Nachfolger Steinbecks übernahm ein Ameri-kaner namens Mike Tsalickis die Sägemühle bei Santa Clara. Auch Tsalickis war ein Freund des geistlichen Herrschers unserer Region", sagte Padre Lozano.

„Dann war er ein Drogendealer der ersten Stunde?" fragte ich.

„Er war von Steinbecks Kompagnon."

Tsalickis, der einen gutgehenden Exporthandel mit Wildtieren gegründet und dabei Hunderte Indios be-schäftigt hatte, stellte dem Bischof sein Flugzeug zur Verfügung, der nun ohne die Beschwerden tagelanger Fluß- und Fußreisen die Missionen und Siedlungen er-reichen und wie ein Erzengel über die indianischen Sün-der kommen konnte. Der Segen der Kirche war Tsa-lickis im Gegenzug sicher. So wurde ein gesellschaft-licher Aufstieg eingefädelt, der Jahre später in der Ernen-nung zum US-Honorarkonsul in Leticia gipfeln sollte.

Dann kam der Padre auf zwei weitere Schlüssel-figuren zu sprechen, die wichtige Knoten waren im bischöflichen Netz, mit dem die Region erschlossen und beherrscht wurde. Der eine war John Caldwell King, kein geringerer als der für die westliche Hemisphäre verantwortliche CIA-Chef, der andere hieß William Cameron Townsend, war Direktor des *Summer Institute of Linguistics* (SIL), auch bekannt als *Wycliff Bible Translators.*

Das SIL war – und ist – eine fundamentalistische, protestantische Missionsbewegung, politisch den amerikanischen Ultrakonservativen nahestehend. Es wurde damals zur mächtigsten unter den vielen Organisationen, die den Amazonas im Namen Gottes und der Großindustrie zu missionieren begannen. SIL-Gründer Townsend, ein ehemaliger Bibelverkäufer, glaubte, Gott habe ihm die Zivilisierung aller indigenen Völker aufgetragen. Sein Institut schulte Missionare für die Übersetzung des Neuen Testaments in indianische Sprachen. Schulen, wirtschaftliche Unternehmungen und westliche Gesundheitsvorsorge sollten zur Christianisierung und Zivilisierung der Ureinwohner beitragen.

Allerdings entsprachen manche Missionare des SIL nur bedingt dem Bild des Urwaldpredigers, der sich unter Aufgabe einer komfortablen Lebensweise in Indianergebiete begibt und dort jahrzehntelang ein christliches Gemeinwesen aufzubauen versucht. Denn die fundamentalistischen Amerikaner kooperierten von Beginn ihrer Tätigkeit an mit den kaum demokratischen südamerikanischen Zentralregierungen, die ja selbst nur geringe Möglichkeiten hatten, ihre schwer zugänglichen Urwaldgebiete zu durchdringen, zu zivilisieren und nutzbar zu machen. Ferner kooperierten sie mit der nachrückenden Öl- und Pharmaindustrie – und wohl auch mit der CIA.

Die beherrschende politische Gestalt hinter der amerikanischen Amazonas-Eroberung war bis in die siebziger Jahre Nelson Rockefeller, Galionsfigur der republikanischen Liberalen und Milliardär. Im Zweiten Weltkrieg hatte er das Regierungsbüro CIAA (Coordinator of Inter-American Affairs) übernommen, das später in der CIA aufging. Rockefeller verknüpfte seine finanzielle Macht, denn die Familie kontrollierte *Standard Oil* und die *Chase Manhattan Bank*, mit der politischen, die ihm durch zahllose politische Ämter zuwuchs. Sein Traum war die Expansion in Südamerika, waren die Urwaldressourcen des Amazonas. Um ihn zu verwirklichen, bediente sich Rockefeller seiner Stiftungen und Privateinrichtungen, aber auch der Agenturen und Ausschüsse von CIA, US-Armee und Nationalem Sicherheitsrat. Er verschob seine Leute wie Schachfiguren von einer Institution zur anderen, um die Politik in seinem Sinne zu beeinflussen. Seine Einrichtungen halfen auch, dem SIL den Weg zum Amazonas zu ebnen.

Dort begannen SIL-Missionare, vorbei an der katholischen Kirche, mit der Evangelisierung der Indianer. Auch die CIA mißtraute zutiefst den südamerikanischen Katholiken, die mittlerweile in eine konservativ-reaktionäre Amtskirche und in die revolutionäre Befreiungstheologie gespalten war.

Townsends konservative Missionare trugen dazu bei, die vermeintlich wilden Traditionen der Urbewohner aufzuweichen, sie sukzessive kulturell zu entwurzeln. Vertreibung der Indios und wirtschaftliche Ausbeutung der nun unbesiedelten Gebiete waren die konsequenten nächsten Schritte.

Aber natürlich erweckte die Fassade des *Summer Institute of Linguistics* einen anderen Eindruck. Im peruanischen Yarinacocha, wo das südamerikanische Hauptquartier des SIL lag, besaß das Institut Verwaltungsgebäude, eine Kirche, eine Bücherei, eine Schule, ein Postamt und sogar einen Hörsaal. Ebenso wichtig für die vielfältige Arbeit der Missionare im Regenwald aber waren die angrenzenden Liegenschaften: Landepisten für zweimotorige *Helio-Courier*-Flugzeuge, die auch von Agenten der CIA genutzt wurden. SIL installierte einen eigenen Flug- und Funkdienst, und dieser *Jungle Aviation and Radio Service* (JAARS) spielte bald eine Rolle an der Seite südamerikanischer Diktatoren, transportierte Post, Güter und sogar Gefangene, die in Dschungelcamps verfrachtet wurden. „Wenn Sie verstehen wollen, was heute am Amazonas passiert", sagte der Padre entschuldigend, „müssen Sie erst wissen, was hier geschehen ist." Dann verwies er auf das Unternehmen *Camelot*.

Über die Schienen der Kultur läßt sich viel effektiver auf fremde Gemeinschaften einwirken als mit Bomben, sie lassen sich subtil manipulieren und kontrollieren. Projekt *Camelot*, getarnt als Entwicklungsstudie in Lateinamerika und finanziert von der US-Armee, fand in Venezuela, Kolumbien, Ekuador, Peru, Paraguay und Chile statt. Es war ein gewaltiger politischer Lauschangriff. Wissenschaftler sammelten Daten über diese Länder im lateinamerikanischen Hinterhof der USA, der in den sechziger Jahren mehr und mehr drohte, kommunistisch unterwandert zu werden.

Diese Angst grassierte jedenfalls im Pentagon. Hatte nicht Castros Triumph auf Kuba den amerikanischen Mythos schwer beschädigt? Castro hatte bewiesen, daß eine Guerilla-Taktik, die auf der breiten Zustimmung der Bewohner basiert, alles überwinden kann – sogar die Supermacht USA. Dieses Trauma führte in geheimdienstlichen Aktionismus und zu *Camelot*: Soziologen,

Ethnologen, Psychologen, Ökonomen, Linguistiker kartographierten die südamerikanischen Staaten auf allen Ebenen. Zusammengefaßt sollten ihre Informationen dazu dienen, ein wirkungsvolles Instrument zur Kontrolle des Subkontinents zu entwickeln. Ziel war nicht die harte, unverblümte militärische und politische Beherrschung des Hinterhofs, sondern eine weiche Durchdringung und Schaffung von Abhängigkeiten, kulturell, wirtschaftlich – und, wie unter guten Nachbarn, schließlich auch in Form von politischer Unterstützung, militärischen Beratern und einem regen Austausch geheimdienstlicher Informationen.

Daß das Projekt ebenso beeindruckend scheiterte, wie es angelegt worden war, verdankte sich der Zivilcourage eines norwegischen Soziologen, Professor Johan Galtung, der eigentlich dafür gewonnen werden sollte. Galtung brachte dann im Alleingang die tatsächlichen Ziele der US-Studie ans Licht und Washington in eine derart peinliche Lage, daß Projekt *Camelot* sofort beendigt wurde. Jedenfalls offiziell.

Der Padre fuhr in seinem Bericht fort. „*Camelot* war gescheitert, aber in den einzelnen Ländern ging dieselbe Arbeit weiter. Und sie wurde sogar forciert. Als die kolumbianische Armee mit Hilfe der Amerikaner den Aufstand in Marquetalia niederschlug, hatte sie die Unterlagen der SIL-Missionare zur Hand. Ihre Erkenntnisse über die Völkergruppen im Amazonas, ihre Landkarten, die die Kommunen verzeichnen, sie abgrenzen und ihre Bewegungen im Land nachzeichnen, waren von strategischem Wert."

Im Schatten von Rockefeller und Townsend zog John Caldwell King die Fäden. King war Absolvent der Militärakademie West Point, arbeitete später für Niederlassungen des Chemiekonzerns *Johnson & Johnson* und für Luftlinien in Südamerika. Dann ging er zur CIA, stieg dort zum Chef der Geheimoperationen in der Westlichen Hemisphäre auf. King war in fast alle schmutzigen CIA-Aktionen jener Zeit involviert. Angefangen von der Rettungsaktion für Naziverbrecher, *Operation Bloodstone*, über Waffenlieferungen der CIA in andere Länder bis zur Kuba-Invasion. King arbeitete Vorschläge aus, wie die CIA Kubas politische Führer ermorden könne. Seine Leute scheiterten allerdings in der Schweinebucht, das Fiasko kostete ihn die Position. King ging wieder nach Südamerika und leitete Aktionen in Brasilien, wo nun die Interessen amerikanischer Unternehmen in Gefahr geraten waren: Präsident João Goulart drängte auf eine Nationalisierung der Wirtschaft. Nach dem Militärputsch in Brasilien, zu dessen Gelingen er kräftig beigetragen hatte, kehrte King zurück zu seinem alten Traum. Der Eroberung des Amazonas.

Rockefeller, Townsend, King. Ein Visionär und seine reaktionären Handlanger. Drei Männer, die die Politik an den Amazonas gebracht hatten. Aber nicht zum Vorteil der Menschen dort.

Am späten Nachmittag erhob sich der Padre. „*Boa noite*. Wir wollen das Gespräch morgen fortsetzten, Senhores. Wenn Sie wünschen, gebe ich Ihnen zur Vertiefung des Themas weiteres Material.“

„Sehr gern, Padre. *Boa noite*.“

Er segnete uns und ging ins Haus.

Es war anders gelaufen, als wir uns vorgestellt hatten. Er hatte kein Wort mehr über Tsalickis verloren. Aber er hatte uns in die politische Geschichte des Amazonas eingeweiht; in eine Geschichte, so verfilzt und schwer zu durchdringen wie der Dschungel.

Padre Lozano

Mailänder gehen im Amazonas auf Indio-Jagd. Eine
Tourismus-Organisation bietet „starke Emotionen" an –
anstelle gewöhnlicher Reiseprogramme. In Kolumbien
soll ein Grieche namens Mike Tsalickis die teuflischen
Expeditionen anführen.

Il Giorno, 30. November 1982

Die kolumbianische Regierung hat dementiert, daß eine Tou-
rismusagentur Menschenjagden für Touristen mit starken
Nerven angeboten hat. Sie verneint auch, daß der Grieche
Mike Tsalickis wegen Drogenhandels in Haft sei. Vielmehr
führe Tsalickis, der einige Male wegen des illegalen Exports
von Tierhäuten angeklagt wurde, ein Hotel im Dschungel-
grenzgebiet zwischen Kolumbien, Peru und Brasilien. Andere
Quellen räumen ein, daß der Grieche, „eine sehr wider-
sprüchliche Person, Indianer in der Region dazu abgerich-
tet hat, sich Touristen als Attraktion zu präsentieren". (…)
Laut Survival International, einer Organisation innerhalb
der UNO, werden Morde an Indianern in Amazonien straf-
rechtlich nicht verfolgt. Schon das ist ein wahrer Genozid,
der reinste Skandal. Da braucht man sich nicht erst blutige
Menschenjagden vorzustellen, um Abartiges zu sehen.

Il Giorno, 2. Dezember 1982

In der Untersuchung der Staatsanwaltschaft zum
„Indianer-Fall" spricht jetzt ein zweiter Kronzeuge über
Menschenjagden. „Mir wurde von einem Griechen
erzählt, der in Kolumbien sei", sagt Leopoldo Coscera.

An den Namen erinnere er sich nicht mehr. Was hat er der Staatsanwaltschaft gesagt? „Daß ich in Mailand von Menschenjagden erfahren habe."

Il Giorno, 11. Dezember 1982

Quellen aus dem Tourismus am Amazonas bestätigen, daß Tsalickis tatsächlich Yaguas mißbrauchte und sie als Lockmittel für Besucher in Leticia einsetzte. (…) Andererseits sagte der Direktor für Indianerangelegenheiten, daß sich der Skandal auf peruanische Indios beziehen könnte, die häufig in die angrenzende Amazonasterritorien Kolumbiens hinüberziehen.

Colprensa, 17. Februar 1983

Die Kunden von Mike Tsalickis, schwerreiche Italiener, zahlten fast 40 000 Schilling pro erlegtem Indio. Töten als Abwechslung für jene, die ihre alljährliche Spende für hungernde Kinder in der Dritten Welt von der Steuer abschreiben. (…) Ein kleines Konkurrenz-Unternehmen zur Agentur Tarzoo – das Unternehmen von Elisea Jarrealba und Anselme Aguirre – hat zuletzt 76 Indios „erlegt". Wie viele es bei Mike Tsalickis waren, wird man vermutlich nie erfahren.

Basta, 1983

Mir wurde in der Mailänder Agentur angeboten, daß ich am Amazonas Jagd auf Indianer machen könne. Das Angebot war sehr konkret und klang so überzeugend, daß ich es sofort zurückwies. Ich sagte denen, ich erschieße keine Menschen. Dann ging ich zur Polizei.

Leopoldo Coscera, am 23. August 2002 gegenüber T. K.

Am nächsten Tag bat uns Padre Lozano in sein Allerheiligstes, einen stickigen, mit Büchern und Papieren vollgepackten Arbeitsraum. Bis zum Nachmittag wälzten wir Mappen und Konvolute. Aber kein Wort war mehr über Tsalickis gefallen.

„Padre", sagte ich, als wir schließlich um den Schreibtisch saßen, „es gibt noch eine Sache, die uns zu Ihnen geführt hat."

„Ich vermute etwas. Sprechen Sie."

„Es geht um Mike Tsalickis. Wir wollen wissen, was er im Weißen Dreieck getrieben hat. Wir haben von Menschenjagden gehört, tödliche Jagden auf Indianer, die er für Touristen veranstaltet haben soll. Wir möchten herausfinden, was passiert ist, ob und wie solche Dinge geschehen konnten."

Padre Lozano machte eine ausholende Handbewegung.

„Das braucht Zeit, viel Zeit." Er rieb die Fingerknöchel aneinander, fixierte einen Punkt weit hinter uns und murmelte: „Es kommt zurück, alles kommt zurück." Dann, zu uns: „Das Thema ist schwierig. Wo wollen Sie anfangen?"

Er stand auf und ging zu einem der zwei winzigen Fenster. „Außerdem bringt mich Ihr Wunsch in eine unangenehme Lage. Ich kann zwar einiges dazu sagen. Alles, was man darüber gehört hat, aber das werden Dinge sein, die Sie vermutlich bereits kennen. Darüber hinaus habe ich manches andere erfahren. Aber das kann ich nicht preisgeben."

„Darf ich fragen, warum?"

Er dreht sich um.

„Weil dieses Wissen unter das Beichtgeheimnis fällt."

Der Padre ließ den Blick wandern, atmete durch. Er rang mit sich. „Es geht nicht", wiederholte er. „Bitte drängen Sie nicht."

„Padre", sagte ich, „Sie sollten wissen, wir gehen diesen Dingen seit langer Zeit nach. Sehr langer Zeit. Sicher wollen auch Sie nicht, daß in Vergessenheit gerät, was im *trapezio* passiert ist. Wenn es dort Verbrechen gegeben hat, dient Schweigen nur den Leuten, die sie begangen haben."

„Ich bin Ihnen gern in jeder Frage zu Diensten", entgegnete Padre Lozano. „Aber ich muß Sie bitten, mein Gelübde zu respektieren. Ich weiß nicht, wie ich in diesem Fall helfen kann."

„Entschuldigen Sie unsere Hartnäckigkeit. Lassen Sie uns über das reden, von dem Sie glauben, daß es uns schon bekannt ist."

Er begann zu erzählen. Aber da war nichts wirklich Neues, keine Namen oder Vorgänge, die eine wichtige Perspektive eröffnet hätten. Er sagte, daß die Jagden vom Hörensagen bekannt seien und daß der überwiegende Teil der Menschen im *trapezio* bis heute der Überzeugung anhinge, Tsalickis selbst sei nicht direkt darin verwickelt gewesen. Einige seiner Leute seien auf die perverse Idee verfallen, den zur Großwildjagd angereisten Touristen eine Hatz auf Indianer anzubieten; den Aufpreis hätten sie selbst kassiert. Die Leichen seien ins Wasser geworfen worden; manchmal seien zur Sicherheit Lanzen oder Pfeile in die Schußwunden gesteckt worden, um Indianerattacken vorzutäuschen. Auch die Schauplätze, die der Padre nannte, klangen vertraut: Die Flüsse Atacuari, Loretoyacu und Cotuhe, Heimstätten von Witotos, Ticunas und Yaguas. Aber Namen von Beteiligten konnte der Padre nicht nennen. Und sogar er schien der Ansicht zu sein, Tsalickis sei möglicherweise von den eigenen Leuten hintergangen worden.

Doch er wußte offenbar andere Dinge, die er verschwieg.

„Wem hilft es", fragte ich, „wenn alle hier ihr Wissen mit ins Grab nehmen?"

Er sah mich lange an.

„Sie wollen etwas veröffentlichen, nicht wahr? Danach suchen Sie."

„Nein, Padre, so einfach ist es nicht. Dazu müßte ich wissen, was passiert ist, wie die Dinge zusammenhängen. Und was dahintersteckt."

„Eine schwierige Arbeit. Sie werden wenig Beweise finden. Aber Sie können sehr leicht Menschen in Gefahr bringen, vergessen Sie das nicht. Sie werden die Erinnerungsreste einzelner Menschen miteinander verbinden müssen."

„Daran arbeiten wir bereits."

Es blieb lange still. Padre Lozano ging im Raum umher, musterte uns, rang mit sich. Es war, als käme etwas in Gang. Und mit einem Mal setzte er sich wieder.

„Gut, sprechen wir über Tsalickis. Ich kann Ihnen vielleicht ein paar Anstöße geben. Sie sollten wissen, daß er für die *agencia* gearbeitet hat."

„Welche *agencia*?"

„Sie wissen schon. Für das Krebsgeschwür im Körper einer jeden demokratischen Gesellschaft."

„Er hat für die CIA gearbeitet?"

„Er war einer ihrer wichtigsten Leute hier. Einer, der im Dreieck Kolumbien, Brasilien und Peru wie die Spinne im Netz saß und alle Leute kannte. Der jeden Vorgang mitbekam. Was glauben Sie, warum die Amerikaner Tsalickis zum Honorarkonsul ernannten? Er arbeitete für Colonel King."

„Für J. C. King, den Schweinebucht-Verschwörer? Was war denn das für eine Verbindung?"

„Ich kann nur erzählen, was ich sicher weiß. King gründete Mitte der sechziger Jahre eine Gesellschaft in Iquitos. Sie hieß *Amazon Natural Drug Company*, kurz ANDCO. Es ging um die Erkundung von Pflanzen und deren halluzinogene und psychoaktive Wirkstoffe. King brachte eine Menge amerikanischer Wissenschaftler her, und bald fing auch Tsalickis an, sich mit immer mehr Studenten und gebildeten Leuten zu umgeben. Der ganze kolumbianische Teil, das *trapezio,* wurde zum Betätigungsfeld dieser Forschergruppen. Leticia war ihr Hauptquartier. SIL-Missionare halfen mit ihren Datensammlungen. Mike Tsalickis unterstützte Kings Leute mit Booten und Proviant, mit Führern und allem Knowhow. King, seine späteren Direktoren, die auch von der CIA kamen, und die vielen Gäste gingen ein und aus in Mikes Hotel, dem *Parador Ticuna.*"

„Nichts Ungewöhnliches."

„Nein. Aber manchmal, wenn sie mit ihren Freunden in den Urwald rausfuhren, in die entlegensten Seitenarme, hatten sie Mörser und Granatwerfer dabei."

„Sprechen wir jetzt noch von Wissenschaftlern?"

„Nein, wir sprechen von Kings persönlichen Gästen. Befreundete Amerikaner, die im Dschungel Abenteuer suchten. Kollegen und Schutzpersonal von der CIA und Veteranen aus dem Vietnam-Krieg."

„Heißt das, die sind in den Dschungel gegangen und haben um sich geschossen?"

„Leider, das heißt es."

„Dann haben sie die Menschenjagden begonnen?"

„Sie hatten die wichtigste Entdeckung gemacht: Man kann im Urwald Menschen töten und verschwinden lassen, ohne Spuren zu hinterlassen. Für diese Leute waren Indios nur Tiere, mit denen man beliebig verfahren konnte. Es war kein Risiko dabei. Es gibt keine Angehörigen zu fürchten, die sich Gehör in der Zivilisation verschaffen könnten. Das klingt banal, ist aber der wichtigste Punkt: Wie viele Orte gibt es auf der Welt, wo Menschen verschwinden können, ohne daß es entdeckt und berichtet wird? Je entlegener die Gegend ist, in die sie gehen, desto genauer ist die Erinnerung der Einheimischen an sie. Weil sie was Besonderes sind, ein seltener Gast sind. Hier war und ist das anders. Die Indios haben keinen Bezug zur Außenwelt, und schlimmer, sie mißtrauen den Autoritäten. Sie wenden sich niemals an Polizei oder Militär. Die halten sie für ihre Feinde, und sie haben gute Gründe dafür."

„Gilt das heute noch?"

„Es läuft politisch korrekter ab, aber im Kern hat sich nichts geändert. Die Indianer werden weiterhin wie Wilde behandelt. Haben Sie das niemals erlebt?"

„Gibt es Indianer, die darüber sprechen werden, wenn wir sie aufsuchen?"

Er schüttelte langsam den Kopf.

„Warum nicht?"

„Was erwarten Sie, warum sollten sich die Indianer an Sie wenden? Niemand kennt Sie. Wenn Sie ihr Vertrauen gewinnen wollen, müssen Sie erst einige Zeit mit ihnen leben."

„Dann ist es um so wichtiger, Padre, daß Sie uns über die Vorgänge berichten. Lassen Sie uns zu den Jagdausflügen zurückkehren."

„Kings Dschungelreisen sind das erste düstere Kapitel. Es war manchmal ein schießwütiger Freundeskreis, den er in den Wald führte. CIA-Leute und Vietnam-Veteranen."

„Haben sie auf Indianer geschossen?"

Padre Lozano zögerte. Über den Schreibtisch gebeugt, preßte er die Lippen an die Zeigefinger. Dann fuhren die Fingerspitzen das Kinn hinab unter den Adamsapfel.

„Sie waren in der Region nördlich und westlich von Leticia unterwegs, besonders bei Tarapaca, am Rio Cotuhe."

„Santa Clara, wo von Steinbeck und Tsalickis früher die Sägemühle betrieben?"

„Ja."

„Hat Bischof Canyes von diesen Vorgängen in seinem Revier gewußt?"

Padre Lozano erwartete stumm die Nachfrage, die kommen mußte.

„Der Bischof hat von allem gewußt?"

„Er wußte, was Tsalickis trieb."

„Und von den Menschenjagden?"

„Vielleicht."

„Von diesen mysteriösen Forschungen?"

„Davon bestimmt."

„Warum sind Sie so sicher?" warf Schultz ein.

„Monsignore Canyes hat das Land kontrolliert. Und das Areal um Santa Clara gehörte ihm, Tsalickis und einem Dritten."

„Wem noch?"

„Camilo Rivera."

Camilo Rivera. Einer der schlimmsten Koksbarone überhaupt, mit Verbindungen in höchste Kreise. 1986, als er bei einem Flugzeugabsturz angeblich ums Leben kam, stellte sich heraus, daß er sogar ein Kokainlabor mit der Hilfe des Militärs transportiert hatte. Der Gangster, den sie mit Tsalickis bei dem Rekord-Deal in Florida geschnappt hatten, war ein Verwandter aus dem Rivera-Clan. Freddy Rivera vom Cali-Kartell.

„Wegen dieser Dinge", fuhr der Padre fort, „hatte ich mich mit dem Bischof entzweit. Leider wurde der Monsignore zu einem Teil dieser Mächte in Leticia, ein sehr wichtiger Teil. Mehr möchte ich nicht sagen."

„Erhielten nicht damals, nach dem Mord an Justizminister Rodrigo Lara Bonilla 1984, mit dem der Drogenkrieg im Land offen ausbrach, alle Flugzeuge in Kolumbien wochenlanges Flugverbot? Und nur die Maschine des Bischofs soll pausenlos Einsätze für die Drogenbarone geflogen sein?"

Der Padre schloß die Augen. Es mußte als Bestätigung genügen.

„Kehren wir zu Kings Firma ANDCO zurück."

„Auch ich habe mich gefragt, welches Ziel diese Forschungen hatten", fuhr er fort.

„Haben Sie eine Antwort gefunden?"

„Nur zum Teil. Es muß ja ein geheimes politisches Anliegen gewesen sein, denn diese *Compañía* war eine CIA-Einrichtung. Vielleicht war die Pflanzensuche vor allem ein Vorwand, um unauffällig die ganze Amazonasregion von Iquitos bis Manaus bespitzeln zu können. Tatsache ist ja, daß die beschäftigten Botaniker ahnungslos waren und erst nach und nach stutzig wurden."

„Was wissen Sie noch?"

„Anfangs ging es darum, hochwirksame Heilpflanzen zu sammeln, vor allem bestimmte Kontrazeptiva. Die US-Regierung unter Johnson plante ein Geburtenkontrollprogramm für die Dritte Welt, und die CIA suchte nach den Pflanzenwirkstoffen, die von. Indianerinnen seit Jahrhunderten zur Schwangerschaftsverhütung benutzt werden. In Leticia lernte ich die erste Chefin von Kings Firma kennen, Nicole Maxwell, eine amerikanische Botanikerin. Sie hatte in Iquitos gelebt, als King dort auftauchte, sie umgarnte und mit ihrer Hilfe die ANDCO gründete. Denn Nicole hatte die Pflanzen, auf die nun die CIA aus war, bereits über Jahrzehnte gesammelt und ausgewertet."

„Dann wußte sie, was King im Schild führte."

„Sie wußte nichts. Als ich Nicole kennenlernte, war sie schon nicht mehr für ANDCO tätig, und auf King war sie schlecht zu sprechen. Ganz schlecht. Er hatte sie betrogen, hatte ihr Wissen genutzt, aber die versprochene Unterstützung verweigert. Nicole stieg aus; ich glaube, sie wußte nicht einmal, daß sie für die CIA gearbeitet hatte. Für sie war King lediglich ein *Mister Jones* – sogar in dem Buch, das sie über ihre Forschung am Amazonas geschrieben hat."

Der Padre stand auf und zog zwei Bände aus dem Bücherregal. *Witch-Doctor's Apprentice* lautete der eine Titel. Er legte das Buch vor uns auf den Schreibtisch.

„Aber zurück zu Tsalickis. Er war der Statthalter im Weißen Dreieck. Offenbar ist er mit Kings Auftauchen in den Dienst des CIA getreten. Das amerikanische State Department hat im selben Jahr, als die ANDCO Tsalickis als Versorgungsagent anheuerte, ein Konsulat in Leticia eröffnet. Hinzu kam das Krankenhaus, das Tsalickis angeblich selbst besorgt hat, tatsächlich aber von der US-Armee aus Panama gebracht wurde. Zudem arrangierte die amerikanische Botschaft in Bogotá eine Spende über 25 000 Dollar für die Stadt. Wissen Sie, wieviel Geld das damals war?"

„Ich weiß, wieviel das heute ist in Leticia."

„Sehen Sie. Mit all diesem Aufwand wurde Tsalickis als Herr von Leticia plaziert. 1967 hat er die Insel im Fluß gekauft. Isla de los Micos, die Affeninsel. Sind Sie dort gewesen?"

„Zweimal. Es ist unglaublich, sie platzt aus allen Nähten. Die Affen vermehren sich ungeheuerlich, sie werden ja nicht mehr zum Verkauf abtransportiert."

„Tsalickis behauptete, als er die Tierzucht damals gründete, er wolle das Paarungsverhalten der Affen studieren und die umliegenden Wälder wieder mit Tieren aufstocken. Aber es gab von Anfang an Vorgänge auf der Insel, die nicht dazu paßten. Diese Insel war bewacht. Tag und Nacht, sie war außergewöhnlich gut bewacht. Männer mit Funkgeräten patrouillierten über das Gelände und wiesen jeden ab, der landen wollte. Sie hielten die Insel völlig isoliert."

„Was haben sie dort getrieben?"

„Niemand hat es erfahren."

„Gab es ein Labor auf der Insel?"

„Niemand weiß es."

„Wohin hat Tsalickis die Affen exportiert? Zehntausende, vielleicht Hunderttausende, einen so großen Bedarf an Zootieren gibt es doch gar nicht."

„Meinen Sie? Ich rate Ihnen, dieser Spur zu folgen."

„Wer waren die Kunden?"

„Pharma-Unternehmen in Nordamerika und Europa und bestimmte hochrangige US-Einrichtungen."

„Was für Einrichtungen?"

„Das *US Naval Toxicology Unit*, die US-Armee und zahlreiche Forschungsstationen, deren Wissenschaftler in Projekte der CIA involviert waren."

„Padre, woher wissen Sie das alles?"

„Mitte der siebziger Jahre wurde Tsalickis verhaftet. Er saß in Bogotá, angeblich wegen einer Kokaingeschichte. Er hatte da schon Kokaingeschichten am Hals, obwohl Ihnen das nur wenige Leute in Leticia bestätigen werden. Das macht diese abergläubische Ehrfurcht, die ihn immer noch umweht. Aber ich war damals in der Nähe von Bischof Canyes. So bekam ich mit, daß der Haftgrund in Wirklichkeit Tsalickis' Tätigkeit für die CIA gewesen sei. Kolumbien wollte ihn loswerden, aber seine guten Verbindungen holten ihn raus."

„Sehen Sie, Padre", sagte Schultz, „genau das ist es, was ich nicht begreife. Wenn Tsalickis all die Jahre mit dem Geheimdienst zusammengearbeitet hat, wieso haben ihn die Amerikaner fallenlassen, als er mit seinem gigantischen Kokain-Schmuggel aufflog? Ist er größenwahnsinnig geworden, oder warum hat er mit dem Geheimdienst keinen Handel abgeschlossen? Er hatte doch genug gegen die CIA in der Hand, mit all seinem Wissen."

„Nein, eben nicht. Sie müssen sich vorstellen, daß er nur von den Dingen wußte, in die er selbst involviert war. Ein Geheimdienst macht sich verwundbar, wenn er seine Außenmitarbeiter in die großen Zusammenhänge einweiht."

Er machte eine Pause.

„Hier schließt sich aber unser Kreis wieder mit der Menschenjagd."

„Verstehe ich nicht."

„Dann denken Sie an den internationalen Aufruhr, den die Geschichte damals entfesselt hatte. Die Regierung in Bogotá untersuchte die Sache, sie mußte sich sogar gegenüber dem Europaparlament rechtfertigen. Auch die US-Botschaft in Bogotá wurde mit den Vorwürfen konfrontiert. Und trotzdem ließen die Amerikaner Tsalickis in Florida untertauchen. Das war wohl der Preis, aber damit war Schluß für die CIA. Er war öffentlich gebrandmarkt und als Verbindungsmann für sensible Operationen nicht mehr zu gebrauchen. Er kam nur noch sporadisch nach Leticia, um seine Geschäfte zu überwachen. Er schaute sich nach anderen Erwerbsquellen um. Und als König von Leticia, das in den achtziger Jahren die Welthauptstadt des Kokainhandels war, verfügte er über erstklassige Verbindungen."

Der Padre redete jetzt wie ein Staatsanwalt, und ich verkniff es mir, nach den Quellen seines Wissens zu fragen und an sein Gelübde zu rühren. Tsalickis hatte seine Deals zumindest mit der Billigung von Bischof Canyes gemacht, womöglich mit ihm zusammen. Auf ihrem Terrain bei Santa Clara und anderswo muß es zugegangen sein wie in einem Industriepark. Mehr als drei Tonnen Kokain müssen erst einmal angeliefert und verstaut werden, und dann benötigt es eine Menge Leute und Gerätschaft, bis die Ware in siebenhundert harte Stämme aus Tropenholz verstaut ist.

„Warum haben die Amis nicht den kompletten Coup recherchiert und gleich auch Tsalickis' Helfer im Amazonas auffliegen lassen?" fragte Schultz.

„Wen interessiert das in den USA? Und wenn eigene Leute mitgewirkt haben? Wer will so eine Aufklärung in Kolumbien? Die Sache wurde dem Cali-Kartell zugeschlagen, fertig. Tsalickis selbst konnte ja nicht viel sagen."

„Wieso nicht?"

„Vielleicht weil sie ihn mit der Menschenjagd in der Hand hatten. Sie haben ihn ja offenkundig geschützt und untertauchen lassen. Damit waren sie quitt, das Thema war erledigt."

„Sie meinen, es wurde zum Märchen verklärt?"

„Das kann man sagen. Wissen Sie, daß aus dieser Menschenjagd-Geschichte sogar ein Film mit Hollywood-Schauspielern gemacht wurde? Als sie ihn dann mit dem Kokain fingen, gab es jedenfalls keine Amtshilfe mehr. Die Behörden hatten genug in der Hand. Hätte er sein Insiderwissen offenbart, wären wohl postwendend die Jagdgeschichten publik geworden. Denn ein Mensch, der in so etwas Grauenhaftes verwickelt wurde, kann über die CIA erzählen, was er will, es wird ihm niemand glauben."

Wir mußten herausfinden, was es mit den mysteriösen Forschungen auf sich hatte. Und wir mußten nach Santa Clara. Wir hatten viel über die Hintergründe erfahren, neue Ansätze, ein paar Klarheiten gewonnen. Aber neu war die bohrende Ahnung, daß sich hinter den touristischen Menschenjagden andere, mindestens ebenso perverse Geschehnisse verbargen. Mit jedem Wort des Padre wurde dieses Bild komplexer. Ein letztes Mal sprach ich ihn auf die Menschenjagden an.

„Sie haben gesagt, Padre, daß Sie auch über die Menschenjagden Konkretes wissen. Ich weiß, daß Sie an das Beichtgeheimnis gebunden sind, und daran wollen wir nicht rühren. Aber läßt sich kein Weg finden, mehr über die Dinge zu erfahren, ohne daß Sie die Quelle offenbaren?"

Seufzend, mit Nachdruck schob er einen Stoß Papiere zur Seite. Er rieb sich die geröteten Augenlider.

„Wie stellen Sie sich das vor?"

„Was immer Sie wünschen, Padre."

„Mit einer touristischen Jagdgeschichte kann ich nicht dienen. Was mir erzählt wurde, ist aber nicht minder schlimm. Es hat eine Exkursion gegeben, in den siebziger Jahren. Acht oder neun Männer. Sie fuhren den

Rio Atacuari hinauf, im Grenzgebiet zwischen Kolumbien und Peru. Wie immer waren einige Helfer aus der Gegend dabei, die den Weg zeigten und das Gepäck der Expeditionsteilnehmer trugen. Aber diese Gruppe war keine Jagdgesellschaft. Sie hatten auch keine großkalibrigen Waffen dabei, nur einige Pistolen. Nein, die Teilnehmer dieser Exkursion waren weder als Jäger noch als Touristen gekommen. Sie hatten auch nicht bei einer Agentur in Leticia gebucht, sondern die Mannschaft selbst zusammengestellt. Mit wessen Hilfe, habe ich nicht erfahren.

Unter diesen Leuten waren Ärzte und Wissenschaftler. Einer der Träger berichtete mir, wie die Männer in der Nähe eines Yagua-Dorfes einen Indio in ihre Gewalt gebracht haben. Das war nicht schwierig, der Indianer hatte sich selbst vertrauensvoll genähert und sie dann über mehrere Stunden begleitet. Plötzlich, an einer geeigneten Stelle, sei der Mann festgehalten, zu Boden gedrückt und mit einer Spritze ruhiggestellt worden. Die Männer hätten ein Zelt errichtet und den Mann auf eine Liege darin geschnallt. Der Träger hatte zwar nur wenig mitbekommen von dem, was in dem Zelt geschah. Aber er berichtete, daß dem Indio eine Reihe weiterer Injektionen gegeben worden seien. Er schilderte alles sehr genau. Es waren unterschiedliche Spritzen, die dem Mann in den Kopf gesetzt worden seien. In die Wangen, die Schläfen, rund um das Gesicht. Das Gesicht veränderte sich bald darauf. Der Mann hatte Schmerzen, er übergab sich. Später bekam er weitere Spritzen, die angeblich die Schmerzen vertrieben haben. Diese gesamte Prozedur soll eineinhalb Tage gedauert haben."

Der Padre holte Luft, dann fuhr er fort.

„Zum Schluß wurde der Indio getötet. Einfach erschossen, mit einer Pistole aus kurzer Entfernung. Mit einem Schalldämpfer. Der Leichnam wurde in den nahen Flußarm geworfen. Sie können sich denken, wie schnell so was dort verschwindet. Die Leute kampierten noch eine weitere Nacht an der Stelle und brachen anderntags erst auf, nachdem sie alle Spuren sorgfältig verwischt hatten. In den nächsten drei Wochen hat sich dasselbe zweimal wiederholt."

„Aber das war keine Beichte, Padre, das war ein Mordgeständnis! Was haben Sie unternommen?"

„Ich bin mit dem Mann zur Polizei. Dort wurde die Aussage protokolliert, Satz für Satz. Aber sie ist nie untersucht worden."

„Und Sie, Padre", fragte ich, „haben Sie das geglaubt?"

„Wissen Sie, was ein Menschenleben hier wert ist? Menschenexperimente sind teuer und sehr riskant, wenn sie in der Zivilisation stattfinden müssen. Und tödlich ausgehen dürfen sie dort auf keinen Fall."

Bis weit nach Mitternacht saßen wir im bläulichen Halbdunkel des Wohnraums. Langsam schälte sich ein Bild heraus, aber zugleich fehlten so viele neue Teile. Was hatte es mit dieser ANDCO auf sich, die der CIA-Stratege King gegründet hatte, ausgerechnet hier? Welche Pflanzen, welches Wissen hatte er gejagt? Von was für Experimenten hatte der Padre erfahren? Wir lasen in den Büchern und Unterlagen, die uns der Padre überlassen hatte; auf dem Tisch zwei große Kannen Saft, die Florencia bereitet hatte.

Also, was hatten wir? Faszinierende Erkenntnisse, erste wegweisende Funde. Zum Beispiel eine vergilbte Artikelserie aus Padre Lozanos Archiven, die die kolumbianische Tageszeitung *El Espectador* schon Ende

1963 über von Steinbeck gemacht hatte. Sie befaßte sich mit von Steinbecks Drogendelikten 1958 in Peru; der Nazi-Verbrecher, der unter dem Decknamen José Maria Still Georges auftrat, hatte das *trapezio* darauf sogar für eine Weile geflohen. Damals war das Aufbohren von Holzstämmen zum Kokainschmuggel erfunden worden, damals schon war der Stoff vom Amazonas nach Panama und, von den sechziger Jahren an, nach Florida gereist. Dort hatte sich der von Castros Revolutionären aus Kuba vertriebene Verbrechermob neu formiert.

Am schwersten wog aber eine andere Feststellung, die sich aus dieser dokumentierten Frühgeschichte des Kokainhandels ergab: Nicht nur kolumbianische Staatsbürger, die heute durch keine Zollkontrolle ungeschoren kommen, haben das Weiße Dreieck erschaffen. Gründerväter waren auch ein deutscher Faschist, ein geistlicher Anhänger der spanischen Falange und ein Amerikaner, der mit der CIA arbeitete und offenbar bereit gewesen war, in seinem Interesse und zum Wohle Amerikas mit dem Teufel zu paktieren.

Endlich hatten wir einen Entwurf dessen, was das „dunkelste Kapitel" gewesen sein konnte. Was fehlte, war ein System. Ein Bausatz, die ganze diabolische Dimension.

Der Weg zurück

Die Indios hatten etwas herausgefunden, was die
Kapuzinermissionare damals nicht einmal ahnten, näm-
lich daß Tsalickis wirklich am Export von Kokain in die
USA interessiert war und dabei sehr viel Geld kassierte.
Sie schienen auch zu wissen, daß Tsalickis immer noch
Affen für den Export gefangenhielt, obwohl die Ausfuhr
dieser Tiere neuerdings verboten war und von INDERENA
kontrolliert wurde. Die Indios hofften, daß Mike nach den
USA ausreisen würde; dieser blieb aber vorläufig noch in
Leticia. Wann hatten sie den ersten Verdacht geschöpft,
daß dieser Amerikaner griechischer Herkunft und USA-
Honorarkonsul in Leticia tatsächlich einer der schlimmsten Mafiosi war? (...) Inzwischen wurde die Insel Isla de
los Monos, die Tsalickis ursprünglich als ein Freigehege
für Affen erstanden hatte, quasi über Nacht an Touristen
und schließlich ganz an ein Hotel-Tourismusunternehmen
verpachtet. Tsalickis hatte, schlau wie er war, die Insel
auf den Namen seiner Frau gekauft. (...) Tsalickis bekam
Wind davon, daß die Indios Mordpläne gegen ihn und
die Seinen hegten. So reiste die Familie von Leticia nach
Miami aus, wo Mike ein dickes Bankkonto angehäuft
hatte. Das Gerücht, Tsalickis sei in Brasilien getötet worden, machte auch die Runde, erwies sich aber als falsch.
Einige Zeit später erfuhren auch die Missionare davon,
daß Mike tatsächlich mehr am Handel mit harten Drogen
als an jenem mit wilden Tieren interessiert gewesen war."

Veronica de Osa,
„Die trüben Wasser des Amazonas"

Der Morgen lag wie Quecksilberdampf über der Lichtung. Wir gingen mit dem Gepäck auf den Dschungelrand zu, Gilberto hinterher, von dem nicht mehr als der Oberkörper zu sehen war, schließlich nur noch Kopf und Gewehrlauf. Es war noch früh, kühl und vollkommen still. Ich hatte kaum geschlafen und kam mir vor wie auf einer Nachtwanderung.

Wir drangen ins Unterholz ein, ich fand in den Laufrhythmus, die Bewegungen wurden flüssiger. Während der Wald noch um Helligkeit rang, strömte die Wärme schon hinein, als hätte jemand riesige Heizstrahler aufgebaut. Ich fing an zu schwitzen. Es galt, auf die Tücken des Weges zu achten, aber die Gedanken flogen davon; zurück zum gestrigen Tag.

Und wo ging die Reise jetzt hin? Wir wollten ein vergessenes Verbrechen ergründen, und nun waren wir auf eine weitere Fährte von anscheinend noch tiefergehenden Greueln gestoßen. Wir müßten nach Santa Clara gehen. Aber dort bewegte sich die FARC. Es gibt sogar einen Fußpfad von Leticia bis nach Santa Clara, 160 Kilometer Richtung Norden, aber er dient der Guerilla als Versorgungsweg, und nicht einmal das Militär traut sich dorthin.

Was sollte also unser nächster Schritt sein? Padre Lozano hatte uns einen Informanten genannt, den wir selbst ausgesucht und schon fast wieder vergessen hatten – Don Damaso, einen der erfahrensten Waldläufer im Dreieck. Wir hatten dem Padre unsere Besorgnis mitgeteilt, daß Damaso womöglich zu nahe an den Ereignissen dran gewesen sein könnte. Der Padre hielt das für unwahrscheinlich. Leute wie Damaso hätten nie im Zentrum solcher Untaten gestanden, Augen und Ohren aber überall gehabt.

Sicher, Damaso wußte viel. Vielleicht konnte er weiterhelfen bei der Frage, welche Experimente King und Tsalickis von ihren amerikanischen Wissenschaftlern ausführen ließen.

Nach gut vier Stunden hielt Gilberto plötzlich an. Wir waren in der Nähe des Feldes, das wir auf dem Hinweg mit Geschenken bestückt hatten. Um nicht durch Erkundungen oder gar eine Begegnung Zeit zu verlieren, wollten wir es in weitem Bogen umgehen. Gilberto hielt es für besser, im Wald zu bleiben. Wir marschierten weiter, und er führte uns so weit an der Lichtung vorbei, daß niemand geglaubt hätte, hier könnte es überhaupt eine so große Öffnung geben.

Ein kurzer Pfiff, den Gilberto gleich wieder unterdrückte. Ich erstarrte. Im Dschungel bleibt man stehen, wenn jemand Signal gibt – sofort, egal, ob man den Grund kennt. Wir verharrten auf einer Linie. Gilbertos Blick ging nach rechts. Ich versuchte, dort im Dickicht irgendwas zu erkennen; es war nicht möglich. Aber Gilberto straffte den Oberkörper. Wartete. Schultz und Damaso kamen heran. Aus der atemlosen Anspannung erwuchs eine klare, unerträgliche Vorstellung.

Gilberto rührte sich nicht. Keiner rührte sich. Nur die knackenden Geräusche des Waldes. Dann stieß Don Damaso hervor:

„Mira!"

„Dónde?"

„Der Baum mit den zwei Stämmen! Rechts dichtes Gestrüpp, dahinter diese Kuppe. Seht genau über das Gebüsch!"

Zwei-, dreimal flatterte der Blick über die Stelle, bis er haften blieb. Mit zunehmender Schärfe erkannte ich die nackte Gestalt eines Mannes. Ein Stück weiter, halb verdeckt vom fleischigen Blattwerk einer üppigen Strauchpflanze, stand noch einer.

Ich fuhr zu Gilberto herum. Der hatte schon etwas anderes im Visier.

Eine Indiogruppe war lautlos auf den Pfad getreten. Neun Indianer, nackt bis auf den Hals- und Kopfschmuck. Drei Frauen, fünf Kinder und ein Heranwachsender, der mehrere Speere unterm Arm trug. Der harmlose Anblick milderte den Schrecken. Konnte dies eine feindliche Begegnung sein, wenn sie uns Frauen und Kinder vorführten? Alles war in wenigen Sekunden passiert. Nun lockerte sich die Furcht, wir atmeten auf.

Gilberto hob den Arm und ging auf die Gruppe zu. Langsam folgten wir.

Auch die Indianer kamen heran. Stumm, ausdruckslos umringten und begutachteten sie die Fremden. Gilberto sagte etwas auf Pano. Keiner reagierte, aber sie verfolgten jede Bewegung. Dann kamen vier Männer hinzu, die uns wohl beobachtet hatten. Alle waren klein, stämmig und breitschultrig; das Haar hing ihnen und auch den Frauen in einem Pony auf die Stirn. Einer hatte ein rotes T-Shirt an, die anderen trugen nichts außer der Penisschnur. Gilberto sagte ein paar Worte. Einer der Männer, dem eine breite, schlecht verheilte Narbe vom Schlüsselbein quer über die halbe Brust lief, erwiderte etwas. Darauf brachen sie in Gelächter aus. Wir auch; dann kriegten sich alle kaum ein vor Lachen.

Es war wie ein Dammbruch.

Auch für Gilberto und Damaso; offenbar vermochten sich hier nicht einmal Kerle wie sie von der Vorstellung zu lösen, auf hölzerschwingende Caceteiros zu treffen.

Wir stellten das Gepäck ab. Die Männer und Frauen betatschten Taschen und Rucksäcke, zum Glück hatten wir noch Geschenke dabei. Sie rissen uns die Sachen aus den Händen, dazu wechselten ein paar verschwitzte T-Shirts und Baseballkappen die Besitzer. Der im roten T-Shirt zog sich noch ein schwarz-grünes drüber. Im Gegenzug erhielten wir Ketten. Während dies geschah, riefen sie immer wieder in den Wald. Einige Male kam Antwort.

Frauen und Kinder verschwanden, aber die Männer führten uns ein Stück weiter, wo sich alle auf den Boden setzten. Sogleich redeten die vier wild auf uns ein. Dem mit der Narbe klemmte ein dickes Stück Tabak hinter der Unterlippe. Wir verstanden nicht das Geringste von den Vorgängen, es war aber klar, daß sie auf eine dramatische Änderung des Reiseplans hinauslaufen würden. Gilberto und Damaso suchten eine Kommunikationsform mit den Indios, diese wiederum redeten in einer Tour auf uns ein. Eine Verständigung schien unmöglich.

Auch Damaso hatte keine Vorstellung, wie es weiterging. Er kannte nicht mal diesen Stamm, vermutete aber, die Begegnung könne uns länger aufhalten.

So sah es aus.

Zwei Frauen tauchten auf und brachten Schalen mit einer dickmilchartigen Pampe. Masato. Masato, oder chicha, ist ein alkoholhaltiges Getränk aus Maniok, es schmeckt ähnlich wie Sauermilch und Joghurt. Die Zubereitung obliegt den Frauen. Sie schälen die Maniokwurzel, kochen und zerstampfen sie in tiefen Holzkübeln. Dann wird die Pampe in großen Stücken gekaut, mit Speichel fermentiert und zurück in den Trog gespuckt. Dort gärt das Ganze einige Tage. Die Indios ließen die Schalen rumgehen, wir schlürften das sämige Zeug, wie es die Höflichkeit gebot.

Die Indianer waren Kulina, wie sich herausstellte. Gilberto war überrascht, Leute aus diesem Volk hier vorzufinden. Sie hatten ihre kriegerische Zeit lange hinter sich, das war die gute Nachricht; weniger angenehm war für uns, die wir es eilig hatten, daß sich die Kulina gerade sehr um ihren Ruf als gute Gastgeber sorgten – immerhin hatten wir sie schon auf dem Hinweg großzügig beschenkt. Und jetzt, da ein rauschendes Dankfest fällig wäre, waren sie nicht mal in der Lage, uns zu ihrer *maloca* zu führen. Dort gab es zwei Krankheitsfälle, und der Schamane war mit all seiner Heil- und Sangeskunst zugange. Fremde waren da wie böse Geister.

Wir saßen eine Stunde, zwei Stunden, tauschten vage Höflichkeiten aus und lauschten Ausführungen, die wir nicht verstanden. Die Indios sprachen Arawa, erklärte Gilberto, der selbst allerdings nur Pano verstand. Auch ihn trennte die Sprache wie eine Milchglasscheibe von unseren Freunden. Zwischendurch brachten die Frauen einen Wein aus wilden Lianen, der es in sich hatte. Und die Zeit verrann.

Ich sagte Gilberto, daß wir weitermüßten. Er zuckte die Schultern.

„Was passiert, wenn wir einfach losmarschieren?"

„Weiß nicht", murmelte er.

„Sind hier mehr Männer oder nur diese vier?"

„Nicht viel mehr. Es ist eine kleine Gruppe, ein Familienverband. Wir müssen ganz nahe an ihrem Wohnort sein. Sonst hätten sie sich nicht gezeigt."

„Aber wir wollten sie ja nicht stören. Was schlägst du vor?"

„Sie können nicht viel machen."

„Aber wir wollen sie auch nicht brüskieren."

Er zuckte die Schultern. „Ihr entscheidet."

Damaso fand die Lösung unseres Problems. „Wir singen, das klappt immer."

„Wir singen?"

„Ja. Wir beginnen einfach zu singen. Dabei stehen wir auf, packen die Rucksäcke und ziehen los."

„Das funktioniert?"

Damaso nickte, aber mir war, als flackerte sein Blick.

„Und was singen wir?"

Schultz flüsterte mit Damaso. Der stimmte ein brasilianisches Lied an, das wir auf dem Boot oft gesungen hatten, *Menina veneno* von Ritchie. Wir fielen ein. *A vida tem dessas coisas* und *Com uma onda no mar* kamen schon flüssiger. Damaso erhob sich zuerst, wir folgten, schließlich stand auch Gilberto auf. Eine bizarre Vorführung. Auch die Indios erhoben sich; sie verfolgten den Auftritt mit religiösem Ernst und wagten tatsächlich nicht, den Sangeszauber zu unterbrechen. Zu *Besame mucho* setzten wir uns in Bewegung, die Indianer folgten, sie gingen nebenher, dann reihten sie sich zwischen uns ein; immer noch ernsthaft und still. Singend marschierten wir los. Wir liefen durch den Regenwald im Javari-Tal, Heimstatt allerlei krimineller Elemente, und intonierten ein altes spanisches Liebeslied. Als wir es nicht mehr hören konnten, kehrten wir zum brasilianischen Liedgut zurück.

Die Kulina begleiteten uns vielleicht zwei Stunden. Als sie verschwanden, einer nach dem anderen, geschah es lautlos, so spukhaft, wie sie gekommen waren. Der Dschungel verschluckte sie einfach.

Nachmittags machten wir Pause, völlig erschöpft. Wir verschwendeten nur wenige Silben auf die Chancen, ob wir rechtzeitig vor Einbruch der Dunkelheit das Flußufer erreichen konnten.

„Ausgeschlossen", sagte Gilberto, „die Nacht ist schneller. Aber das macht nichts."

„Bist du sicher?"

„Es ist kein Problem, wir müssen nur den Bachlauf erreichen. Dann verfehlen wir den Weg zum Fluß nicht mehr."

Er behielt recht. Die Dunkelheit rollte über uns hinweg, und es dauerte noch eine Stunde, bis wir den Einstieg in das Trockenbett gefunden hatten. Im Urwald war die Nacht mondlos, aber zwischen den Bäumen schwebten Leuchtkäfer, Frösche quakten, tausende Zikaden zirpten, und wenn man die Taschenlampe über den Kopf hielt, enthüllte ihr Licht den ganzen überwältigenden Reichtum des nächtlichen Dschungels. Überall Glitzern und Leuchten und Blinken; phosphoreszierende Teppiche aus Blättern, Pilzen, Flechten, jedes Insekt, jedes Spinnennetz reflektierte und trug zu diesem Leuchtschmuck bei.

Das Beleuchtungssystem war simpel, aber effektiv. Etwa alle fünfzehn Meter blieben wir stehen, denn das Hauptproblem in der Nacht ist die Entfernung. Stets wanderte der Lichtkegel von oben links quer nach rechts und hinunter, dann links hinüber und wieder hinauf. Wir brauchten fast drei Stunden für das Wegstück, fünfmal so lange wie bei Tag. Dann standen wir am Fluß. Iroas Boot fanden wir ohne Mühe, obwohl es unbeleuchtet war. Iroa erhob sich aus der Matte, als er uns kommen hörte, er sprang von Bord und umarmte jeden.

„Wollt ihr Fisch?" fragte er, „ich habe heute gefangen."

„*Obrigado*, Iroa. Ich schlafe im Stehen ein."

Ich schob mein Gepäck in den Holzaufbau, zog das Reservehemd über und breitete das Moskitonetz auf dem Boden aus. Damaso verteilte Bierdosen.

Nach wenigen Zügen war die Büchse geleert. Sie rollte auf die eine Seite und ich auf die andere.

Im Fieber

Ich halte es für möglich, daß Jonestown ein Experiment
zur Bewußtseinskontrolle war. Und daß Leo Ryans
Besuch im Auftrag des Kongresses diesen Schleier gelüftet hätte und unsere Regierung oder ihr Vertreter, die
CIA, es deshalb für angebracht hielt, mehr als neunhundert amerikanische Bürger auszulöschen, um die Geheimhaltung dieser Operation zu wahren.

> **Joseph Holsinger, 1982, Assistent des**
> **Kongreßabgeordneten Leo Ryan, der 1978**
> **in Jonestown vor dem Massaker von der**
> **Jim-Jones-Sekte ermordet wurde. Holsinger**
> **gehörte der Besuchergruppe an.**

Messianische, millenaristische Bewegungen sind am
oberen Amazonas keine neue Erscheinung. Der jüngste
Messias, der am ganzen oberen Amazonas Migrationen
hervorrief, stammte aus Brasilien und bezeichnete sich
selbst als „Bruder des Kreuzes". Er begann 1972 den
Untergang der Welt bzw. die Urkatastrophe für alle diejenigen, die ihr Heil nicht bei ihm suchen würden, auf
1975 vorauszusagen. Seine Resonanz war ungeheuer,
folgten ihm doch nicht nur die Indianer von überallher,
sondern auch die einfachen Amazonasbauern. 95 Prozent
seiner Anhänger glaubten, er sei ein Gesandter Gottes,
und sie würden alles befolgen, was er ihnen befehle.

> **Annemarie Seiler-Baldinger,**
> **„Indianische Migrationen am Beispiel**
> **der Yagua Nordwest-Amazoniens"**

Wir kehrten zur *comunidad* zurück, feierten mit unserem treuen Führer Gilberto Abschied und fuhren am späten Vormittag des nächsten Tages weiter. Don Damaso plauderte auf der Heimfahrt nach Leticia über Gott und die Welt, aber auch mehr und mehr über Themen, die für uns wichtig waren, denn wir hatten in groben Zügen von den Gesprächen mit Padre Lozano berichtet, und er stieg bereitwillig darauf ein. Einmal, als ich die wissenschaftlichen Aktivitäten im *trapezio* erwähnte, hatte Damaso sogar angedeutet, daß es einen kompetenten Gesprächspartner dazu gäbe, einen Amerikaner. Auf den würden wir zurückkommen.

Ansonsten hatten wir die Vorfreude auf den Abend geschürt, der Don Damaso gewidmet sein sollte. Dafür mußten wir allein sein, denn wir wollten ihn gründlich befragen, deshalb strichen wir den Abstecher über den Rio Quixito, zu Juacir. Bevor wir auf den Javari stießen, suchten wir ein Nachtquartier. Das Hochufer hier bot mehr Möglichkeiten als die schmalen Flüsse und Seitenarme, die wir hinter uns gelassen hatten.

Wir peilten eine sandige Bucht an, brachten die Sachen hinauf und hängten die Matten unter das Palmfaserdach einer verlassenen Maniokrösterei.

Iroa machte sich an die Zubereitung des Nachtessens, er war den versprochenen Fisch noch schuldig. Don Damaso überprüfte den Getränkevorrat. Vierzehn Dosen Bier, eineinhalb Flaschen Rum.

Der Abend loderte heran. Die Sonne legte ihr öliges Licht aufs Wasser. Wir saßen unten auf der Sandbank und stießen auf die Nacht an. Als es dunkel war, gingen wir hinauf zur Rösterei, wo Iroa kochte. Damaso kehrte noch einmal zum Boot zurück. Wir schaukelten in den Matten, tranken, warteten.

Als das Essen längst zubereitet war, fehlte Don Damaso immer noch. Iroa ging zum Boot, um ihn zu holen. Es dauerte. Er kam allein zurück.

„Don Damaso" sagte er, „ist krank."

Wir schauten ungläubig.

„Der Mann ist krank", wiederholte er.

„Erzähl' keinen Unfug", sagte Schultz. „Was ist los, wo ist er?"

„Im Boot. Er ist kalt und zu schwach, um heraufzukommen. Er zittert. Ich bringe ihm was zum Zudecken."

„Was ist denn passiert, verdammt?"

„Er sagt, er hat Gelbfieber. Oder Malaria."

Wir stiegen die Sandböschung hinunter zum Boot. Da lag er auf den Holzplanken. Ganz still. Er machte die Augen auf.

„Damaso, was ist passiert?"

„Weiß nicht, kam wie eine Fieberwelle. Wird eine Malaria sein."

Er setzte sich auf, hielt beide Arme um den Leib geschlungen. Sein Puls raste.

„Kennst du diese Schübe?"

„Weiß nicht, hatte ich nie. Niemals, das ist der erste."

„Wir schaffen dich rauf. Am Fluß wird es zu kühl."

Zu dritt schleppten wir ihn zum Lager. Wir hoben ihn in seine Hängematte und deckten ihn zu. Iroa machte Kaffee. Schultz holte das Malaria-Mittel aus dem Gepäck.

Don Damaso nahm eine Tablette mit Wasser, Iroa brachte den Kaffee. Damaso trank einige Schlucke, redete noch kurz und fiel in einen apathischen Schlaf.

Wir saßen wie betäubt um die Feuerstelle. Stocherten in Töpfen und aßen den Fisch, ohne wahrzunehmen, wie gut er zubereitet war.

„Damaso muß sofort zum Arzt. Morgen früh."

„Iroa", sagte Schultz, „wie weit ist Atalaia?"

„Dort bringen wir ihn besser nicht hin", sagte Iroa. „Wir fahren nach Benjamin Constant. Falls es ihm besser geht, schaffen wir's bis Leticia."

Damaso schlief die ganze Nacht unruhig. Es gab zwei oder drei Wachphasen, in denen er sich erbrach. Dann war Iroa zu hören, der das Zeug wegmachte, damit uns keine ungebetenen Gäste auf den Leib rückten.

Beim Kaffee im ersten Morgenlicht wirkte Damaso erholter. Er wollte sogar selbst zum Boot gehen. Doch Iroa mußte ihn stützen.

Wir waren auf dem Boot dabei, unser Gepäck zu verstauen, als ein schmaler, sehr langer Kahn vor der kleinen Bucht auftauchte. Sein Motor erstarb, aber das Boot driftete weiter heran. Es hatte Fracht aufgehäuft, die allmählich als Bananenladung erkennbar wurde; zwei stattliche Haufen. Dann, wie im Licht eines Blitzes, erkannte ich vier, fünf, sechs Gestalten. Aufrecht und reglos. Jede hielt ein Gewehr in der Hand.

Iroa drückte sich an mir vorbei. Seitlich schob er einen Revolver in den Hosenbund.

„Die Missionare!" raunte er.

„Das sind Missionare? Was wollen sie?"

„Nichts. *Tranquilo!*"

Er balancierte in den Bug, stemmte die Arme in die Hüften und wartete. Hinten aus dem Hosenbund lugte der Griff einer weiteren Waffe heraus.

„Was macht ihr hier?" rief jemand herüber.

„Touristen!" antwortete Iroa. „Wir kommen von einem Ausflug. Ich habe einen Kranken, er muß nach Benjamin."

„*Bom.* Wir kommen zu euch an Bord."

„Wozu?"

„Was ist, können wir an Bord?"

„Wozu?"

Schweigen.

„Seid ihr bewaffnet?"

„Wie ihr!" Das war stark übertrieben.

„Habt ihr den Itacuai befahren?"

„Ja."

„Gab es Patrouillen?"

„Nicht eine."

Stille. Dann Don Damaso, der vom Bootsboden heraufraunte: „Eine der Sekten?"

„Sie haben kein Schild dran. Ich seh' nur Gewehre und einen Berg Bananen."

„*Casa do Israel*", sagte er, „oder eine andere Gruppe? Der Kahn ist wahrscheinlich voll mit Waffen und Kokain."

Die angespannte Stille zwischen den Booten hielt an. Iroa stand reglos im Bug. Gegenüber steckten sie die Köpfe zusammen. Plötzlich sprang der Motor an. Tief im Wasser liegend, hielt der unheimliche Kahn kurz auf uns zu, dann zog er vorbei wie ein vollgefressener Alligator und verschwand hinter der Flußbiegung.

Ich blieb sitzen. Iroa kletterte wortlos vorbei. Er verstaute seine Waffen im Holzaufbau.

Als wir hier gelandet waren, schien alles perfekt zu sein. Wir planten ein Fest, danach die gemütliche Heimfahrt nach Leticia. Jetzt, zwölf Stunden später, hatten wir eine haarsträubende Begegnung hinter uns, Blei im Magen und einen Krankentransport vor uns.

„Damaso, wo bringen wir dich hin?" fragte Schultz.

„Leticia. Es wird schon wieder."

„Bist du sicher, mußt du nicht früher zum Arzt?"

„Ach was. Bin schon fast der Alte."

„Am besten du schläfst, alter Freund."

„Den Teufel werde ich. Am besten, wir holen auf der Stelle die verpatzte Abschiedsnacht nach."

„Das läuft uns nicht weg."

„Nein, aber es wäre gut, was Vernünftiges zu tun. Ich brauche Ablenkung."

Damaso schien nicht in der Verfassung, wachen Geistes über das zu sprechen, was uns interessierte. Auch war der Motor so laut, daß er uns kaum verstehen konnte, und noch mehr Anstrengung bereitete es ihm, sich verständlich zu machen. Aber er fürchtete, ohne die Anspannung eines Gesprächs in Ohnmacht zu sinken.

„Was meintest du vorhin mit Sekten?" fragte ich.

„All diese seltsamen Figuren hier. Es kommt von den vielen Missionierungen. Sobald einer sagt, er habe was mit dem Herrgott zu schaffen, darf er in den Dschungel. Also haben die meisten hier einen religiösen Spleen. Sagen einfach, die Bibel oder ein Prophet hätte sie hergeschickt."

„Und was treiben sie wirklich?"

„Alles mögliche. Es gibt Spinner, die glauben tatsächlich, Gottes Stimme zu hören und da draußen ein neues Volk schaffen zu müssen. Andere sind Drogendealer, Waffenschieber. Und es gibt Mischformen. Da weiß das Völkchen nicht, was die Bosse treiben. Sie stehen unter der religösen Fuchtel und sind folgsam."

„Klingt wie die Geschichte von Jim Jones."

„Wer ist Jim Jones?"

„Er hatte eine Sekte im Dschungel von Guyana, Ende der siebziger Jahre. Als ein amerikanischer Kongreßabgeordneter in sein Camp reiste, um dort Vorwürfe zu überprüfen, wonach die Menschenrechte mit

Füßen getreten wurden, ließ Jones den Politiker und seine Begleiter ermorden. Dann wies er seine Leute an, sich selbst zu töten."

„Und?"

„Sie taten es. Ein paar begingen Selbstmord, die meisten anderen wurden von Jones' Miliz umgebracht. Stell' dir mal vor: Über neunhundert Leichen im Dschungel von Guyana."

„Jones", murmelte er. „Jones. Der Ort hieß Jonestown?"

„Richtig."

Er schloß die Augen.

„Kennst du die Geschichte?" fragte ich.

„Ich glaube, sie war hier mal ein Thema. Wegen der Umstände."

„Welche Umstände?"

„Niemand hat geglaubt, daß sich tausend Menschen einfach selbst abservieren, nur weil es ein einzelner befiehlt."

„Naja, so war's auch nicht. Die meisten wurden getötet."

„Wieviele?"

„Um die siebenhundert, hieß es."

„Siehst du", sagte er, „der größte Teil."

Er starrte in den milchigen Himmel.

„Damaso, welche Umstände meintest du?"

„In diesem Jonestown", sagte er, „wurden psychoaktive Drogen gefunden, nicht?"

„Ja, das hieß es."

„Außerdem war die CIA im Spiel?"

„Haben die Amis bestritten. Aber später kam raus, daß ein CIA-Mann bei dem Mord an dem Abgeordneten und auch beim folgenden Massaker dabei war.

Nur war der Fall da offiziell abgeschlossen. Also blieben diese Indizien ungeklärt. Sie waren immer nur Gegenstand von Verschwörungstheorien."

„Klar. Es ist immer nur Theorie, wenn die CIA mitmischt."

„Damaso, wie lautete eure Theorie damals?"

„Jonestown könnte eine Versuchskolonie gewesen sein."

„Was denn für eine Versuchskolonie?"

„Sie hatten psychoaktive Drogen erprobt, die gibt es auch hier. Es gab religiöse Sekten, die gibt es auch hier. Sie waren unerreichbar, schwer bewaffnet und tief im Dschungel versteckt. Und die CIA war immer dabei. Alles so wie hier."

„Was meinst du mit so wie hier?"

„Die CIA war hier wie verrückt hinter einer Methode her, mit der sich das Gehirn der Menschen steuern läßt. Sie suchen vermutlich bis heute nach der perfekten Bewußtseinskontrolle."

Ich musterte ihn. Ich war mir nicht sicher, ob es jetzt nicht sein Bewußtsein war, das allmählich aus dem Ruder lief.

„Und was ist mit den Sekten hier, werden sie kontrolliert?"

„Wer sollte das tun? Die Kerle mußt du schon direkt mit Koks oder Waffen erwischen."

„Was war mit diesem Bananenfrachter, hast du nicht gesagt, das Ding sei voll mit dem Zeug?"

„Darauf verwette ich unser Boot."

„Und dann kurven sie so sorglos auf dem Fluß herum?"

„Sie halten Funkkontakt untereinander, sie wissen, bei welchen Polizisten sie aufpassen müssen und bei welchen nicht. Sie hatten bloß uns nicht auf der Rechnung, deshalb haben sie nervös reagiert. Wahrscheinlich hat uns niemand kommen sehen, weil wir hier übernachtet haben."

Damasos Zustand verschlechterte sich, die Erschöpfung wurde sichtbar. Doch er wollte sich weiterhin unterhalten. „Ich will nicht bewußtlos werden, *comprendes*?"

Ich begann, wieder von den Gesprächen mit dem Padre zu erzählen. Bald mußte ich jeden Satz wiederholen. Damasos Aufmerksamkeit wurde immer öfter von Phasen der Apathie unterbrochen.

Ich fragte ihn, was er über wissenschaftliche Aktivitäten im *trapezio* wisse.

„Es gab Projekte der CIA. Hat das der Padre nicht gesagt? Tsalickis hat mit den Gringos zusammen gearbeitet."

„Damaso, du hast von einem Amerikaner erzählt, der sich mit diesen Dingen auskennt. Wer ist das, und wo ist er?"

„Frankie", sagte er, „Frank Davila. Soll selbst für die CIA gearbeitet haben. Alle paar Monate taucht er in Leticia auf."

„Wo lebt er?"

„Drüben bei Puerto Nariño."

Damasos Augen waren gerötet; die Haut teigig, der Körper ausgemergelt, als hätte er über Nacht das halbe Gewicht verloren. Nur Knochen und Sehnen. Aber er wehrte sich gegen Schlaf und Ohnmacht.

„Gibt es noch Experimentalstationen in der Gegend?"

„Ja", sagte er. „Anderes Zeug, kennt ihr die Sache mit den Affen?"

Am liebsten hätte ich Iroa gesagt, er solle ans Ufer steuern und den Motor abstellen, dessen Lärm jedes zweite Wort schluckte. Aber Damaso schien sich rasant einem Punkt zu nähern, an dem er zusammenklappte. Und die Hitze, die sich bei einem Halt sogleich unter dem Strohdach ausbreiten würde, war ihm nicht zuzumuten.

„In Leticia ist ein Labor", sagte er. „Neben dem Hotel von Tsalickis. Wand an Wand."

„Was ist das für ein Labor?"

Er machte eine Pause.

„Eines, das ich jetzt gebrauchen könnte. Malariaforschung. Es gehört dem berühmtesten Wissenschaftler Kolumbiens."

„Und?"

„In diesem Labor sind Hunderte Affen untergebracht. Sie benutzen sie als Versuchstiere für ihre Impfstoffe. Ich habe mal gesehen, was sie mit den Tieren gemacht haben. Der Affe wurde an allen Vieren gepackt, dann bekam er Spritzen. Er hatte Schmerzen, der arme Kerl, er schrie so scheußlich wie ein Mensch."

An Atalaia do Norte fuhren wir vorbei. Dort wollte auch Iroa nicht hin. Er meinte, in Benjamin Constant sei die ärztliche Versorgung besser. Wahrscheinlich befürchtete er, daß wir in dem Holzhändlernest nicht wohlgelitten seien nach dem Besuch vor zwei Wochen. Diesmal kamen wir aus dem Indianergebiet, und da wir weder Holzagenten noch Drogenkuriere waren, mußten wir wohl Indianerfreunde sein.

Don Damaso wälzte sich herum, schwitzte, es ging ihm dreckig. Ich hatte nie einen Kranken mit Malariaschüben erlebt, aber ich bezweifelte immer mehr, daß das hier Malaria war.

Schlangengift

Brasilien hat ein Radar-System zur elektronischen Überwachung des Amazonas-Regenwaldes eingeführt. Die
brasilianische Regierung verspricht sich von dem rund
1,4 Milliarden Euro teuren System SIVAM ein effektiveres
Vorgehen gegen Drogenhändler und illegale Holzfäller.
SIVAM besteht aus 6 Satelliten, 25 Radarstationen, 33 Flugzeugen und 87 Bildempfangsstationen, die das 5,5 Millionen Quadratkilometer große Amazonasgebiet überwachen.
Die in ständiger Alarmbereitschaft an der Grenze statio-
nierten 4100 Soldaten des Heeres und der Marine werden
mit Amphibienfahrzeugen, Schnellbooten und Hubschrau-
bern ausgestattet. Das Überwachungssystem ist aber
nicht unumstritten. Folha de São Paulo enthüllte, wie die
US-amerikanische Betreiberfirma Raytheon trotz eines
ursprünglich günstigeren Angebots der französischen
Firma Thomson den Zuschlag erhalten hatte. US-Diplo-
maten hatten mit Verweisen auf die hohe strategische
Bedeutung des Projekts erreicht, daß die US-Firma ihr
Angebot zur Finanzierung verbesserte. Ein brasilianischer
Offizier sicherte den Amerikanern freien Zugang zu den
Informationen zu, die durch SIVAM gesammelt würden.
Auch der katholische Indianermissionsrat CIMI kritisierte
SIVAM als Bestandteil einer „immer breiteren Luftüber-
wachung Südamerikas und der Karibik" durch die USA.
Zudem stehe das Projekt in der Tradition der alten Militär-
doktrin der nationalen Sicherheit, nach der die indiani-
sche Bevölkerung in Grenznähe als „potentiell feindselig"
wahrgenommen werde, heißt es in einer Erklärung.

epd, 26. Juli 2002

Am 19. Oktober besuchte US-Antidrogen-Chef Barry
McCaffrey eine US-Radarstation bei der Amazonasstadt
Leticia, die strategisch günstig die Grenzen mit Peru
und Brasilien teilt und ein Hauptdurchgangsweg für die
Kokainproduktion ist. McCaffrey inspizierte auch eine
Militärbasis in der Region und traf Verteidigungsminister
Gilberto Echeverri und Außenministerin Maria Emma
Mejia. US-Offizielle geben nicht bekannt, wieviele Radar-
stationen die USA in Kolumbien haben und wieviel
Personal dort arbeitet. Ein westlicher Diplomat jedoch
sagte Reuters kürzlich, daß mindestens vierzig Militär-
berater und Antidrogen-Agenten der DEA allein in Leticia
stationiert seien. (...) Laut Eduardo Gamarra, einem in
Florida ansässigen Lateinamerika-Analysten, verwischt
McCaffrey großzügig die Linien zwischen der Drogen-
bekämpfung und Kolumbiens Gegenspionagekrieg.
„Was die US-Politik eigentlich anstrebt, ist eine größere
Präsenz von US-Spionageberatern in Kolumbien",
erklärte Gamarra. Er fügte hinzu, daß bereits eine große
Zahl von US-Militärberatern die Gegenspionage in
Kolumbien unterstützen.

Reuters, 19./20. Oktober 1997

Ehe wir in Benjamin Constant anlegten, rüttelten wir
Damaso wach. Er phantasierte leicht, nahm nicht viel
wahr. Der Leib fühlte sich hart an. Iroa rammte den Bug
in den Uferschlamm; dann hievten wir den stöhnenden
Damaso die Böschung hinauf. Das letzte Stück schleppten wir ihn zu zweit, Iroa lief noch mal zurück und holte
seine Sachen.

Der grüne Steinblock, das erste Haus oben am Ortsrand, war das Hotel *Marcia Maria*. Dort wollte Iroa nach der Klinik fragen. Er kam mit einem alten Mann heraus.

„Senhor Vicente. Er fährt uns mit dem Motorroller hin. Wartet hier."

Er beschrieb uns die Adresse der Klinik, während Vicente den Roller startete. Wir hoben Damaso auf die Sitzbank, Iroa klemmte sich dahinter, dann fuhren sie davon.

Schultz und ich gingen zum Essen ins Hotel, stiegen ins Obergeschoß, wo der Blick weit reichte über die Dächer aus Palmblättern und verrostetem Blech. Aber wir konnten die lange vermißten Speisen nicht genießen, also behalfen wir uns mit ein paar eiskalten Bieren.

Wir beschlossen, gleich weiter nach São Leopoldo zu fahren, das nur ein paar Kilometer entfernt sein sollte. Damaso hatte vorhin noch erwähnt, daß dort die Frau von Frankie Davila lebte. Wir wollten sie besuchen.

Dann kehrte Iroa zurück.

„Wie geht's ihm? Was sagt der Doktor?"

„Nicht gut. Es ist keine Malaria."

„Was ist es dann?"

„Weiß der Doktor nicht. Sie behandeln ihn. Heute soll niemand mehr hingehen. Er liegt in einem Raum ohne Licht."

„Iroa, wie lange brauchen wir bis São Leopoldo?"

„Eine bis zwei Stunden."

„Dann los. Wir übernachten dort und sind am Vormittag wieder hier."

Im goldenen Licht des Spätnachmittags tauchten die Flußhütten von São Leopoldo vor uns auf. Iroa sprang an Land und fragte nach dem Haus von Doña Davila. Wenig später waren wir da.

Die Frau begrüßte uns mit einem Kleinkind auf dem Arm, um das Haar hatte sie ein weißes Handtuch geschlungen. Tiefer in der Hütte saßen zwei alte Frauen.

„*Boa tardem*, Doña Davila. Wir sind wegen Frankie hier."

„Sie kommen extra seinetwegen? Sind Sie Amerikaner?"

„*Alemaos.*"

Sie ließ sich erst eine Weile über Frankie aus, diesen Schuft. Zwei der fünf Kinder waren von ihm. Wenigstens kam er hin und wieder vorbei, und vermutlich ließ er jedes Mal etwas Geld liegen. Es gab hier wesentlich schäbigere Hütten.

„Kennen Sie Tabatinga?" fragte sie endlich.

„Klar. Wir kommen aus Leticia."

„Gehen Sie zu Zé Osvaldo. Dort hängt er jeden Abend rum."

„Heißt das, er ist gerade dort?"

„Er war erst vor ein paar Tagen hier."

Wir übernachteten auf dem Boot. Am Morgen machten wir uns auf den Rückweg nach Benjamin Constant. Es ging flußaufwärts, wir fuhren gemütlich, so daß wir gegen zehn Uhr anlangten. Wir ankerten und ließen uns von Iroa den Weg zum Krankenhaus beschreiben. Er zog es vor, beim Boot zu bleiben.

Es war ein schmales, zweistöckiges Steingebäude. Der Arzt war beschäftigt, aber die Schwester erlaubte uns, Damaso zu sehen. Das Zimmer war winzig und muffig, ein Abstellraum mit einer winzige Fensterscharte unter der Decke. Auf dem Boden kämpften zwei Ventilatoren gegen den Geruch an. Sie hatten den Raum eigens für ihn hergerichtet.

Damaso schlief.

Wir warteten draußen, bis ein kleiner, glatzköpfiger Mann auftauchte.

„Sie gehören zu ihm?" fragte der Doktor.

„Ja, Doktor, wir waren auf Bootstour."

„Und wie lange?"

„Zwei Wochen. Was hat er?"

„Sie würden es nicht glauben."

„Verraten Sie es trotzdem?"

„Er hat eine Vergiftung. Es ist ein Schlangenbiß."

„Unmöglich! Das hätten wir mitgekriegt!"

„Der Biß ist vier bis sechs Wochen alt. Er wird damals nicht so schlimm gewesen sein. Die toxische Reaktion hat erst jetzt eingesetzt."

Sie wollten Damaso einige Tage dabehalten, bis sich der Kreislauf stabilisiert hatte. Wir hinterließen einen Geldbetrag für ihn, den der Arzt quittierte.

Wir fuhren zurück nach Tabatinga, bezahlten Iroa und verabschiedeten uns herzlich. Ein Taxi brachte uns nach Leticia. Wir machten Zwischenstopp bei Angel, der sich freute, uns heil wiederzusehen. Daß wir einige Tage zu spät dran waren, fiel ihm erst auf, als wir fragten, ob er schon was unternommen habe.

Zurück im Hotel stellten wir den Wecker auf acht Uhr abends. Frankie Davila wartete. Vielleicht eine neue Quelle.

Dritter Teil
Es gibt kein Entkommen

Ein ehemaliger
Dschungelkämpfer

Die Ethik eines jeden Mitarbeiters muß so sein, daß er
in jeder Phase unseres Programmes absolut kooperativ
ist, ganz gleich wie revolutionär dieses auch sein mag.

**Allen Dulles, CIA-Chef; Anweisung für die
Mitarbeiterprofile bei MK-Ultra-Projekten, zitiert
nach Koch/Wech, „Deckname Artischocke"**

Norm, du wärst schockiert, wenn du wüßtest, mit welchen Methoden unsere Leute arbeiten, um Geheimnisse
aus Menschen herauszuholen. Sie arbeiten mit allen
möglichen Drogen, sie foltern mit Strom, und sie scheren
sich den Teufel darum, was mit den Versuchsobjekten
geschieht.

**Frank Olson, CIA-Biochemiker, zitiert nach
Koch/Wech „Deckname Artischocke"**

Das Projekt, das die Vergabe von LSD beinhaltete (...)
fand unter völliger Absenz von Tests, medizinischer Überwachung, Beobachtungsmöglichkeiten oder medizinischen oder psychologischen Nachuntersuchungen statt.
Die geheimen Dienste erlaubten einzelnen Forschern, ihre
Projekte selbst zu entwerfen. Die Experimente, die von
diesen Forschern durchgeführt wurden, stellen die Entscheidung der Agenturen in Frage, keine Richtlinien
für diese Experimente aufgestellt zu haben.

**Senate Church Comittee, Book I, 402.,
Church-Komitee zur Untersuchung von geheimen
Humanprojekten der CIA, Washington, 1976.**

Tabatinga in brütender Mitternacht.

Wir waren zur Kneipe von Nenca und Claudia gefahren. Jetzt stand ein Mann im ärmellosen Shirt hinterm Tresen. Das Bier kam, und wir fragten nach den Mädchen.

„Nenca kommt nicht mehr", sagte er. „Sie muß hier immer daran denken."

„An was denken?"

„Na, daß sie hier mit Claudia gearbeitet hat."

„Wieso, haben sie Krach?"

Er drehte sich um und schaute. Dann kam er wieder an den Tresen geschlurft.

„Ihr wißt nichts davon? Claudia ist tot!"

„Um Gottes willen! Was ist passiert?"

„Es war einfach Pech. Claudia besuchte eine Freundin, unten am Fluß. Deren Bruder hatte eine Sache mit der peruanischen Drogenmafia laufen. Also, der Kerl kam nach Hause, es war Nachmittag. Die Killer waren ihm auf Motorrädern gefolgt. Sie stiegen nicht einmal ab, fuhren einfach um die Bretterhütte und schossen durch Wände, Türen und Fenster. Vier Leute waren drin; drei wurden getötet. Der Bruder von Claudias Freundin kam mit einem Beinschuß davon. Claudia hatte in jedem Bein eine Kugel und eine im Bauch. Sie brachten sie in die Klinik, aber es war nichts mehr zu machen."

„Wurden die Killer geschnappt?"

„Nein, so läuft das nicht. Diese Morde finden öffentlich statt. Am liebsten erledigen sie es in einer Bar, vor allen Leuten." Der Kerl hustete und spuckte hinter sich. „Bei der Schießerei mit Claudia wurde auch ein Nachbar verletzt. Wie immer. Jeder weiß, was passiert und wer es ausführt, klar? Aber niemand spricht darüber."

Wir kippten das Bier in Papierbecher und gingen davon. Erinnerten uns daran, wie ängstlich, nein, aggressiv Claudia stets reagiert hatte, wenn Nenca über die Morde und Totschläge in Tabatinga gesprochen hatte. Claudia hatte was geahnt. Es war, als hätte sie es gespürt. Es war deprimierend.

Zu Nencas und Claudias ehemaliger Kneipe waren wir nur gegangen, weil wir den Großteil des Abends vergeblich in Zé Osvaldos Kaschemme auf Frankie Davila gewartet hatten. Aber der war nicht aufgetaucht. Bei Zé hatten wir eine Nachricht hinterlassen, wollten am nächsten Tag wiederkommen. Jetzt war keinem mehr danach, noch mal hinzugehen; außerdem konnte Frankie überall rumhängen. Und der Tod auch.

Als wir am nächsten Abend aufkreuzten, winkte uns Zé Osvaldo sogleich an den Tresen. Er wählte eine Nummer, lauschte in den Hörer und hielt ihn rüber.

„Das ist er."

Ich nahm den Hörer.

„Oi, Senhor Davila! Tudo bom?"

„Tudo."

„Wir reisen hier herum und wollten Sie treffen. Es heißt, Sie kennen die Gegend gut."

„Kennt jeder hier. Ich bin kein Dschungelführer."

„Ich meine mehr die gesellschaftliche Szene."

„Kennt auch jeder."

„Sie wurden uns aber empfohlen."

„Von wem?"

„Von einigen. Können wir uns unterhalten?"

„Worüber?"

„Alles mögliche. Darüber, was sich so tut."

Zés Kneipenmusik schepperte, daß man das eigene Wort nicht verstand.

„Senhor Davila?"

„*Ta.*"

„Na los, sagen Sie zu."

„Kostet ein Nachtessen."

„Und wo?"

„*Tres Fronteiras.*"

„*Muito obrigado.* Sie erkennen uns."

„Ihr werdet mich erkennen." Er hängte ein.

Das *Tres Fronteiras* ist das beste Restaurant in Tabatinga. Eine palmgedeckte, halboffene Hütte; die Fleischportionen sind enorm. Auch herrscht hier nicht dieser Lärm wie an allen anderen Ecken der Stadt.

Nach zwei Bier bestellten wir das Essen. Der Laden war leergefegt; bei schlechtem Wetter, wie an diesem Abend, fuhr kein vernünftiger Mensch hierher.

Das Essen kam, und im selben Moment spazierte er rein. Frankie. Den erkannten wir in der Tat sofort wieder.

Ende fünfzig. Der ausgemergelte Blick, der ums Eck zu gehen schien. Diese Höckernase, der sehnige Oberkörper, den jetzt eine kolumbianische Uniformjacke bedeckte, die dreckige Uniformhose mit der Pistole im Lederholster an der Seite. Frankie – oder Franco, wie der Wirt ihn in Caballococha genannt hatte.

Franco Desaparecido. Der Verschwundene.

„Ein Scheißregen!"

Er setzte sich ohne Begrüßung. Sein Blick flackerte durch den Raum.

„*Boa noite, Senhor.*"

„Lass mal, bemüh' dich nicht." Er drehte sich weg und winkte den Kellner zu sich. Als die Bestellung geregelt war, sagte er: „Ich weiß, wer ihr seid."

„Ach ja?"

„Habt ihr diesen Padre gefunden?"

Volltreffer.

„Welchen Padre?"

Frankie lehnte sich weit über den Tisch.

„Hört zu, Freunde: Entweder ich verdrück' gemütlich ein Steak, nehme ein paar Drinks auf euch und verschwinde wieder. Oder wir spielen mit offenen Karten. Dann verschwenden wir keine Zeit."

„Alles klar", sagte Schultz, „wir waren beim Padre. Und du – woher weißt du, daß wir dort hinwollten?"

Von Don Damaso, bevor wir losgefahren sind, war mein erster Gedanke. Aber das war ein Irrtum.

„*Russo*", erwiderte Frankie mit schleppender Betonung, „wie wär's mal wieder mit einer Runde Armdrücken?"

„Alvaro!?"

Alvaro war damals nach Caballococha zurückgefahren, offenbar hatte er alles mögliche erzählt. Aber warum diesem Kerl? Half Frankie bei Alvaros Kokaintransporten – kam er deshalb ständig nach Tabatinga?

„*Yes, Sir.*" Das bezog sich auf Alvaro.

Beim Essen legte Frankie die Spielregeln dar, ohne einmal den Kopf zu heben. Er machte klar, er sei nicht scharf drauf, selbst Gesprächsthema zu werden. Sobald dies der Fall wäre, würde er aufstehen und verschwinden. Andererseits war er neugierig auf das, was uns umtrieb und warum wir immer noch hier waren. Deshalb hatte er sich herbemüht. Über sich verriet er nur, die Leute würden *bullshit* verbreiten. Er habe nie für die CIA gearbeitet. Er sei bei der US-Armee gewesen, aber nicht desertiert. Er habe einfach den Dienst quittiert, irgendwann.

„Was denkst du, wie schnell die einen hier aufgabeln."

„Weil sie überall präsent sind", sagte ich.

Er nickte langsam. „Weil sie überall präsent sind."

Nach dem Essen forderte er uns auf: „Schießt los."

Ich fing an, aber nach ein paar Sätzen fuhr er dazwischen.

„Kenn' ich alles. Was wollt ihr von mir?"

„Die Geschichte zu Ende hören. Du kennst sie ganz, wir nur bruchstückhaft."

„Und wo führt das hin?"

„Genau das will ich von dir wissen."

„Komm mir nicht so, Mann. Meine Nase sagt, ihr schnüffelt hier herum."

„Sagt sie dir auch, wonach?"

Der Kellner brachte Nachschub.

„Okay, Gentlemen." Er probierte ein gemütvolles Lächeln und drehte sich eine Zigarette.

„Frankie", sagte Schultz, „erzähl uns von Tsalickis, dem früheren König hier."

„Aha, der gute Mike! Manchmal glaub' ich, er ist immer noch der König."

„Wie meinst du das?"

„Na ja, eine Legende, die so unverwüstlich ist wie diese, wird vielleicht von irgendwem am Leben gehalten, nicht wahr?"

„Möglich. Von wem?"

„Er hat seine Leute hier, seine ganzen Kontakte. Und er hat viel Zeit. Im Knast tippt er sich vermutlich die Finger wund."

„Was bringt ihm das noch? Er hat 27 Jahre gekriegt."

„Naja, mancher hängt an seinem Ruf, auch wenn der ramponiert ist. Am Amazonas schert das niemanden. Vielleicht muß er aber auch ein paar alte Sachen unter Verschluß halten."

„Gibt es die?"

„Jede Wette. Sie haben ihn ja nur wegen dieser Kokainfracht eingebuchtet. Was er sonst noch am Amazonas getrieben hat, will ich lieber nicht wissen."

„Nur das Beste, wenn du die Leute fragst. Alle reden voller Respekt von ihm, Frankie. Er ist ihr guter Geist."

„Er hatte gute Seiten. Mike war ein alter Menschenfänger, er hat sie bezaubert. Er war großzügig zu denen, die für ihn arbeiteten, also zu den meisten. Und er war ein großartiger Aufschneider. Mike war so ein typischer Kerl aus Florida, hundert Pfadfinderabzeichen und dieser Kram. Mit Schlangen hatte er es besonders. Erzählte gern, wie er als junger Kerl in den Everglades tausend Schlangen in zwei Hurrikan-Nächten gefangen hat. Seine Arme hätten wie Hackfleisch ausgesehen, sagte er, aber es sei keine giftige dabeigewesen. Solche Geschichten. Die amerikanischen Journalisten, die ihn hier aufsuchten, haben das gerne abgekauft. Er ließ sich auch auf Postkarten ablichten, im Fluß, wie er eine Anakonda niederringt. Die Nummer machte Eindruck. Dabei war das Vieh betäubt."

„Warum ist er hierhergekommen?"

„Er hatte immer Tiere für Zoos gefangen. Erst in Panama, dann fuhr er runter nach Südamerika und den Amazonas von der Mündung rauf, bis er hier ankam. Das war 1953. Leticia hatte keine tausend Einwohner, kein Wasser, kein Strom. Erst mit Mike kam Leben in die Bude. Er exportierte Wildtiere, bald arbeiteten Hunderte Indios aus der Umgebung für ihn. Und die trugen ihr Geld wieder nach Leticia. Aber mit der Zeit wurde die Konkurrenz in Peru zu stark, und er stieg auf den Export von Rosenholz und Laboraffen um. Er legte sich ein Flugzeug zu, eines mit Druckausgleich und

Klimaanlage. In den siebziger Jahren wurde dann der Export von Wildtieren aus Kolumbien verboten. Also wechselte er ganz ins Geschäft mit dem Tourismus."

„Ja, davon haben wir gehört. Es hat Exkursionen gegeben, bei denen auf ziemlich alles geschossen wurde."

„Tja." Er sah uns an. Wir warteten.

„Diese Sache mit den Indiojagden war für ihn der Anfang vom Ende."

„Was weißt du darüber?"

„Ich war nicht dabei. Aber ich bezweifle nicht, was ich gehört und gesehen habe."

„Was hast du gesehen?"

„Ich bring euch mal das Programm seiner damaligen Agentur *Tarzoo* mit. Noch was?"

Er hatte nicht angebissen.

„Ja, es gibt noch eine Menge. Welches wissenschaftliche Projekt verfolgte die *Amazon Natural Drug Company* hier im Dreieck?"

Er ließ den Qualm so breit entweichen, daß sein Narbengesicht fast ganz dahinter verschwand.

„Deutsche Fleißarbeit, was?"

„Offene Karten, Frankie."

„*No, Sir*. Das ist ein Scheißthema. Geht mich nichts an."

„Was ist los? Erst redest du von Klartext und Zeitverschwendung, und jetzt kommst du so! Hast du ein Problem mit alten Geschichten?"

„Seh' ich so aus?"

Es war eine rhetorische Frage. Er gönnte sich noch einen kunstvollen Zug. Im nächsten Moment schoß er die Begriffe ab: „*MK-Ultra! MK-Search! MK-Often, MK-Naomi, MK-Delta!* Und so weiter. Das waren geheime amerikanische Humanforschungs-Projekte."

„Was heißt das, was haben sie getrieben?"

„Es ging um Verhaltens- und Bewußtseinskontrolle, um die totale Gehirnwäsche. Diese Projekte wurden mit Tausenden Menschen ausgeführt. Der Geheimdienst hatte sie in den fünfziger Jahren begonnen und jahrzehntelang durchgezogen, mit Versuchspersonen, die meist nicht mal wußten, daß es die CIA war, die ihnen im Gehirn rumwühlte. Beeinflussung der sensorischen Wahrnehmung, Telepathie, alles wurde ausprobiert. Dabei haben sie Sachen gemacht, daß einem der Verstand stillsteht! Eine Senatskommission arbeitete später Teile dieses Komplexes auf."

Im Zuge des Berichts, den uns Frankie in den folgenden Stunden über die *MK-Ultra*-Projekte gab, drohte auch mir der Verstand manchmal stehenzubleiben. Ergänzt um die Ergebnisse späterer Recherchen zum Thema Bewußtseins-Experimente der CIA, ergab sich das folgende Bild:

Die Wurzeln der CIA-Projekte zur Bewußtseinskontrolle, *MK-Ultra* und andere, reichen in den Zweiten Weltkrieg zurück. Schon Göring, Ribbentrop, Speer und acht weitere Top-Nazis wurden bei den Nürnberger Prozessen mit vermeintlichen Wahrheitsdrogen behandelt.

1994 legte Senator John D. Rockefeller einen Bericht vor, nach dem das Verteidigungsministerium über fünfzig Jahre hinweg Hunderttausende Armee-Angehörige für Experimente benutzt hatte – auch für Experimente mit lebensgefährlichen Substanzen wie Senf- und Nervengas, Ionenstrahlung, Psychochemikalien, Halluzinogene und Drogen, die während des ersten Golf-Kriegs erprobt worden waren.

1950, während des Koreakrieges, erlebte die US-

Regierung geschockt, wie sich gefangene amerikanische Soldaten plötzlich gegen ihr eigenes Land und ihre Regierung wendeten – und das in der aggressiven Rhetorik von Moskau und Peking. Dieses Trauma vertiefte sich, als in die Heimat entlassene US-Veteranen öffentlich erklärten, sie wollten nicht mehr in Amerika leben. Sie bettelten geradezu darum, zurückkehren und unter Kommunisten leben zu dürfen. Auch die CIA war alarmiert: War der Feind schon in der Lage, das Bewußtsein einer ganzen Generation zu verändern? Was müßte das für die Zukunft bedeuten?

Die Antwort auf diese erschreckenden Fragen hieß *MK-Ultra*. Das Programm entstand aus einem Geheimprojekt namens *Bluebird*, die erste amerikanische Reaktion auf Gerüchte über sowjetische und chinesische Versuche mit Gehirnwäsche, Narco-Hypnose, PSI und Experimenten zur Wirkung elektromagnetischer Felder auf Menschen. *MK-Ultra* wurde, offiziellen CIA-Dokumenten zufolge, zum Dach für 149 Unterprojekte. Zur Finanzierung benutzte die CIA eine Reihe privater Stiftungen, durch die sie ihre Gelder an Wissenschaftler und Institute lancierte. Es waren oft äußerst klangvolle Einrichtungen, wie die Rockefeller-Stiftung.

Der damalige CIA-Direktor Allen Dulles stattete *MK-Ultra* mit einem Budget aus, das außerhalb der normalen CIA-Finanzkontrolle blieb. Der Forschungsauftrag war ja selbst für hartgesottene Controller zu weit gesteckt: Er konnte beliebig interpretiert werden und mündete in menschenverachtende, mörderische Exzesse. Bereits zwischen 1950 und 1960 betrieb oder finanzierte die CIA rund achtzig verschiedene Organisationen, die sich mit Gehirnwäsche, Verhaltensmodifikation und ähnlichem beschäftigen. Schauplatz waren Hochschulen,

Institute und Privatunternehmen, Krankenhäuser, Anstalten und Gefängnisse, die besonders gern als Versuchsstationen benutzt wurden. Erprobt wurden LSD, Ketamin, Psilocybin; Implantate, Biochips, elektromagnetische Strahlungen, neurochirurgische Eingriffe am offenen Gehirn, Elektroden im Gehirn, die Anwendung von Hypnosetechniken, Manipulation sexueller Vorlieben, sensorische Deprivation, Suggestibilität und subliminale Botschaften, die Erzeugung von Abhängigkeit und Anomalien, die Ausbildung von Schläfern sowie Experimente mit Fernsteuerungs- und Auslösemechanismen.

Ein Ziel war es, Menschen so zu instrumentalisieren, daß sie unbewußt auf ein bestimmtes Codewort hin zur Waffe greifen und ihr Gegenüber töten. Ein anderes Ziel war es, feindlichen Agenten ihr Wissen zu entlocken. Zugleich versuchte man eigene Agenten zu schaffen, die so viele Ebenen der Bewußtseinskontrolle entwickelt hatten, daß es nicht einmal durch Folter möglich wäre, ihnen ihr Wissen abzupressen.

Schon wegen der strikten Geheimhaltungspflicht verliefen die Experimente ohne wissenschaftliche Nachuntersuchungen oder therapeutische Begleitung. Auch setzten realistische Tests ja voraus, daß die Versuchspersonen nichts oder möglichst wenig von den verabreichten Psychopräparaten wissen durften.

Das Prinzip galt für alle diese Projekte (*MK-Search*, *MK-Delta*, *Monarch*, *MK-Naomi*, *Bluebird*, *Chatter*, *Artischoce* und *Third Chance*). Die CIA war besessen von der Möglichkeit, jene totale Kontrolle auszuüben, die ihr von den involvierten Psychologen und Medizinern über Jahrzehnte auch immer wieder in Aussicht gestellt worden war.

Mit *MK-Ultra* hatte sich die CIA die Lizenz zum Töten ausgestellt. Die klandestine Atmosphäre, der Reiz der grenzenlosen Machbarkeit, in der alle ethischen Spielregeln aufgehoben sind, zog nachweislich Wissenschaftler vieler Elite-Universitäten in Bann.

In den Rücktrittswirren um Präsident Nixon und dessen CIA-Aktionen geriet der Geheimdienst unter Beschuß, und dabei flog auch dieses Geheimprojekt auf – jedenfalls die Reste. Denn die CIA unter Direktor Richard Helms hatte 1973, als sich die ersten Opfer juristisch zu rühren begannen, fast alle Unterlagen vernichtet. Nur die spärlich überlieferten Aktenreste zu *MK-Ultra*, 130 Schachteln, die im Keller des CIA-Hauptquartiers in Langley verräumt und beim Schreddern vergessen worden waren und forthin als „Familienjuwelen" des Dienstes bezeichnet wurden, kamen auf den Tisch. Eine Senatskommission unter Nelson Rockefeller wurde eingesetzt. Auch die US-Armee und das Ministerium für Gesundheit, Erziehung und Wohlfahrt mußten die Existenz der Mind-Control-Projekte einräumen. Doch über Greueltaten außerhalb der USA wurden nur wenige tödliche Experimente in Vietnam bekannt.

Dabei war der kolumbianische Amazonas ein Zentrum dieses Geheimprogramms. Nicht nur zehntausende Laboraffen, die für die über Jahrzehnte andauernden Versuchsreihen in Nordamerika benötigt worden waren, wurden aus dem *trapezio* exportiert. Am Amazonas wurde auch ein Großteil der Psychodrogen und Gifte eingesammelt, die bei den *MK-Ultra*-Experimenten getestet wurden. Das *trapezio* war eine Quelle.

Geheimdienstaktionen

Die Rockefeller-Kommission zur Aufarbeitung der
CIA-Verfehlungen *(MK-Ultra)* untersuchte sechs Monate.
Im Juni 1975 übergab Nelson Rockefeller den Bericht. Er
versuchte klar, die CIA zu schützen, indem er Änderungen
vorschlug, deren Notwendigkeit ohnehin jedem einleuch-
teten, Geheimpraktiken aber verteidigte. Nelsons direktes
Problem war William Colby (damals der neue CIA-Chef).
Colby glaubte, seine Loyalität zur CIA erfordere es, die
Medien mit mehr Geständnissen auf seine Seite zu
bringen, als Rockefeller für angemessen hielt. Als Colby
zur ersten Anhörung am 13. Januar erschien, warnte
ihn Rockefeller, bloß nicht alles zu enthüllen. Er empfahl
sogar die Geheimhaltung in einigen Fällen, in denen
es Colby unnötig erschien. Rockefeller aber hatte sehr
persönliche Gründe für solche Geheimhaltungen. Als
Eisenhowers Staatssekretär im Ministerium für Gesundheit, Erziehung und Wohlfahrt (HEW) sowie danach als
Spezialbeauftragter für Psychologische Kriegsführung
und Kalte-Krieg-Strategien wußte Rockefeller selbst über
viele verdeckte CIA-Operationen Bescheid. Darunter
Attentats-Komplotte und die Experimente zur Bewußtseinskontrolle, die teilweise sogar durch das damals von
ihm geleitete HEW finanziert worden waren. Außerdem
war er, als Vorsitzender der Spezialgruppe des Nationalen
Sicherheitsrates, über alle Geheimoperationen der CIA
informiert und hatte selbst einige der fragwürdigsten zu
genehmigen, darunter Anschläge und Attentate im Ausland sowie fortgesetzte Experimente zur Bewußtseinskontrolle in der Heimat (...) Trotz Rockefellers striktem

Auftrag, nur die Inlands-Aktivitäten der CIA zu untersuchen, wurden ein paar Auslands-Operationen erwähnt,
allerdings sehr zurückhaltend und selektiv: Die illegale
Zusammenarbeit der CIA mit der NSA beim Abhören von
Telefongesprächen unter Drogenhändlern wurde gerügt;
die Verbindung der CIA zu amerikanischen Kokainhändlern, die zwischen Kolumbien und den USA operierten,
nicht. Die Nutzung der amerikanischen Polizei durch die
CIA wurde gerügt, die Trainingscamps der CIA für latein-
amerikanische Polizisten nicht. (…) In der Regel vertraute
Rockefeller den Behauptungen der Agency, daß Miß-
bräuche gestoppt und Reformen eingeleitet seien. Die
nicht genehmigte Einlagerung von Curare, Schlangen -
und Kugelfischgift sowie anderen Giften und biologi-
schen Waffen erwähnte er erst gar nicht. Dies aber verletzte unmittelbar eine Direktive Präsident Nixons von
1970, nach der diese Vorräte schon damals zu vernichten
waren.

Colby/Dennet, „Thy Will Be Done"

„Es war Spaß, Spaß, Spaß. Wo sonst konnte ein heiß-
blütiger Amerikaner lügen, betrügen, töten und vergewal-
tigen, und das mit dem Segen von der höchsten Stelle."

Lee/Shlain, „Acid Dreams"

„Frankie", sagte Schultz, „über die ANDCO wissen
wir bereits Bescheid. Sie hat hier für die CIA in den
Wäldern geforscht und ihr Unwesen getrieben. Wir
haben auch schon gehört, daß es hier zu Experimenten
kam. Und zu Schießereien im Dschungel, wenn sie mit

ihren Vietnam-Veteranen Ausflüge dorthin machten. Warum wurde nie was davon bekannt, auch nicht durch diese Senatskomission?"

„Für was hältst du die CIA, für 'ne Menschenrechtsbewegung? Aufgearbeitet wurden nur Projekte, die in den USA stattfanden und in die amerikanische Bürger involviert waren. Alles, was im Ausland getrieben wurde, blieb streng unter Verschluß. Bis heute."

„Was hat diese Senatskommission dann überhaupt betrieben?"

„Offiziell hat sie ein paar Steine umgedreht und bei der Gelegenheit alles andere eingeebnet. Sie war ja phänomenal besetzt, mit Nelson Rockefeller an der Spitze, Ronald Reagan saß auch drin. Mit Rockefeller aber haben sie den Bock zum Gärtner gemacht. *MK-Ultra* aufzuarbeiten hieß ja für ihn, Sauereien zu untersuchen, die er früher selbst abgesegnet hatte. Da konnte nichts herauskommen."

„Einiges schon. Sonst wüßte man ja gar nichts davon."

„Du verstehst nicht: Sie gaben nur Dinge raus, die sich nicht länger verheimlichen ließen. Weißt du, was mit William Colby passiert ist, dem CIA-Direktor, der die Untersuchung im eigenen Haus ausgelöst hatte?"

„Erzähl."

„Er machte einen Kanu-Ausflug. Nach einer Woche fanden sie ihn, er lag tot an einem Fluß bei Washington. Also, es gibt keine Dokumente über das, was im Ausland abgelaufen ist. Vergiß es. Auch nicht darüber, was hier im *trapezio* ablief. – Aber es reicht mir jetzt für heute. Zum Dank dürft ihr mich zu Doña Magaly einladen."

Wir fuhren in einem Taxi nach Leticia. Doña Magaly betrieb das weniger armselige der beiden Bordelle, die den Drogen-Boom überdauert hatten. Ein Holzhaus mit Fliegengittern, Fliegendreck, Bretterveranda, Blechgestühl, Plastikblumen, roter Innenbeleuchtung; über allem lag ein trauriger *Vallenato*.

Betrieb herrschte nur an einem Tisch mit vier Soldaten, die ihre Wahl noch nicht getroffen hatten. Die Nachtluft dampfte, wir blieben auf der Veranda. Nach dem Gegacker und Gefummel zur Begrüßung sowie der wiederholten Klarstellung, daß wir nur etwas trinken wollten, zogen sich die Señoritas an ihre Tische zurück. Generös lackierte Glitzermünder verschwanden hinter Comic-Heften; nur Manuela, die Hartnäckigste, kam ab und zu vorbei.

Wir redeten eine Weile über Naheliegendes. Frankie sollte auf seine Kosten kommen, zur Not würden wir ihm auch eine *Piranha* spendieren. Und ihn morgen weiterbearbeiten. Aber er fing von allein wieder an.

„Die Typen da drüben." Er nickte zu den Soldaten hinüber, die mit ein paar Mädels schmusten. „Ich war bei den *Special Forces*. Wir waren die Jungs, die diese Brut hier auf Vordermann brachten."

„Du hast kolumbianisches Militär gedrillt?"

Er nickte. „Kerle, die auf ihr eigenes Volk schießen und den Paramilitärs dieses Killers Carlos Castaño den Rücken frei halten."

„Bist nicht stolz drauf, was? Hört man nicht oft von einem *Green Beret*."

„Manchmal muß man sich gegen den Wind lehnen." Sein Blick verdüsterte sich. „Es war die letzte Heldentat fürs Vaterland. Dieser ganze Müll von Demokratie ist eine kleine miese Lüge. Das Weiße Haus steckt Milliarden von Dollar in den *Plano Colombia*. Aber dieser Plan ist vollkommen erfolglos, schon im ersten Jahr seiner Gültigkeit ist der Coca-Anbau in den Anden-Ländern um 21 Prozent gestiegen. In Wirklichkeit geht es dabei um Militärhilfe. Flugzeuge, Waffen, Ausbilder. Und ein Riesenheer von Söldnern, das die militärischen Ziele vollstrecken soll."

„Warum nehmen sie Söldner dafür?"

„Sollen sie der FARC amerikanische Soldaten auf den Hals schicken? Das geht seit Vietnam nicht mehr."

„Und was für Söldner sind das?"

„Paramilitärs, Legionäre, private Militärberater. Berufsmilizionäre, angestellt bei amerikanischen Kriegsfirmen. In Bogotá sitzt ein Dutzend dieser Läden. *Dyn-Corp*, *Military Professional Resources Incorporation*, *Northrop Grumman*. Sie heuern Veteranen in den USA an, *Green Berets* oder *Navy-Seals*. Wenn es mal so weit ist, daß sie die FARC wirklich erledigen wollen, wird sie die kolumbianische Armee von Norden hier herunterdrücken. Aber im Dschungel wird es schwierig, den kennen die Rebellen genau. Also warten hier unten Söldner mit Dschungelerfahrung aus Fernost, Afrika, Mittelamerika. Und bis es soweit ist, vertreiben die sich die Zeit mit Saufen und Manövern."

„Warum schießen sie die FARC nicht gleich weg, wenn es so einfach ist?"

„Uncle Sam braucht einen Feind. Sonst fällt auf, daß er hier nur die Ultras an der Macht hält. Außerdem stellen sie die FARC als die größten Drogenhändler dar, auch das ist Blödsinn. Die Rebellen kassieren von den Coca-Bauern Revolutionssteuer, aber die ist viel niedriger als die Gewinne der Drogen-Barone. Wäre die FARC erledigt, käme ziemlich schnell heraus, daß sich der Drogenmarkt kein bißchen verändert. Wenn es aber keine bösen Rebellen mehr gibt, die Drogen reinschmuggeln, aber die Drogen überschwemmen immer noch die USA – wen müßte Amerika dann bekämpfen? Diejenigen, die es hier selbst an der Macht hält."

„Überzeugt mich nicht, Frankie. Ist doch ein riesiger Aufwand, um ein paar tausend Rebellen in Schach zu halten, die irgendwo im Urwald hausen."

„Es geht nicht nur um die FARC. Es geht vor allem um Amerikas Lieblingsdrogen: Öl und Kokain. Deshalb richtet Washington ein Kommandozentrum in Bogotá ein, das die kolumbianische Armee über Satelliten und Computer ans Pentagon anbindet, ans State Department und die CIA. Bogotá hängt vollkommen ab von Washington."

„Und die CIA?"

„Die spielt die wichtigste Rolle. Sie mußte die Voraussetzung für den *Plano Colombia* schaffen. Das Problem war ja, die FARC erst mal aufzurüsten, damit sie überhaupt als eine Riesenbedrohung gelten konnte."

„Die CIA hat den Feind aufgerüstet?"

„Was sonst? Sie hat es über Peru geregelt. Montesinos, der Sicherheitschef des Präsidenten Fujimori, arbeitete für den Dienst. Er hatte eine Milliarde auf dem Konto, als er aus Peru floh. Eine Milliarde Dollar! Kann mir einer verraten, wie ein Regierungsbeamter in einem bettelarmen Land an so viel Geld kommt?"

„*Drogas y armas*", rezitierte Schultz, „*armas y drogas.*"

„*Sí, Señor.* Montesinos hat den Drogenexport aus Peru gesteuert. Über ihn hat die CIA die Guerrilla aufgerüstet. 1999 bekam die FARC zehntausend Gewehre aus Jordanien, die Drogen dafür kamen aus Peru. Erst damit waren die Rebellen stark genug, um den *Plano Colombia* auszulösen."

Mir fiel die Geschichte von Vaticano ein, dem Koksbaron, der seine Steuern an Montesinos entrichten mußte. Montesinos wiederum hatte bei seinem Prozeß in Lima sogar konkret die Namen zweier CIA-Agenten genannt, die ihn entlasten sollten in dem Koks-für-Waffen-Deal mit der FARC.

„Klingt alles wie ein schlechter Film", sagte Schultz.

„*Hombres*, das ist der mieseste Film, den ihr euch vorstellen könnt. Die CIA muß den Drogenhandel kennen, wenn sie kontrollieren will, wo die Gelder hinfließen. Aber wer sich auskennen will, muß mitmischen. Wer den Markt nur bekämpft, verliert den Überblick, weil er nur Feinde hat. Also drückt die CIA über Bestechung und Erpressung ihre Leute in die Regierung. Diese Marionetten kaufen Beamte, Richter, Polizisten, Militärs, Journalisten und was es sonst braucht. So wurde Kolumbien zum idealen Übungsgelände für Uncle Sam. Hier kann er ausprobieren, was seinen Bürgern zu Hause das Blut in den Adern gefrieren ließe."

„Warum werden US-Soldaten hier stationiert", fragte ich, „wenn der Dschungelkrieg sowieso über Vertrags-Söldner läuft?"

„Das ist die falsche Frage! Die richtige lautet: Was treibt die USA auf Militärbasen, die sie im Ausland unterhält und die kein Mensch betreten darf?"

„Und?"

„Sie lassen sich für alles nutzen", sagte er lahm. „Für alles!"

„Wofür also?"

„Zum Verschrotten von Sondermüll, zum Beispiel. Wir nehmen an, daß manche Basen die reinsten Chemiebaukästen sind. Kürzlich berichtete Castillo Lopez, ein Anwalt in Leticia, von einem Gespräch mit einer

Richterin. Sie hat Befürchtungen, was die US- Basis draußen am Kilometer sieben angeht. Dort landen Hercules-Transporter mit riesigen Tanks an Bord. Sie wollte das untersuchen, und was haben sie ihr gesagt? Daß die Gringos kein Wasser vom Amazonas trinken und es deshalb aus den Staaten einfliegen lassen.

Dann hat sie eine Stufe höher angefragt. Der zuständige General sagte, Besuche auf der Basis sind verboten. Niemand dürfe rein, nicht mal die kolumbianischen Militärs. Zutritt sei nur dem Präsidenten der Republik erlaubt, und hohen amerikanischen Militärs. Damit sieht die Richterin ihre Vermutung bestätigt."

„Was vermutet sie?"

„Daß die Gringos am Amazonas radioaktives Material entsorgen."

„Großartig! In Kolumbien geht wirklich alles."

„*Yes, Sir.* In Bucarramanga setzen sie wilde Bienen ein, dort ist es unmöglich, sich dem US-Militärgelände zu nähern. Und so weiter."

„Was treiben sie noch auf diesen Basen?"

„Geheime Waffenentwicklungen. Jede Art von Experimenten."

Er blickte durch die offene Tür zum Tresen, wo seit kurzem eine üppige Dame wartete. Jetzt, auf sein Zeichen, fegte sie wie ein Windstoß heran. Frankie stellte sie vor und verabschiedete uns. „Magaly, *mi amor.* Gentlemen, der Abend ist für euch gelaufen!"

„Großwildjagden"

Trotz der nachweislichen Existenz von *MK-Ultra* wehrte
die US-Regierung Glickmans Schadenersatzforderungen
jahrelang mit der Behauptung ab, solche Tests hätten
nie im Ausland stattgefunden – bis Washington etliche
Kanadier mit mehr als einer Million Dollar entschädigen
mußte: Sie waren während der fünfziger Jahre in Mon-
treal Opfer von CIA-Experimenten geworden. Dennoch
wiesen mehrere Gerichte Glickmans Klage ab. (...)
Gottliebs frankensteinscher Forschereifer kannte offenbar
keine Grenzen. Einem nichtsahnenden Kollegen verab-
reicht er einen LSD-Cocktail, Tage später sprang der
Halluzinierende aus dem neunten Stock seines Hotels.
Präsident Ford entschuldigte sich, als der Skandal 1975
aufflog, den Hinterbliebenen wurden 750 000 Dollar
zugesprochen."

Der Spiegel, 15. März 1999

Eine spezielle Prozedur, *MK-Delta,* wurde eingerichtet,
um den Einsatz von *MK-Ultra*-Materialien im Ausland zu
überwachen. Diese Materialien wurden bei zahlreichen
Gelegenheiten eingesetzt. Weil die *MK-Ultra*-Unterlagen
zerstört wurden, ist eine Rekonstruktion des operativen
Einsatzes dieser Materialien im Ausland unmöglich; es
wurde nur festgestellt, daß der Auslandseinsatz dieser
Materialien 1953 begonnen hatte, vielleicht schon 1950.

Projekt MK-Ultra, Appendix A,
Schaffer Library of Drug Policy

Vorsichtsmaßnahmen müssen getroffen werden, nicht nur um die Operationen vor der Aufdeckung durch feindliche Mächte zu schützen, sondern auch um diese Aktivitäten vor der amerikanischen Öffentlichkeit generell zu verstecken. Das Wissen, daß die Agentur sich mit unethischen und illegalen Aktivitäten beschäftigt, würde ernsthafte Nachspiele in politischen und diplomatischen Kreisen auslösen und wäre schädlich für die Erfüllung ihrer Mission.

Internes Memorandum von Lyman Kirkpatrick,
Generalinspektor der CIA. zitiert nach:
Koch/Wech, „Deckname Artischocke"

Im Rahmen ihrer Forschungsarbeit für die US-Atomkontrollkommission haben Wissenschaftler in den sechziger Jahren Tausende südamerikanische Indianer mit Masern infiziert und ihr Sterben protokolliert, um so Erkenntnisse über mögliche Folgen eines Atomschlags zu erhalten. (...) Diese Enthüllung im Buch „Darkness in El Dorado" des Journalisten Patrick Tierney werde nach der Veröffentlichung nächsten Monat die Welt der Wissenschaft erschüttern, so Professor Terry Turner von der Cornell University. „Der Vorfall ist wegen seiner Größenordnung, der Auswirkungen und der Kriminalität ohne Vergleich in der Geschichte der Anthropologie", sagte Turner, der das Manuskript gelesen hat. Demnach starben bei den Versuchen von James Neel Hunderte, vielleicht sogar Tausende Yanomami in Venezuela. Die beteiligten Mediziner verweigerten auf Neels Anweisungen den Kranken und Sterbenden jegliche medizinische Hilfe. Nach Ansicht Turners wollte Neel – „wie Josef Mengele" – nebenbei verschiedene kontroverse eugeni-

sche Theorien erforschen. Neel suchte ein Gen für „Führungskraft", das seinen männlichen Trägern, von Weibchen umschwärmt, einen selektiven Vorteil bietet. Anders als im „mittelmäßigen Massenerbgut der modernen Gesellschaften" vermutete Neel im Erbgut der isoliert lebenden Yanomami dieses Gen noch im Reinzustand.
Pressemitteilung von Greenpeace,
29. September 2000

Am dritten Abend auf Doña Magalys Holzveranda hatten wir einen Stammplatz. Wir wußten, wo Victor, der alte Hausmeister, das brasilianische Bier kühlte, und nachdem Schultz die defekten Lichtschalter in der Umkleide der Mädchen ausgewechselt hatte, behandelten sie uns beinahe wie Verwandte.

Keines der Mädchen war aus Leticia, sie kamen aus Peru, Bogotá oder den Küstenstädten. Zwar war nicht erkennbar, welche Rolle Frankie Davila als Geliebter der Puffmutter hier tatsächlich spielte, aber unwichtig schien sie nicht zu sein. Überhaupt blieb er ein Rätsel, mit seiner großspurigen Tour und den ständigen Drohgebärden einerseits sowie dem profunden Wissen andererseits, das er mit wachsender Selbstverliebtheit ausbreitete. Er verfolgte eine Absicht damit, daß er uns so genau informierte, das war mittlerweile klar. Welche Gründe er hatte, blieb vorerst Spekulation. Wir wußten ja nicht einmal, in wessen Auftrag er hier ursprünglich tätig gewesen war. Wir tippten mittlerweile auf die DEA, hüteten uns aber, ihn danach zu fragen.

In Gegenden wie hier wächst die persönliche Vertrautheit schnell. Bald machte Frankie Davila kein Geheimnis mehr daraus, daß er ständig weiße Linien zog. Auch Angels Kumpel hatten stets ein Tütchen rumliegen. Sie boten das Kokain immer wieder an, es gehört hier dazu wie anderswo das Mehl zum Brotbacken. Sie holten es in den Bocadas in Tabatinga.

Die Tage verbrachten wir mit Angel, der uns half, Frankies Erzählungen zu überprüfen, soweit das vor Ort und ohne sich verdächtig zu machen möglich war. Wie es aussah, waren die Berichte authentisch. Angel hatte uns zudem mit einem Biologen bekanntgemacht, Ismail. Er arbeitete für die örtliche Gesundheitsbehörde, und dort waren wir für den nächsten Tag verabredet. Er wollte uns auf etwas hinweisen.

Als ich von der Toilette wieder auf die Veranda kam, herrschte dort große Aufregung. Ich schob mich zum Tisch durch und sah einen Mann auf den Treppenstufen kauern, der sich den Kopf hielt. Davila und die Mädchen umringten ihn.

Schultz berichtete. „Ein Indio, jemand hat ihm das Ohr abgeschlagen! Er ist gerade von der Straße raufgetaumelt."

Ich ging hinüber. Der Mann trug nur Shorts. Sie waren dabei, ihm einen Notverband anzulegen. Die ganze rechte Kopfseite glänzte, und im Nu war das Tuch durchblutet. Der Mann schaukelte hin und her wie in Trance, er summte vor sich hin. Einige Helfer zogen ihn hoch. Dann nahmen ihn zwei der Mädchen auf dem Motorroller in die Mitte und fuhren zur Klinik.

Davila erzählte, was er erfahren hatte. Der Indio war ein Yukuna, aus einer Gruppe, die zwölf Kilometer von Leticia entfernt lebte. Die Indianerkommunen an der Straße Richtung Tarapaca werden nach der Entfernung zur Stadt bezeichnet – „Kilometer zwölf". Die Yukuna also hatten gestern abend miteinander getrunken, später hatte es Streit gegeben, und die Gegner hatten sich den ganzen Tag mit Macheten verfolgt. Frankie rief bei der Polizei an, aber die war längst draußen, weil noch mehr verstümmelte Indianer in die Stadt gekommen waren. Es hatte sechs oder acht Verletzte gegeben, alle mit abgeschlagenen Fingern und Ohren. Tote gab es nicht. Zum Glück hatten sich die Witotos rausgehalten; die leben bei Kilometer elf.

„Für die Indios ist einer, der verstümmelt weiterleben muß, schlimmer dran, als wenn er tot wäre", erklärte Davila. Dann grinste er. „Morgen gibt es Stunk. Da reist ein Haufen Touristen aus Bogotá an!"

Kurzbesuchern führt man gern die Indianer vor, die in Stadtnähe leben, es ist die bequemste Exkursion für alle. Die Indios ziehen Jeans und T-Shirts aus und zeigen sich im Stammesschmuck, sie tanzen und verkaufen selbstgefertigte Kunstgegenstände an die Gäste. Aber morgen müßten die Touristen schon tiefer in den Wald fahren, wenn sie Indianer ohne verbundene Köpfe sehen wollen.

„Zurück zum Thema", sagte Frankie, zog zwei Blatt Papier aus der Kutte, wedelte damit herum und warf sie auf den Tisch.

„Post für die Schnüffler!"

Es waren alte Werbezettel. „Mike Tsalickis" stand auf dem Briefkopf, darunter: „Liste der Exkursionen". Es folgten, eng gedruckt, 23 verschiedene Ausflüge, Service genannt, die von seiner damaligen Agentur *Tarzoo* angeboten wurden. Es war schon erstaunlich, diese Offerten waren bis heute aktuell, diverse Tages- und Halbtagesausflüge. Über die zwei letzten Jahrzehnte hatte sich da nicht viel verändert.

Aber es gab eine Ausnahme.

„Lies Service Nummer sechzehn", sagte Frankie.

Großwildjagd in den jungfräulichen Wäldern und Dschungeln am Putumayo und an seinem Nebenarm, dem Rio Cotuhe. Ein besonderes Gebiet für den professionellen Jäger, wo er sehr leicht Jaguare, Ozelots, Tapire, verschiedene Vogelarten und Riesenkaimane vorfindet. Mindestdauer sieben Tage.

„Rio Cotuhe", murmelte Schultz.

„Ihr kennt ja die Gegend." Frankie verkroch sich zufrieden in seinem Stuhl. „Ihr wißt, wo es passiert ist!"

„Komm schon. Erzähl endlich, was ablief!"

„Kostet zwei Flaschen Pinga."

„Gekauft."

„*Bueno*, ich hol' ein bißchen aus. Als die ANDCO ihren Betrieb aufnahm, war Richard Helms gerade Direktor der CIA geworden. Er wollte *MK-Ultra* durchziehen, und er drängte seine Leute auf Erfolge. Helms hat *MK-Search* mächtig gepuscht, das war die Fortsetzung von *MK-Ultra*. In den Staaten wurden weitere abgeschlossene Stationen eingerichtet, *safehouses* für Sozialfälle, Schwarze, Latinos. Sogar für gefangene Vietcongs. An diesen Leuten wurde experimentiert. Es ging jetzt wieder vor allem darum, Leute fremdzusteuern, schlafende Killer zu schaffen."

„Laß uns hierbleiben, Frankie. Was lief im *trapezio* ab?"

„Hier war die Quelle. Der Ausgangspunkt aller Wünsche und Sehnsüchte. Die CIA war ja am schärfsten darauf, einen Weg zu finden, wie sie Personen aus der Ferne beeinflussen und kontrollieren konnte. Dabei setzten sie auf die Fähigkeiten der Amazonasindianer im Umgang mit Giften, Pilzen, mit diesem ganzen psychoaktiven Pflanzenkram. Vor allem die telepathische Qualität von

Yage faszinierte sie. Gedanken lesen, Gedanken manipulieren – all diese übernatürlichen Dinge. Stell dir vor,
welche Operationsfelder das dem Geheimdienst eröffnet hätte! Die CIA traf sogar Sondervorkehrungen für
diese Forschungen. Sie wurden finanziell von anderen
Projekten abgeschnitten, auch von den übrigen Aktivitäten des Geheimdienstes."

Yage wird aus einer wilden Weinranke gewonnen.
Die erste chemische Zusammensetzung, die im Labor
gefunden worden war, wurde Telepathin getauft.

„Zunächst haben sie die Pflanzen hier nur eingesammelt", fuhr er fort. „Später haben sie selbst damit rum-
experimentiert. Dann fingen sie an, Indianer zu benutzen. Die kannten sich ja am besten mit den Psychodrogen aus, und sie wollten rausfinden, wie es in deren
Köpfen funktionierte. Denn die Indios beherrschen es.
Als die ANDCO in andere Hände überging in den siebziger Jahren, machten sie unter dem Schutz verschiede-
ner militärwissenschaftlicher Einrichtungen weiter. Es
mußte ja immer ein Deckmantel her. Aber dann setzte
der Kokain-Boom ein, und sie brauchten keine Firmen
zur Tarnung mehr."

„Sie haben es mit dem Drogengeschäft vermischt?"

„Es gibt keine bessere Tarnung. Pausenlos wurden
damals Leute ermordet; nicht nur in Leticia, auch draußen im Wald. Nichts davon wurde untersucht. Wo hätten
sie anfangen sollen? Sie wären heute noch am zählen."

„Frankie", sagte ich, „wir haben von diesen Feld-
versuchen gehört."

„Von wem! Vom Padre?"

„Es hieß, sie hätten Indianern Spritzen in den Kopf
und ins Gesicht gejagt, am Ende wurden sie erschossen.
Kannst du mir erklären, was da getrieben wurde?"

„Wie soll ich das wissen? Bin ich Wissenschaftler?"

Das zu bejahen, lag mir lag auf der Zunge – ja, Frankie, so kommst du einem vor. Aber ich hielt den Mund.

„Sorry", sagte ich. „Ich denke nur, daß man für solche Experimente passende Arbeitsbedingungen brauchte. Das hat sich doch nicht alles im Zelt erledigen lassen."

„Sie hatten *safehouses*", erwiderte er. „Es waren Bereiche, die sie sauber abschotteten und im Zweifelsfall mit Waffengewalt schützten. So wie die Kokainlabore. Die werden oft von Indianern bewacht, die in der Nähe leben. Das ist immer noch so."

„Lagen diese *safehouses* am Fluß?"

„Am Fluß, ja. Auf Inseln wie der Isla los Micos, am Cotuhe, anderswo. Sie hatten sie sogar auf dem Fluß."

„Sie haben auf Booten gearbeitet?"

„Ein Schiff wurde zum Labor umgerüstet. Mindestens eines."

„Das erklärt einiges…"

„…*sí Señor*, so blieben sie immer schön mobil. Bei den Experimenten boten Vorkehrungen, wie sie für die Drogengeschäfte getroffen worden waren, den besten Schutz." Er machte eine Pause, bevor er fortfuhr.

„Und für die Indio-Jagden später auch. Die Drogenbanden operierten ja da oben, am Putumayo und am Cotuhe. Es sprach sich herum, daß dies zu einer heißen Ecke geworden war. Und ihr seht ja, sie haben auch dort ihre Großwildjagden gemacht."

„Wer waren die Kunden?"

„Sogenannte zivilisierte Leute. Gringos und Europäer."

„Sogenannte zivilisierte Leute haben bei sowas einfach mitgemacht?"

„Es gibt ein paar Dinge, die du erst mal begreifen mußt. Eine Großwildjagd am Amazonas ist nicht dasselbe wie in Afrika; das ist gar nicht zu vergleichen. In Afrika laufen dir die Raubtiere vor die Flinte. Du setzt dich ins Auto, fährst in den Busch oder an ein Wasserloch, parkst in Ruhe und wartest ab. Hier ist das hundertmal schwieriger, auf nichts ist Verlaß. Einen einzigen verfluchten Jaguar zu schießen, bedeutet schon eine irrsinnige Plackerei. Du legst dich in der Dunkelheit an einer Salzstelle auf die Lauer, ohne Moskitoschutz, denn die Raubkatzen riechen das Zeug. Wenn du Pech hast, schlägst du dir eine Nacht nach der anderen um die Ohren und kriegst wochenlang keine Raubkatze zu Gesicht. Das ist frustrierend. Jedenfalls für den, der sich nicht mit Krokodilen begnügen will. Na ja, diese Dschungelführer haben ihre Klienten ganz genau beobachtet. Wenn es dann zu frustrierend wurde, haben sie plötzlich etwas Besseres vorgeschlagen. ‚Wie wär's mit einem Wilden? Der ultimative *thrill!*‘"

„Das überzeugt mich nicht," sagte ich. „Kein halbwegs zivilisierter Mensch tötet einen anderen aus Frust über ein schlechtes Jagderlebnis. Und wenn, waren das vielleicht Einzelfälle."

Er musterte mich spöttisch.

„Hast eine hohe Meinung von deinesgleichen, was?"

„Nein, aber keine so abgrundtiefe."

Er nickte vor sich hin. Nippte an seinem Pinga.

„Was glaubst du", fuhr er fort, und das Grinsen wurde überheblich, „was macht dich so verdammt sicher, daß die Zivilisierten dieser Welt auf einmal anständige Menschen geworden sind?"

„Wie meinst du das?"

„Ich meine, warum sollten sie vor zwanzig Jahren heimlich nicht mehr dieselben Verbrechen begehen, die sie vor fünfzig Jahren wie selbstverständlich begangen haben?"

„Ich weiß nicht", sagte ich. „Erziehungsache? Ich glaube es einfach nicht."

„*No! Hombre,* ich sag dir was: Du willst es nicht glauben!"

Wir schwiegen eine Weile.

Was er sagte, hatte etwas Zersetzendes. Wie ein Gift. Hier war das gut denkbar, alles war möglich. Hier hatte ein Menschenleben spürbar einen anderen Wert; und früher sowieso. Dieser Dschungel ringsherum, der seit den Zeiten der Conquista stets eine Welt aus Gewalt, Blut und Selbstjustiz war, hat immer noch die Macht, einen Menschen ins Herz zu stechen, ihn umzudrehen. Warum sollte er nicht auch die Macht besitzen, ur-plötzlich den Bann einer weit entfernten Zivilisation zu brechen? Je undurchdringlicher diese Wildnis wird für unsere Wahrnehmung, desto mehr öffnet sie sich den menschlichen Schwächen. Brutalen Instinkten, den gräßlichsten Passionen, niederen Verlockungen. Sie kann eine Wildnis im Inneren schaffen. Und: War nicht *MK-Ultra* selbst der beste Beweis dafür? Ein Projekt der zivilisiertesten Nation der Welt?

„Ganz schön riskant", sagte Schultz. „Und was, wenn die Tourleiter damals ihre Kundschaft falsch einschätzten? Was, wenn die Leute das Angebot zurückwiesen und sich bei den Behörden beschwerten?"

„Ganz einfach. Wenn es passiert ist, hing jeder mit drin. Wenn nicht, dann war es natürlich nur ein makaberer Scherz, nicht ernst gemeint. Die Sache war völlig ohne Risiko."

„Und wie ist es abgelaufen? Auf wen haben sie geschossen?"

„Sie haben abgelegene Kommunen aufgesucht. Dort haben sie sich auf die Lauer gelegt. Geschossen wurde vor allem auf Indianer, die sich am Wasser bewegten, an kleineren Seitenarmen. Am liebsten haben sie die Leute aus ihren Einbäumen herausgeschossen. Es geschah meistens in der Dämmerung. Nachts geht ein Indianer nicht gern im Wald umher. Sie suchten den Vermißten erst am nächsten Tag."

„Und Tsalickis? Er hat das zugelassen?" fragte Schultz.

Der Name hatte jetzt wieder die ungeheuerliche Wirkung wie damals, als uns Angel in der Waldarbeiterhütte zum ersten Mal von den Menschenjagden erzählt hatte.

„Mike lebte zu der Zeit nicht mehr regelmäßig hier", fuhr Davila fort. Auch als sich eines der Mädchen zu uns setzte, wechselte er das Thema nicht. „Er war nach Florida gezogen. Aber diese Jungs, die die Touren führten, kannten das Geschäftsprinzip. Manche wußten von den schwer bewaffneten Dschungeltrips damals. Und sie wußten, daß es kein Problem ist, wenn hier und da ein paar Indianer verschwinden. Diese Kerle haben ein Zusatzgeschäft draus gemacht. Sie verkauften starke Gefühle – die härteste Droge überhaupt."

„Du meinst, Tsalickis habe von alledem nichts oder nicht viel gewußt. Wie kommt es dann, daß diese Killertouren auch in Europa als solche verkauft wurden? Zum Beispiel in Italien?"

„War es so?" Er blickte verdutzt.

„Ich weiß es von einem Zeugen, dem diese Dschungeltour so angeboten worden war. Ich meine, wie kann so ein Programm bis in bestimmte Veranstalterkreise nach Europa dringen, ohne daß Tsalickis was davon gewußt hatte?"

„Keine Ahnung. Ich glaube, die Aufpreise wurden an Ort und Stelle ausgehandelt. Tsalickis' Leute haben in die eigene Tasche kassiert. Der Deal war todsicher. Alle

Beteiligten mußten ja die Schnauze halten, um sich selbst zu schützen, und die Indianer konnten es nicht mehr erzählen."

„Auch nicht die Angehörigen?"

„Vergiß es. Wir reden von Waldbewohnern, die es nie bis in eine Stadt wie diese geschafft haben. Außerdem mußten sie glauben, es waren Drogendealer. Und in Leticia, wo jede Woche frische Leichen im Rinnstein lagen, hat das Ganze auch niemanden interessiert, selbst wenn sie es mitgekriegt hätten. Die hatten andere Sorgen."

„Wieviel haben sie für so einen Abschuß kassiert?"

„Ich war nicht dabei. Woher soll ich das wissen?" Er wurde mit einem Mal wütend. „Was soll die Fragerei?"

„Hör mal", sagte Schultz seelenruhig, „haben die Amerikaner nicht einen Ermittler hierhergeschickt, als die Jagden publik wurden?"

„Allerdings haben sie das. Einen von der CIA."

„Ich verstehe nicht", fuhr Schultz fort, „warum die CIA Tsalickis fallen ließ. Zu beweisen war ihm ja nichts, er kam doch sauber aus der Sache raus."

„Ja, aber der Rummel im Ausland war verheerend. So ein Baby konnten sie sich einfach nicht mehr leisten."

„Und deshalb fingen sie an, gegen ihn zu ermitteln?"

„Unsinn. Die Geheimdienste hatten alles Nötige über ihn beisammen."

„Ich dachte, das Material bekamen sie erst 1984, als sie einen Boss des Cali-Rings hochgenommen hatten?"

„Nein. Sie wußten ja, daß Mike im Koksgeschäft war. Das gehörte dazu. Auch die Jungs von der DEA hatten das gewußt. Aber sie konnten es natürlich nicht mehr gegen ihn verwenden."

„Warum?"

Er inszenierte eine Pause, die er mit einem koboldhaften Grinsen dehnte. Dann sagte er: „Mikes Registriernummer bei der DEA war fünfstellig."

„Was heißt das?"

„Fünfstellige gibt's so gut wie nie, mein Freund! Heute sind sie mindestens achtstellig. Die niedrigsten Nummern waren von Anfang an dabei. Offiziell hieß es: Mangel an Beweisen. Inoffiziell ist es so, daß verdiente Mitarbeiter schon einigen Kredit von der Agency erwarten dürfen. Außerdem, Mike war auch für die DEA im Feld gewesen. Aber die hat ihn deaktiviert, weil nie brauchbare Informationen gekommen waren. Trotzdem ließen sie ihn immer wieder davonkommen", sagte er. „Mal wurden Chemikalien für Koka-Labore in seinen Frachtern entdeckt, ein anderes Mal wurde er mit einer halben Million Dollar Bargeld in Panama geschnappt. Er behauptete, das Geld gehöre einer dortigen Handelsfirma. Angeblich bekam er die Kohle später sogar zurück. Und das Verrückteste: Die Brasilianer warfen ihm schon 1985 in einem Fernsehbeitrag genau diese Dinge vor, für die er erst drei Jahre später in Florida verhaftet wurde."

„Welche Dinge?"

„Sie brachten damals Berichte, daß Tsalickis und zwei Komplizen verhaftet worden seien, als sie Drogen in aufgebohrten Edelhölzern schmuggelten. Er hat den Beitrag hier in Leticia selbst im Fernsehen gesehen. Er hat getobt und sofort die kolumbianische Presse alarmiert, die für eine Gegendarstellung sorgte. Die Meldung war ja falsch, jedenfalls zu der Zeit noch – Mike war nicht im Knast in Florida, sondern ein unbescholtener Mann in Leticia."

„Sollten wir uns nicht die Sägemühle in Santa Clara ansehen?" fragte Schultz.

„Vergiß es, in der Gegend ist die FARC. Und es gibt keine Sägemühle mehr."

„Ich habe auch komische Geschichten über Santa Clara gehört", warf das Mädchen plötzlich ein. „Eine indianische Freundin, die von dort stammt, erzählt irgendwas von Feuerbällen."

„Spinnereien!" Davila lachte. „Dort oben leben tolle Märchenerzähler. Aber die Leute haben auch viel mitgemacht."

„Was für Feuerbälle?" hakte ich nach.

„Ich weiß nicht genau", erwiderte sie. „Es soll Angriffe auf die Leute dort geben, es passiert immer nachts. Und sie haben alle Angst."

„Phantastereien!" ging Frankie dazwischen. „Hört zu. Ich kenne einen, der sich für ein Opfer dieser Experimente hält. Er kommt manchmal hierher und klagt in den USA alles in Grund und Boden. Ich wette sogar, daß sie dem an den Schrauben rumgedreht haben."

„Ein Spinner nutzt uns nicht viel."

„Wenn er über den Irrsinn spricht, klingt er ganz normal."

Frankie sprach mit dem Mädchen, und sie fuhr auf einem Moped davon.

„Sie holt ihn. Er heißt Daniel."

„Frankie, warum tun hier alle, als sei nie was geschehen?"

„Was sollen sie wissen? Ihr fragt im falschen Land."

Eine Weile hing jeder seinen Gedanken nach. Die Luft wirkte noch schweißtreibender als sonst; den halben Tag hatte es geregnet. Über das rissige Pflaster schlich ein Zigarettenjunge mit der Schublade vorm Bauch den Melodien hinterher, die der *vallenato* in die Nacht webte.

Das Mädchen kam später ohne Daniel zurück. Davila versprach, möglichst bald ein Treffen zu arrangieren.

Feuerbälle

Die kolumbianischen Behörden haben zum ersten Mal in
der Geschichte die Besitztümer eines US-amerikanischen
Drogendealers beschlagnahmt, teilten offizielle Quellen
mit. Es handelt sich um die Güter von Mike Tsalickis,
eines Amerikaners griechischer Abstammung, die über
7,5 Millionen Dollar wert sind. Dies erklärte ein Sprecher
der Abteilung Sicherheit im DAS, dem kolumbianischen
Geheimdienst. Unter den beschlagnahmten Besitztümern
befindet sich die „Isla de los Micos" im Department
Amazonien, im entlegenen Südosten Kolumbiens, wo
Tsalickis sein Operationszentrum hatte. Die „Isla de los
Micos", teilt der DAS mit, „ist in aller Welt bekannt dafür,
daß dort die Affen-Experimente für die Produktion eines
Impfstoffs gegen die Malaria realsiert worden sind". (...)
Die kolumbianische Geheimpolizei wies ferner darauf
hin, daß es auf der „Isla de los Micos" einen See gibt,
„der als Startplatz für Wasserflugzeuge diente, die
mit Drogen vollgepackt waren".
                 EFE, 3. April 2000

Zum Beispiel führte das Verteidigungsministerium (DOD)
zahlreiche Test durch, bei denen Soldaten chemischen
Waffen ausgesetzt wurden, um herauszufinden, von
welchem Belastungsgrad an es zu Verlusten kommt. Ent-
sprechend wurden Hunderte Soldaten halluzinogenen
Experimenten unterzogen, die vom DOD durchgeführt
wurden in Zusammenarbeit mit der CIA, oder dank deren
Finanzierung. Diese Armeeangehörigen nahmen oftmals

ahnungslos als menschliche Versuchspersonen an Tests teil, die auf Bewußtseinskontrolle oder Verhaltens-änderung abzielten, sie taten es oft ohne ihr Wissen und ihre Zustimmung. Obwohl das ultimative Ziel dieser Experimente war, Informationen zu besorgen, die dem US-Militär und den geheimdienstlichen Bemühungen dienten, würden es die meisten Amerikaner so sehen, daß der Mißbrauch von ahnungolsen Soldaten als Versuchskaninchen in Experimenten, die darauf aus waren, ihnen zumindest temporär Schaden zuzufügen, moralisch nicht zu rechtfertigen ist. Ob es die Ziele dieser Experimente wert waren oder nicht, so setzten diese Maßnahmen jedenfalls Hunderttausende von US-Armee-angehörigen Risiken aus und riefen wohl anhaltende Probleme für viele einzelne hervor. Alljährlich werden immer noch Tausende Experimente mit Menschen vom DOD oder in dessen Namen durchgeführt. (...) Viele die-ser Tests wurden im Rahmen des so genannten *MK-Ultra*-Programms durchgeführt. (...) Beispielsweise hat die CIA noch immer die Namen von 15 der annähernd achtzig Organisationen nicht bekanntgegeben, die an den *MK-Ultra*-Programmen beteiligt waren. (...) Dem General Accounting Office zufolge gab die CIA diese Informa-tionen nicht heraus, weil die Organisationen nicht iden-tifiziert werden wollen. (...) 16 von 23 ausgesuchten Mitgliedern des medizinischen Personals im Golfkrieg, das unter Überwachung des DOD stand, deuteten an, daß keine Information über die Nebenwirkungen von Pyridostigmine Bromide an jene Soldaten gegeben worden war, denen befohlen worden war, den Wirkstoff einzunehmen. Dieses medizinische Personal war verant-wortlich für 8366 Armeeangehörige während des Golf-kriegs. (...) Obwohl Hunderttausende US-Armeeange-

hörige in militärische Forschungen involviert wurden,
geben deren medizinische Unterlagen in der Regel keine
Auskunft über die Studien, an denen sie teilgenommen
haben, oder über die Drogen oder Impfstoffe, die sie
erhalten haben.

**„Militärische Menschenexperimente",
Bericht des US-amerikanischen Kongreß-
Komitees 103-97 unter Vorsitz von
John D. Rockefeller IV.; Senat der USA,
8. Dezember 1994.**

Ismail, der Biologe, führte uns in ein Häuschen hinter dem Gesundheitsamt; es lag in einem wilden Garten, der zum Fluß führte. Auf dem Steinboden stand ein selbstgefertigter Käfig, ein dünnes Metallgestänge mit Netzen aus feiner Gaze. In dem Käfig lagen ein Stück eines Autoreifen und eine tote Maus. Moskitos umschwirrten ein mit Zuckerwasser getränktes Baumwollstück. Sie können Dengue übertragen, eine Krankheit, die in Leticia zuletzt im Jahr 1929 diagnostiziert worden war. Diese besonders gefährliche Moskitoart war in diesem Teil der Welt vor kurzem das erste Mal gefunden worden.

„*Aedes Albopictus*", erklärte Ismail. „Wir untersuchen, wo dieser Moskito herkommt. Ursprungsland ist Südostasien. 1985 ist er in den USA aufgetaucht, 1986 in den Meeresurwäldern von Brasilien. Am Amazonas entdeckt wurde er hier in Leticia."

„Habt ihr eine Erklärung, wie er hierherkommt?"

„Er kann eingeschleppt worden sein, mit dem Flugzeug. Aber das ist unwahrscheinlich, es hätten gleich mehrere infizierte Moskitos aus einer Region mitfliegen müssen. Sie könnten auch aus einem Labor in der Gegend entwischt sein. Eine dritte Theorie sagt, sie seien gezielt hergebracht worden."

„Wie geht denn das?"

„Siehst du den Autoreifen? Die Weibchen laichen darauf ab. Gummi und Glas ist ideal für die Brut. Dort hält sie sich monatelang, sogar in völliger Trockenheit. Sobald etwas Wasser drankommt, entwickelt sich die Brut weiter. Es ist also sehr leicht, auf einem Autoreifen oder einer Glasscherbe einige hundert oder tausend Eier hierherzubringen."

„Wer sollte sowas tun?"

„Wir wissen es nicht. Es gibt nur Vermutungen."

„Mal wieder Gringos?"

Ismail lachte schallend. „So etwas darf ich nicht sagen. Weil er eine solche Vermutung geäußert hatte, ist der Chef des Gesundheitsamts in Iquitos aus seinem Amt geflogen."

„Aber wieso sollte jemand Dengue in diese Region einschleppen wollen?"

„Ihr wißt, die FARC ist in den Wäldern hier unten. Die Gegend nördlich von Leticia ist ihr letztes Rückzugsgebiet. Sobald sich Guerilleros infizieren, läßt sich ihr Weg sehr gut verfolgen, denn wer an Dengue erkrankt, braucht einen Arzt. Wenn das Militär feststellt, daß es irgendwo zu Dengue-Fällen kommt, greift es dort zu."

„Aber nur, wenn die Kliniken diese Fälle an die Behörden melden."

„Das geschieht automatisch. Dengue-Medikamente werden vom Militär ausgegeben, dort müssen sie von den Krankenhäusern bestellt werden."

„Haltet ihr das für möglich?"

„Es ist nur eine Hypothese, aber denkbar ist hier

alles. In den östlichen Llanos, wo sich viel Guerilla aufhält, zirkuliert ein Dengue-Virus, der über den Moskito *Aedes Aegypti* übertragen wird. Auch gab es in Kuba in den achtziger Jahren eine seltsame Dengue-Attacke. Bei Dengue gibt es vier verschiedene Erregertypen, der Typus drei ist der gefährlichste. Bei dieser Epidemie in Kuba starben auf einen Schlag um die zweihundert Menschen. Alle hatten Typus drei."

„Und dann?"

„Der Erreger verschwand wieder. Es war wohl eine kleine, temporäre Attacke."

„Du meinst eine kleine, gezielte?"

„Ich bin Wissenschaftler. Ich versuche zu wissen, ich meine nichts. Wir planen hier DNA-Tests. Wir wollen herausfinden, um welche Variante von *Aedes Albopictus* es sich handelt. Die südamerikanische oder die nordamerikanische."

„Und wenn es die nordamerikanische ist?"

„Dann werden sie den Kollegen in Iquitos wieder einstellen müssen", lachte er.

„Wir können Ergebnisse nur publik machen", fuhr er fort, „in Leticia und Bogotá. Mehr nicht."

„Wie lange braucht ihr für die Tests?"

„Wir haben nicht mal angefangen. DNA-Tests kosten Geld, wir brauchen zehntausend Dollar."

Er nahm Unterlagen aus seinem Schreibtisch mit, dann fuhren wir ins *El Sabor*.

Ismail war ein blasser, hochgewachsener Mann von Mitte vierzig mit lichtem Haar und Nickelbrille. Er hatte viele Jahre in Cali gearbeitet, kannte sich aber auch im Weißen Dreieck aus.

„Erzähl uns von Santa Clara. Wir haben komische Dinge darüber gehört."

„Die gab es auch. Ein alter Mann aus Tarapaca hat mir erzählt, daß Tsalickis früher Amerikaner dorthin brachte, und auf die benachbarten Farmen. Sie haben Schmetterlinge gefangen und den ganzen Tag halluzinogene Pilze gegessen, vor den Augen der Einheimischen. Vielleicht haben sie auch experimentiert, aber das ist eine Vermutung. Jedenfalls war Santa Clara eine Festung, die einem Drogendealer gehörte. Einer, der den Schutz des Militärs genoß und beste Drähte zu Monsignore Canyes und zu Tsalickis hatte."

„Rivera."

„*Si.* Ich habe den Eindruck, viele Leute dort sind verwirrt und verängstigt. Sie sagen, seit damals ist der Ort verhext. Geister spuken umher, solche Sachen."

„Wir haben gestern zum ersten Mal gehört, daß in Santa Clara irgendwelche Feuerbälle beobachtet werden. Weißt du was darüber?"

„Ich wollte euch davon berichten. Eine eigenartige Sache. Es geht um Lichter, die nachts am Himmel erscheinen und sich lautlos Menschen nähern, angeblich, um sie zu töten. Klingt wie ein böses Märchen."

„Was glaubst du, als Wissenschaftler? Ist es eines?"

Er ließ sich Zeit mit der Antwort.

„Ich halte mich an Tatsachen", sagte er zögernd. „Was mich wundert ist nur, daß man die Geschichte seit einiger Zeit immer öfter hört. Man hört sie überall, quer von Peru bis rüber nach Brasilien."

„Könnte es eine alte Legende sein, die hier wieder auftaucht?"

„Vielleicht. Allerdings spricht dagegen, daß hier viele Völker leben, die untereinander keinen Kontakt haben. Und da ist es schon auffällig, wenn an unterschiedlichen Orten, hundert und mehr Kilometer auseinandergelegen, plötzlich die gleichen Geschichten erzählt werden. Vielleicht müßte man der Sache nachgehen. Aber wen interessiert das?"

„Muß man dafür nach Santa Clara?"

„Nicht unbedingt. Dort oben ist es im Moment gefährlich für euch, wegen der FARC. Außerdem findet ihr in Santa Clara nur noch einen Stall am Ufer des Putumayo, wo Käse verkauft wird und die Schmetterlinge tanzen."

„Gestern nacht", sagte Schultz, „dachte ich, wir hätten die Geschichte erfahren. Aber wenn hier immer noch Angst umgeht, wenn es eine Bedrohung gibt, sind bestimmte Dinge vielleicht noch gar nicht vorbei."

„Heißt das, ihr wollt noch mal los?" Ismail horchte auf. „Wegen der Feuerbälle?"

„O nein! Die Sache klingt nicht so, daß man was drauf geben kann, Ismail. Seltsame Lichter – was soll das sein? Es gibt tausend Erklärungen. Flugzeuge, Satelliten, Wetterballons, was weiß ich. Das Ganze klingt verrückt."

Er nickte bekümmert.

„Ich habe mir trotzdem ein paar Gedanken gemacht und mit einigen Leuten gesprochen", fuhr er fort. „An der Universität gibt es eine Ärztin, die viel mit den Indianern in der gesamten Region unterwegs ist. Ihr solltet sie besuchen. Und ihr könnt mit den jungen Indianern in Leticia reden. Sie kommen aus allen Ecken des *trapezios*, gehen hier zur Schule oder suchen Arbeit. Es ist die erste moderne Generation, sie haben ein Begegnungszentrum gebaut. Diese jungen Leute werden die Geschichten ihrer Eltern und Großeltern kennen, und vielleicht ist jemand dabei, der darüber spricht."

„Na gut, einen Versuch ist es wert. Kannst du ein Treffen für uns arrangieren?"

Kopfabschneider

Die Menschheit hat nicht das Recht, ihr eigenes Bewußtsein zu entwickeln. Wir brauchen ein psychochirurgisches
Programm, mit dem man unsere Gesellschaft politisch
kontrollieren kann. Der Zweck ist die physikalische Kontrolle des Bewußtseins. Jeder, der von der vorgegebenen
Norm abweicht, kann chirurgisch verändert werden.

**Dr. José Delgado, Mitarbeiter des Projekts
MK-Ultra mit eigenem Subprojekt und Professor
für Neuropsychiatrie an der Yale-Universität.
Congressional Record Nr. 26, Vol.1118,
24. Februar 1974**

Mit Projekten, die unter den Tarnbezeichnungen Derby
Hat, Third Chance und später Often und Chitwick liefen,
wiederholte die Army in den sechziger und siebziger
Jahren nicht nur die Artischocke-Experimente der CIA,
die zu dieser Zeit längst der Vergangenheit angehörten,
sie setzte diese mit noch größerer Systematik und
Brutalität fort, an den eigenen Landsleuten, aber auch
an Ausländern.

Koch/Wech „Deckname Artischocke"

Letzten September bestätigte die CIA die Existenz eines
zwanzig Jahre laufenden, zwanzig Millionen Dollar teuren
Untersuchungsprogramms zur „Hellsichtigkeit", einer
besonderen Art der außersinnlichen Wahrnehmung. (....)
Im Dezember begannen einige Kritiker zu monieren, dies

sei ein weiterer Beweis für die zügellose Macht der CIA,
Steuergelder zu verschwenden. (...) Neben der „Hellsichtigkeit" (Menschen, Orte und Vorgänge aus der Distanz
von Raum und Zeit zu erkennen) war das Vermögen zur
„Mikrokinese" oder Micro-PK" – das Vermögen also, klei-
nere Objekte und elektrische Systeme allein durch das
Bewußtsein zu beeinträchtigen. Micro-PK ist nur einen
Schritt von der reinen Telekinese entfernt, und diese
Möglichkeiten üben offenkundige Attraktion auf die CIA
aus. Mann stelle sich nur die Möglichkeit vor, ein Com-
puterband zu löschen, das einen Block weit entfernt
installiert ist; das Elektrosystem eines Jetfighters zu stören oder einen Sprengkopf zu zünden.

> **NameBase NewsLine, No. 12, Januar-März 1996
> (Am 29. Oktober 1995 wurde die Existenz
> dieser Experimente in Ted Koppels Fernsehshow
> bei ABC von CIA-Mitarbeitern, darunter dem
> ehemaligen Direktor Robert Gates, bestätigt.)**

Wenn ich durch Puerto Nariño komme, reden viele dort
von *cortacabezas*. Vielleicht wird diese Aufregung ja
durch gewisse militärische „Bombardierungen" provo-
ziert, die es kürzlich am Rio Loretoyacu gegeben hat,
wohl gegen die dort anwesende Guerrilla (ist vor einigen
Monaten passiert). Außerdem gab es im August vergangenen Jahres einen Zusammenstoß in Puerto Nariño
mit einer Kolonne der FARC, das Resultat waren ein Toter
und zahlreiche Verletzte (darunter der Kommandant der
Basis). Viele Geschichten werden über diesen Vorfall
erzählt, auch, daß junge Indianer dabeigewesen sein sollen. Sicher ist, daß die Yaguas und die Flußbewohner
auch von der *cortacabeza*-Sache infiziert sind. Die Frage

ist natürlich, warum. Gewiß geht dort etwas vor (vielleicht auch nichts). Das Thema ist alt und tief in den Grund der Kulturen eingeführt, aber wenn es wieder auftaucht, ist es bezeichnend für eine Entwicklung, die wir noch nicht genau kennen.

Jean-Pierre Chaumeil, französischer Anthropologe zu T.K. am 13. Februar 2003

Im peruanisch-brasilianischen Grenzland, drei Tage später.

Endlich wieder auf dem Fluß. Mittag, der Himmel milchweiß und riesig. Der Fahrtwind trocknete die klebrige Feuchtigkeit auf der Haut, die vom letzten Landgang stammte. Wir hatten bei einer winzigen Siedlung am Ende eines kleinen Seitenarms angelegt. Dort hatten wir eine alte *cabocla* aufgesucht, Jumara, die in den vergangenen Monaten mehrfach *bolas de fuego* gesehen hatte. Feuerbälle.

Die Ereignisse der letzten Tage zogen wie ein Filmstreifen an mir vorüber. Es war ein stürmischer Aufbruch gewesen. Eigentlich hatten wir nicht in die Wildnis, sondern zurückreisen wollen, mit dem Flugzeug über Manaus nach Rio. Aber dann war plötzlich eine Flut von Erzählungen und Erlebnisberichten über uns hereingebrochen. Wir entschlossen uns, noch einmal auszufahren und vor Ort zu recherchieren.

Begonnen hatte es im Haus der Indianerjugend, dem *Centro Juvenil de Amazonia* (CEJAM). Dorthin hatte uns Ismail vermittelt. Das CEJAM, ein sauberer, geräumiger Bau, roch nach frischem Holz und warmem Brot, die jungen Leute betrieben auch eine Backstube. Wir waren mit Ismail und Angel gekommen. Nach und nach trudelten sechs Indios ein, alle etwa zwanzig Jahre alt, einige so mißtrauisch, daß sie uns nicht anschauten. Wir saßen in einem leeren Raum auf Stühlen im Kreis und lauschten den Erzählungen von Reinaldo. Er betreute das CEJAM, war Ende vierzig und kam aus El Pedrera. Reinaldo hatte noch erlebt, wie Franziskaner-Padres die Zungen seiner Eltern mit glühenden Klingen verbrannten, weil sie den gotteslästerlichen Frevel begangen hatten, miteinander die Sprache ihres Volkes zu sprechen. Aufgrund solcher Erfahrungen, erklärte er, betrieb CEJAM nun große Anstrengungen, um die Reste ihrer jahrzentelang verfolgten Kulturen zu retten. Gerade arbeitete Reinaldo an einem Wörterbuch der Talimoca-Sprache.

Die jungen Indianer berichteten von Problemen mit den Missionaren in ihrer Region. Besonders mit der GAIA, sagte Reinaldo, einem Missionsdienst, der mit Staat und Kirche darum wetteifere, wer die indigene Bevölkerung erziehen darf. Daß GAIA unter ihrem Chef Martin von Hildebrand 1999 sogar den Alternativen Nobelpreis erhalten hatte, machte sie wütend. Es bestärkte sie in ihrem Mißtrauen gegen die Welt der Weißen, der sie sich noch immer hilflos ausgeliefert sahen.

„GAIA bevormundet uns. Sie spaltet die Kommunen", sagte Reinaldo, „die einen sind für, die anderen gegen von Hildebrand."

„Worin liegt der Unterschied?"

„In allem. Wer mit der GAIA ist, schläft in Leticia im Hotel, die anderen schlafen mit den Hunden im Internatshof."

Wir konnten das nicht beurteilen. Aber ich fragte mich, wie es möglich war, daß Missionare heute mit

Leuten wie Reinaldo noch solche Probleme hatten. Er war kein Hinterwäldler, den die heraufdämmernde Zeit der Moderne erschreckte oder abstieß. Er war intelligent, energisch und mit mehr politischem Durchblick gesegnet als viele, die uns hier begegneten.

Vielleicht war das jetzt das Problem.

Wir kamen zum Thema, als Reinaldo den alten Drogenhändlerpfad beschrieb, der La Pedrera mit Santa Clara verband. Wir hofften, noch mehr über die Jagden zu erfahren, Details, vielleicht konnten wir sogar etwas von der Seite Betroffener hören – auch wenn diese jungen Männer nicht alt genug waren, um es selbst erlebt zu haben.

Angel fragte, ob jemand im Raum von den Menschenjagden gehört habe.

„Sie haben im *trapezio* stattgefunden", fügte er hinzu, „Putumayo und Cotuhe, am Atacuari. Vielleicht haben die Älteren davon erzählt?"

Ich hatte mit dem üblichen Nein gerechnet oder mit Andeutungen. Stattdessen erwiderte Bernardo, ein Witoto aus Tarapaca: „Alle hier wissen von Menschenjagden."

Darauf war eine nervöse Stille eingetreten. Bernardo und zwei, drei junge Männer begannen eine leise Diskussion miteinander. Wir warteten.

Bernardo, der in Bogotá gerade ein Jurastudium aufgenommen hatte und unter den Jungen hier der Wortführer war, wollte wissen, warum uns das interessierte.

„Weil wir nicht wollen, daß Dinge in Vergessenheit geraten, die hier geschehen sind", sagte ich.

„Wie könnt ihr das verhindern?"

„Wir können berichten von dem, was passiert ist und was die Menschen, die hier leben, davon erinnern."

Bernardo und einer namens Acunia versicherten sich noch einmal bei Ismail, daß wir keine *yanqis* waren. Dann fragte mich Bernardo, woher wir von den Menschenjagden wüßten.

Ich setzte an, zu erzählen, wurde aber bald unterbrochen. Bernardo stellte Fragen, wirres Zeug, wie mir schien, von Kopfjägern, wozu ich nichts sagen konnte. Schultz und ich begriffen zunächst nicht, wovon Bernardo sprach, das irritierte ihn und die anderen – bis sich herausstellte, daß wir beide zwar über Menschenjagden sprachen, aber jeder über eine andere Epoche. Eine Weile redeten alle durcheinander.

Wir baten Bernardo, uns seine Geschichte zu erzählen. Der Begriff, dem wir seit einigen Tagen immer wieder begegnet waren, fiel sofort: *bolas de fuego*. Feuerkugeln. Er kehrte in den Berichten sämtlicher Teilnehmer dieses Kreises wieder, immer gekoppelt an einen zweiten mysteriösen Begriff: *Cortacabeza*. Kopfabschneider.

Die Geschichte, die Bernardo erzählte und die von Acunia und den anderen bis auf ein paar abweichende Einzelheiten, Personen und Orte betreffend, ebenso wiedergegeben wurde, hörte sich so an: Bei den Indianerkommunen in seiner Heimatregion gehe wachsende Angst vor den *cortacabezas* um. Das seien heimtückische Angreifer, Gringos, wie vermutet werde, die sich in der Dunkelheit einsamen Fischern auf dem Fluß nähern, um sie zu töten, den Kopf abzutrennen, den Leib aufzuschlitzen und die Organe zu entnehmen. Diese Angriffe erfolgten durch ungewöhnliche, lautlose Fluggeräte, mit denen sich die *cortacabezas* ihren Opfern näherten. Diese Fluggeräte suchten mit einem starken Punktscheinwerfer den Boden aus großer Höhe ab. Überdies verfügten manche über einen Sender für Schockwellen.

Bernardo berichtete von sechs Attacken in seiner Heimatregion bei Tarapaca. Die Angegriffenen, einzelne Fischer, hätten mit Glück entkommen können. Aus zwei benachbarten Gemeinden seien allerdings Verschwundene gemeldet worden, auch da waren es Fischer.

Jeder Umsitzende erzählte eine fast identische Geschichte. Immer ging es um Angriffe aus der Luft – um *bolas de fuego*, deren Bemannung *cortacabezas* waren. Einige dieser geheimnisvollen *cortacabezas* sollen bereits gefangen und getötet worden sein. Angeblich hatten sie beträchtliche Summen Geldes bei sich. Wenn einer getötet werde, nehmen die Indios das Geld und zerstörten den Apparat, um keine Beweise für einen Raubmord zu hinterlassen.

Ich war beeindruckt von den präzisen, übereinstimmenden und in allen Berichten wiederkehrenden Details. Jeder behauptete, die Menschen in seiner Region hätten Angst. So, wie unsere Gastgeber bewegt waren, war zumindest klar: Das Thema gärte nicht erst seit kurzer Zeit. Dennoch wußte ich nicht, was wir mit diesen Geschichten anfangen sollten. Sie klangen zu absurd, auch wenn man sie stundenlang von einem halben Dutzend junger Indios immer wieder gehört hatte.

Verworfen hatte ich nur die anfängliche Vermutung, daß sie uns mit geheimnisvollen Urwaldgeschichten hinters Licht führen wollten. Sie glaubten, was sie erzählten. Ich glaubte das nicht. Offenbar steckten sie tief im Aberglauben ihrer Vorväter. Als wir das Haus der Indianer verließen, waren Ismail und Angel tief aufgewühlt und weit davon entfernt, unsere Skepsis zu teilen.

Am folgenden Tag fuhr ich mit Ismail zu der Ärztin, von der er erzählt hatte. Die *Universidad Colombiana de Leticia* liegt hinter dem kleinen städtischen Flughafen, in unmittelbarer Nachbarschaft der amerikanischen Militärbasis.

Doktor Betania Silva war eine herzliche Frau Mitte dreißig. Sie entwickelte und betreute Programme zur Hygiene- und Gesundheitsvorsorge für indianische Frauen. Deshalb kam sie viel in der Region herum, und sie wußte einiges über die Geschichte der letzten Jahrzehnte. Daß die Amerikaner hier nicht nur hinter Heilpflanzen, sondern vor allem hinter psychoaktiven Drogen her waren, lag für sie auf der Hand. Das Gebiet sei zwar schwer begehbar, aber Missionare wie die vom SIL hätten genug Landepisten in der Region geschlagen.

Betania Silva erzählte, daß die Drogenhändler weiterhin junge Indianer als Hilfskräfte heranzogen, sobald diese die Schule beendet hatten. Es gebe keine Arbeit im *trapezio*, nichts habe sich geändert über die Jahrzehnte, wer Geld verdienen wolle, habe in der Regel nur die Wahl zwischen den Drogenbaronen und der FARC. Die Ärztin war selbst zweimal mit Gruppen der FARC zusammengestoßen. Ihr war dabei nichts geschehen.

Ich fing mit der alten Geschichte des *trapezio* an.

Wir haben darüber gehört, sagte ich zu ihr, daß es hier früher Jagden auf Indianer gab, getarnt als touristische Ausflüge.

Ja, erwiderte sie, auch sie habe davon gehört. „Die Agentur von Mike Tsalickis."

Ich sprach sie zaghaft auf die neuen Berichte von Kopfabschneidern und Feuerbällen an und war ziemlich sicher, sie würde es lachend als Märchen abtun.

Aber Doktor Silva war in ihrem Drehstuhl herumgefahren. Sie musterte mich mit großen Augen. „Ich glaube, das stimmt!"

„Heißt das, Sie kennen diese Geschichten?"

„Es sind keine Geschichten", sagte sie. „Ich habe es mit eigenen Augen gesehen."

Sie war mit einer Gruppe Indiofrauen auf dem Fluß unterwegs gewesen, zwischen Puerto Nariño und San Francisco. Kurz nach Einbruch der Dunkelheit war plötzlich Unruhe entstanden, die Frauen schrien in höchster Aufregung: *cortacabezas, cortacabezas!*

„Wir hielten an", erzählte Betania Silva. „Ich fragte, was passiert ist, was das Geschrei soll. Sie zeigten mir ein Licht am Himmel, das sich ein gutes Stück vor uns über dem Wald befand und langsam näherkam. Ich war unbesorgt, ich dachte an ein Flugzeug. Aber dann sah ich, daß es stehenblieb. Es stand einfach nur da, und das Unheimlichste war, daß es völlig lautlos war."

„Wie hat es ausgesehen?"

„Schwer zu beschreiben. Es war nicht gut zu erkennen, wegen des starken Lichtes."

„Was haben Sie gesehen?"

„Es war wie eine Maschine", sagte sie, „die den Boden öffnete und schloß, öffnete und schloß. Es herrschte Panik auf dem Boot, die Frauen hatten furchtbare Angst."

„Und Sie selbst?"

„Auch ich bekam mit der Zeit ein mulmiges Gefühl. Diese Erscheinung war mir unerklärlich. Natürlich war auch erschreckend, daß die Frauen es bereits kannten und so große Angst davor hatten."

„Wie haben Sie sich die Sache erklärt, was ist heute Ihr Eindruck?"

„Halten Sie mich für verrückt, aber ich habe keine Erklärung dafür. Ich kann es nur mit einem Begriff beschreiben, den man allgemein kennt: ein unbekanntes Flugobjekt. Aber sicher", fügte sie lachend hinzu, „kein Raumschiff aus dem All. Das meine ich nicht."

„Wie weit war es weg?"

„Nicht weit. Ein paar hundert Meter."

„Und wie lange haben Sie es gesehen?"

„In der Aufregung kam es einem wie eine Ewigkeit vor. Es waren vielleicht zwanzig Minuten."

„Es ist zwanzig Minuten ohne jedes Geräusch vor Ihnen in der Luft gestanden?"

„Ja. Vielleicht nur eine Viertelstunde, vielleicht auch etwas länger."

„Wissen Sie, welcher Tag es war?"

„Ein Freitag, meine ich."

„Haben Ihnen die Frauen erklärt, was sie mit *cortacabezas* bezeichnen?"

„Sie haben es ganz genau beschrieben. Sie waren gar nicht zu beruhigen. Sie sagten, *cortacabezas* seien Gringos, die nachts über den Flüssen patrouillieren, einzelne Leute suchen und töten, ihre Körper öffnen und Organe entfernen."

„Was halten Sie davon?"

„Ich kann nicht sagen, ob es stimmt. Ich selbst habe keine Leiche gesehen, nur das Fluggerät. Aber das war unheimlich genug. Mein Gefühl ist, daß die Geschichte stimmen könnte. Sie kursiert überall, auch bei Indianern am Javari habe ich sie gehört, auf der brasilianischen Seite. Und dieses Lichtobjekt muß ja irgendeinem Zweck dienen. Es ist sehr ungewöhnlich."

Eine Bestätigung der Behörden hatte sie nicht erhalten können. Die hätten sicherlich Kenntnis von den Phänomen, aber keine Maßnahmen getroffen. Sie selbst habe als Medizinerin Zugang zu Krankenhäusern und Krankenakten, nicht aber zu den Militärhospitälern, die es hier außerdem gab.

Ismail war während der Erzählungen der Ärztin unruhig geworden. Etwas wühlte in ihm, als wir uns verabschiedet hatten und die Motorräder bestiegen. Wir fuhren zur Flußkneipe.

Dann rückte er heraus: Auch er hatte das Licht schon gesehen.

„Warum erzählst du das erst jetzt?" fragte ich überrascht.

„Es schien mir zu sehr das zu sein, was wir in Kolumbien eine *historia Macondonia* nennen, frei nach García Márquez: eine hanebüchene Geschichte. Aber hör zu: Wir arbeiteten in einem Camp am Rio Loretoyacu", begann er, „hatten zuvor Puerto Nariño, San Juan de Soco und Tipisca aufgesucht. In dieser Gegend hatte ich oft von *cortacabezas* gehört. Wenn wir nachts Moskitos fangen, teilen wir uns die Arbeit auf – die einen sind in der Nähe der Hütten unterwegs, die anderen im Dschungel, am Fluß. Vielleicht wecken die Handlaternen, die dauernd an- und ausgeschaltet werden, um Moskitos anzulocken, eine besondere Aufmerksamkeit aus der Luft. Jedenfalls, es passierte Donnerstag nachts. Um halb elf Uhr kam mein Mitarbeiter Jairo Rodriguez mit drei anderen Indios schreiend aus dem Dschungel gelaufen. Ich dachte das Schlimmste: die Guerilla! Aber sie riefen etwas anderes: *cortacabezas!* Wir haben uns mit den Leuten aus Tipisca versammelt, fünfzehn Personen. Alle waren verängstigt und aufgeregt. Wir hörten Jairos Bericht an und beschlossen, mit ihnen zurück in den Dschungel zu gehen. Um halb zwölf Uhr ertönte erneut ein Schrei: *cortacabezas!* Ich bin losgestürmt, jetzt wollte ich es endlich mit eigenen Augen sehen!"

Ismail machte eine Pause. Sieht ihm ähnlich, dachte ich, daß er sogar die Uhrzeit notiert hatte. Irgendwie erklärte diese Korrektheit, warum er mit seiner Beobachtung so spät herausrückte. Erst Doktor Silvas Bericht hatte ihn ermutigt, sich als *cortacabeza*-Zeuge zu outen.

„Ich bin in die Richtung des Schreis gerannt", fuhr er fort, „ohne Angst vor Schlangen oder sonstwas, ich hatte vor nichts mehr Angst. Als ich an die Stelle kam, wo Jairo und ein paar andere standen, sah ich nur noch einen Lichtpunkt, er stand eine ganze Weile am Himmel. Aber das Licht variierte. Dann fing es an, sich zu bewegen. Diese Bewegungen am Firmament waren nicht normal, mal abrupt nach vorn, dann nur rauf und runter. Es war kein Planet, kein Stern, auch kein Flugzeug – es war etwas Einzigartiges. Vielleicht irgendein neues Fluggerät. Schließlich verschwand es."

„Hast du was erkennen können, eine Form?"

„Nein. Es war schon zu weit weg. Aber Jairo und die anderen, die es aus der Nähe gesehen hatten, beschrieben es als recht klein, mit einem intensiven Licht."

„Noch etwas?"

„Jairo sagte, es hätte eine Art Kammer an der Unterseite."

Ismails Vortrag machte mich nachdenklich, und der von Doktor Silva ohnehin. Aber es blieb eine Menge Skepsis.

„Ich muß das selbst sehen, Ismail. Oder wir müssen herausfinden, ob es tatsächlich ein enthauptetes und ausgeweidetes Opfer gibt."

„Draußen geht Angst um. Du brauchst nur hinauszufahren, dann spürst du sie überall."

Am Abend waren wir bei Angel. Anders als bei den früheren Recherchen, die er unterstützt, aber letztlich als für ihn belanglose Vergangenheitsforschung betrachtet hatte, begann er sich nun selbst zu engagieren. Er wollte der Sache ebenfalls auf den Grund gehen.

Angel war ein wertvoller Mitstreiter. Er kannte viele Leute, und er hatte, mit der Hilfe von Bernardo, einen *caboclo* von der peruanischen Flußseite aufgetrieben, den wir am Abend in einer Bretterbar in Tabatinga aufsuchten. Der Mann nannte sich Oscarito und war über sechzig. Er lebte in einer Siedlung in der Nähe von Caballococha.

Gleichgültig erzählte er seine Geschichte. Sie spielte in der Nähe, bei Santa Rosa, auf der gegenüberliegenden peruanischen Seite. Dort seien zwei Fischer lautlos aus der Luft attackiert worden. Einer habe flüchten können, der zweite sei nicht mehr aufgetaucht und vermißt gemeldet worden. Als sich der überlebende Fischer mit seiner Klage an den Polizeiposten wandte, erfuhr er, daß ein Schiff in der Gegend unterwegs sei, *Amazonas Turistico*, auf dem sich seltsame Dinge abspielten. Peruanischen Polizisten hätten sich dort, als ihnen der Zugang verwehrt worden war, gewaltsam Zutritt verschafft. An Bord hätten sie einen verstümmelten Leichnam gefunden, Kopf und Organe seien in Gefäßen deponiert worden. Die Polizisten seien vom Kapitän des Bootes geschmiert worden und wieder von Bord gegangen. Kollegen, die nichts von dem Schweigegeld bekommen hatten, hätten dies weitererzählt.

Angel war nun nicht mehr zu halten. Er fuhr mitten in der Nacht zum Fluß hinunter, um einen Bootsführer aufzutreiben.

Zwei Tage später waren wir auf dem Weg nach Puerto Nariño, um die Stimmung in der Gegend einzufangen. Zuvor hatten wir Doña Serena besucht, die mit ihrer Familie an den Seen von San Sebastian lebte, sowie zu Beginn dieser Fahrt Jumara, eine runzlige *cabocla*, die auf der peruanischen Seite bei Benjamin Constant hauste. Beide waren uns im CEJAM genannt worden. Die Geschichten dieser Alten klangen wie abgesprochen. Doch das war undenkbar. Doña Serena lebte in den kolumbianischen Wäldern, bei den Seen nordwestlich von Leticia, die anderen Zeugen wohnten Stunden entfernt am peruanischen Flußufer, an der Grenze zu Brasilien. Niemand besaß einen Telefonanschluß. Diese Leute hatten offenbar alle dasselbe gesehen. Blieb die Frage, ob sich eine Erklärung dafür finden ließ.

Adolfo steuerte das Boot zurück auf den Hauptstrom. Ich wartete auf die Mittagspause, denn Angel hatte erzählt, daß auch Adolfo von diesen Kopfabschneidern wußte. Außer ihm waren Bernardo und Manu dabei, ein Ticuna aus Santa Sofia. Manus Siedlung lag auf dem Weg nach Puerto Nariño. Sie war unser nächstes Ziel.

Eine Region in Angst

Eine Forscherkollegin in Benjamin Constant hat mir berichtet, daß dieser Terror nur in der Nacht auftritt, wenn die Uferbewohner auf der brasilianischen Seite manchmal Tote finden oder dort Leute einfach verschwinden (nicht nur Fischer, sondern auch Reisende oder dort ansässige Menschen). Die Frage ist, wie wir genaue Einzelheiten darüber erhalten können. Auf jeden Fall ist es eine Angelegenheit, die sich über die gesamte Zone erstreckt.

**Jean-Pierre Chaumeil,
französischer Anthropologe gegenüber T. K.
am 17. Februar 2003.**

Staatliche Killeraktionen aus der Luft scheinen in Mode zu kommen. (…) Die US-Armee hat dieses Verfahren bereits in Afghanistan gegen angebliche Al-Qaida-Mitglieder angewendet. Nun kam diese Methode wohl erstmals im Jemen zum Einsatz. Nach nicht näher bezeichneten US-Regierungsquellen war die Ermordung eines hochrangigen Al-Qaida-Mitgliedes das Werk des Geheimdienstes CIA. Kryptisch und kurios waren am Montag die ersten Berichte mit Bezug auf „jemenitische Sicherheitskreise". Danach ereignete sich eine Autoexplosion 160 km nordöstlich der Hauptstadt Sanaa. Von sechs Toten war inoffiziell die Rede. (…) Angeblich soll von einer unbemannten amerikanischen Drohne, im Besitz der CIA, eine Hellfire-Rakete auf al-Harithis Auto abgeschossen worden sein, nachdem das Fahrzeug schon eine Weile beobachtet worden war. Augenzeugen berichteten auch davon, daß kurz vor der Explosion ein jemenitischer Militärhubschrauber gesichtet worden war. Bisher wollen weder die CIA noch das Weiße Haus die Verwicklung des US-Geheimdienstes bestätigen. (...) Zu Beginn des Jahres schickten die USA zunächst einhundert Militärberater in das südarabische Land. Die gegenwärtige Zahl des US-Militärpersonals im Jemen ist unbekannt. „Wir haben einige unserer Jungs vor Ort, die mit der jemenitischen Regierung zusammenarbeiten, um die Dinge richtig zu planen", erklärt Rumsfeld dazu lässig.

Die „Jungs" bilden vor allem Militärs und Polizei aus, um effektiver gegen al-Qaida vorgehen zu können. Auf dem Programm stehen Terrorbekämpfung und die Anwendung von Nachtsichtgeräten. (...) Für alle Fälle steht auch eine achthundert Mann starke Truppe der US-Special-Forces im benachbarten Dschibuti zum Einsatz bereit. (...) Übrigens sind unbemannte Drohnen, wie sie jetzt möglicherweise im Jemen zum Einsatz kamen, in den letzten Wochen bereits öfter am Himmel von Dschibuti gesichtet worden.

taz, 6. November 2002

Wir rasteten an einer abgebrochenen Uferböschung, im Schatten riesiger, nach vorn geneigter Bäume, die das Boot wie eine Schildwache umstanden. Adolfo berichtete mit rauher Stimme. Nicht nur die Fischer wagten sich nachts nur noch in Gruppen hinaus, sagte er, die Vorsichtsmaßnahme gelte auch für viele Bootsführer. Die nächtlichen Kurzausflüge mit Touristen zum Krokodilfangen etwa unternehme kaum einer mehr allein. Sie sorgten sich wegen dieser spukhaften Erscheinungen und sammelten laufend neue Berichte.

Zweimal, sagte Adolfo, seien in Tabatinga aufgeschlitzte Leichen abgeliefert worden. Das habe er von einem befreundeten brasilianischen Polizisten erfahren. Beide Male waren die Leichen auf der peruanischen Seite gefunden worden.

„Wohin wurden sie gebracht?" fragte ich.

„Ins Militärhospital", sagte Adolfo.

Dort würde man kaum eine Auskunft bekommen.

Adolfos Bericht wurde noch rätselhafter. Er hatte Besuch von zwei brasilianischen Zivilbeamten erhalten, die sein Wissen über diese Vorgänge ausforschen wollten. Die beiden seien vom BI gewesen, sagte er, dem Sicherheitsdienst in Tabatinga.

Ich fragte, warum ihn die brasilianischen Beamten für einen derart wichtigen Zeugen hielten, daß sie ihn persönlich aufsuchten.

Er lachte. „Mein eigenes Erlebnis war der Grund. Vor einigen Monaten hatte ich einen kolumbianischen Offizier an Bord, einen Kapitän. Er hieß Sebastiano und hatte Gewehre und Pistolen dabei. Er sagte, er wolle *cortacabezas* jagen."

„Habt ihr welche gesehen?"

„In der dritten Nacht. Wir sahen ein rotes Licht über den Wald wandern, es kam aber nicht nah genug heran. Der Kapitän wartete mit dem Gewehr, über eine Stunde. Aber es war zu weit entfernt, und er wollte es nicht mit einem riskanten Schuß vertreiben."

Das Militär hatten wir bereits auf der Rechnung. Wir hatten noch vor unserer Abreise eine Anfrage an den Kommandeur der 26. kolumbianischen Dschungelbrigade gerichtet. Die Antwort stand aus.

Am frühen Nachmittag näherten wir uns einem hellgrünen Band aus Sumpfgras. Dahinter erhob sich die Waldfestung der Isla de los Micos. Die Affeninsel.

Adolfo steuerte rechts in den Seitenarm hinein. Bald mußte er den Motor drosseln. Die Luft wurde schwer, feuchter und wärmer. Papageienschwärme flogen auf, hier und da sprang ein Fisch. Schmetterlinge und andere Insekten, Pflanzensamen und Staubpartikel tanzten in den Lichtsäulen, die durchs Blätterdach fielen. Beim Blick auf die glatte Wasserfläche war schon auf wenige Meter nicht mehr auszumachen, was Spiegelung war und wo das Land begann.

Manu hatte die Führung übernommen. Er lotste uns vorbei an der Siedlung der einst hierher verschleppten Yaguas und an Progreso, einer *comunidad* von wenigen Häusern. Als sich die Fahrrinne verzweigte und in sattgrüne Wasserlandschaften aufzulösen begann, erreichten wir Santa Sofia. Krönung der Panoramafahrt durch die Schöpfungsgeschichte, wir erreichten ein kleines Paradies.

Die Kinder des Ticuna-Dorfes planschten im dunkel glitzernden Wasser, das eine sanft ansteigende Hügelgruppe säumte. Auf der Anhöhe, zwischen Bäumen und Sträuchern mit Citrus-, Guiave- und Karambolafrüchten, standen die Holzhütten. Mit reglosem Staunen verfolgten Kinder und Mütter die Ankunft der Fremden auf ihrem Dorfteich.

Wir gingen zwischen mannshohen Farnen an Land, blieben aber zunächst nahe beim Boot und verteilten Sandwiches an die Leute, die sich vorsichtig, bald immer neugieriger näherten. Manu und Bernardo gingen zu den Hütten hinauf. Nach einer Weile winkten sie und riefen, wir folgten ihnen.

Der Ort schien ausgestorben zu sein. Die Frauen waren beim Maniokschälen oder mit den Kinder am Wasser, die Männer auf den Feldern und dem Fluß unterwegs. Die Alten hatten sich hinter ihren Fensterläden verschanzt. Manu führte uns die Hütte seiner Familie vor, die gleichfalls leer war. Wir suchten den Stellvertreter des Ortsvorstehers auf, Wilberto. Der Ortsvorsteher war in Puerto Nariño. Wilberto, ein kräftiger Alter, döste im Schatten seiner Hütte. Als er unsere Schritte hörte, öffnete er die Augen und begrüßte uns mit einem gequälten, fast zahnlosen Lächeln, das er sich unter riesigen Schmerzen abringen mußte.

Er hob vorsichtig seine linke Hand. Sie hatte den doppelten Umfang der rechten. Vor einigen Tagen hatte er sich mit der Machete zwischen Daumen und Zeigefinger verletzt, unter dem bereits verheilenden Schnitt war das Fleisch entzündet.

Wir untersuchten den Arm nach Anzeichen einer Blutvergiftung und schickten Angel zum Boot, um den Verbandskasten zu holen. Wir boten dem Alten an, ihn nach Puerto Nariño mitzunehmen. Er lehnte jedoch ab.

Wilberto bemühte sich, ein paar unserer Fragen zu beantworten. Er sagte, das Dorf sei alarmiert wegen der nächtlichen Angriffe. Die meisten Männer hätten die Lichter gesehen, sie seien sogar mit dem Ortsvorsteher zum Polizeiposten gegangen, um auf die Vorgänge aufmerksam zu machen.

„Was haben die Polizisten gesagt?" fragte Angel.

„Wir sollen nicht alleine auf den Fluß gehen. Aber die Polizei kümmert das nicht, sie interessiert sich nur für die Guerilla. Die trauen sich nachts nicht mehr raus, aus Angst vor der FARC."

„Ihr seid auf euch gestellt?"

Wilberto nickte. „Wir gehen nur noch in Gruppen zum Fischen. Wenn wir länger fortbleiben wollen, melden wir der Polizei, wer unterwegs ist, und wie lange wir fortbleiben."

„Sind eure Leute angegriffen worden?"

„Einer, er ist draußen im Wald. Drüben in Nuevo Jardin gibt es mehrere, die angegriffen worden sind."

Nuevo Jardin war wenige Minuten Fußweg entfernt, und doch war es der Übertritt in eine andere Welt. Dieses Dorf war heruntergekommen, kein Vergleich zu Santa Sofia. Dafür machte es seinem Namen Ehre: Neuer Garten. Blumen, Obstbäume und Kokospalmen überall ließen die verfallenden Bretterbuden weniger armselig erscheinen. Kinder und Hunde tollten herum, und als wir das Schulhaus passierten, fanden wir das Haus überfüllt, der Lehrer dozierte, und im andächtig lauschenden Publikum war jedes Alter von sechs bis sechzig vertreten. Manu führte uns zu einer halbfertigen Hütte und hieß uns dort warten. Er ging den Ortschef holen, den Curaca.

Der Curaca erschien in Gummistiefeln und einem Volleyballtrikot. Er wurde von vier Männern begleitet, in der Hand trug er eine Machete. Er war jung, Anfang dreißig. Daß er trotzdem große Autorität besaß, lag nicht nur an seiner kräftigen Gestalt und dem finsteren Gesicht, so stellte sich bald raus, denn die Begrüßung fiel frostig aus. Er war keineswegs erfreut über unseren Besuch und wollte gar nichts sagen. Wir setzten uns wieder auf den langen Baumstamm, der das einzige Inventar der Hüttenbaustelle bildete. Angel trug vor, was uns herführte.

Der Curaca hatte sich alles im Stehen angehört. Er pochte mit der Machete auf den Holzboden und forderte uns auf, einige Tage im Dorf zu verbringen, bevor wir Fragen stellten, damit er sich ein Bild von uns machen könne. Er traue uns nicht; wie könne er wissen, daß wir keine Gringos seien? Denn dann wären wir auch Spione. Und dann seien wir hier nicht willkommen.

Statt des Curacas begann Mizael Ramos zu sprechen, ein Mann mittleren Alters, der auch das mysteriöse Licht gesehen hatte. Er beschrieb es ausführlich, die Beschreibung glich denen, die wir an den anderen Orten bereits gehört hatten.

„Seid ihr angegriffen worden?" fragte ich.

„Zweimal. Roger hat auf die Maschine geschossen."

„Ist er auch hier?"

„Ja. Er ist der Lehrer."

„Seid ihr zur Polizei gegangen?" fragte Angel.

„Nein. Die Polizei hält uns für Lügner", sagte Ramos. Bei dieser Feststellung kam Leben in die Zuhörer, zustimmendes Gemurmel setzte ein.

„Heißt das, ihr habt keinen Kontakt zu den Behörden?"

Alle schwiegen.

„Die Polizei hat Angst!" Der Curaca erhob sich mit seiner Machete.

„Es sind Feiglinge! Die trauen sich nicht raus, aus Angst vor der Guerilla!"

„Ist die Guerilla in der Nähe?" fragte Schultz.

„Du fragst, wo die Guerilla ist?"

„Nein, das fragt er nicht", ging Angel hastig dazwischen, „er will nur wissen, warum die Polizei so große Angst hat!"

Der Curaca hielt eine lange Brandrede auf die Behörden, aber mir schien, daß sie mehr an sein Volk gerichtet war als an uns. Weitere Ticuna kamen herbei, der Unterricht war offenbar beendet. Fast sämtliche

Dorfbewohner waren nun versammelt, ihr Schweigen begleitete unser Gespräch und verlieh ihm eine feierliche Bedeutsamkeit. Sie alle waren nun Zeugen.

Dann erkannte ich Roger, den Lehrer, der vorhin an der Tafel gestanden hatte. Er war mit ein paar Männern àuf die Holzplattform gestiegen. Jetzt lehnte er mit verschränkten Armen an der Balustrade und verfolgte die Diskussion.

Angel ergriff das Wort: „Ihr habt großen Respekt vor den *cortacabezas*. Aber woher wißt ihr, daß sie Menschen töten? Ihr habt hier niemanden verloren."

Ich blickte zu Roger. Er regte sich nicht.

„Es hat Tote gegeben", widersprach der Curaca scharf. „Drüben auf der Yayuma-Insel, an der peruanischen Seite des Flusses, wurden vor einigen Monaten drei Tote in einem Boot gefunden. Zwei Frauen und ein Mann. Die Frauen waren aufgeschlitzt und ohne Organe. Allen drei fehlte der Kopf."

„Woher wißt ihr das?"

„Von den Leuten drüben, sie haben uns gewarnt."

„Und du hast keinen Zweifel daran?"

„Wir vertrauen ihnen, seit langer Zeit. Warum sollten sie plötzlich lügen?"

„Was geschah mit den Leichen?"

„Sie wurden zur Polizeistation gebracht."

„Du bist ein umsichtiger Mann", sagte ich. „Wie erklärst du diese Dinge?"

„Darüber haben wir in der Versammlung gesprochen. Wir glauben, daß es die Armee ist. Wir fragen uns, warum die Behörden nichts unternehmen. Sie prüfen es nicht einmal. Wir fragen uns, ob es eine Vereinbarung des Militärs mit den Gringos gibt. Die sind die Herrscher hier."

„Warum seid ihr so mißtrauisch gegenüber den Nordamerikanern?"

„Alle sagen, die *cortacabezas* seien Gringos."

„Haben die Leute Beweise dafür?"

„Ja. Die Ticuna-Gemeinde in Brasilien, in Belem de Solimoes, hat einen *cortacabeza* getötet. Es war ein Gringo. Er hatte viel Geld bei sich."

Es war dieselbe Geschichte, die wir in Leticia immer wieder gehört hatten.

„Wie haben die brasilianischen Ticuna den *cortacabeza* erwischt?"

„Sie haben ihm eine Falle gestellt. Sie legten eine verkleidete Strohpuppe in eine Hängematte am Fluß. Dann haben sie Nächte lang gewartet. Als er gelandet ist, haben sie ihn erschossen und seinen Apparat zerstört."

„Warum haben sie ihn zerstört?"

„Damit sie niemand ins Gefängnis bringen kann."

„Würdet ihr den Apparat auch zerstören?"

„Wenn wir dabei einen *cortacabeza* töten, ja."

„Können wir den Lehrer sprechen?" fragte ich.

Der Lehrer trat in die Mitte des Podestes. Er war Anfang vierzig, trug Jeans und ein weißes Hemd. In Leticia würde der Mann nicht auffallen.

„Die Leute kennen diese Geschichte", begann er, „aber ich glaube, es ist gut, wenn ihr sie auch erfahrt. Wir finden kein Gehör bei den Behörden. Vielleicht glauben sie euch."

„Wir haben diese Berichte oft gehört", sagte ich, „deshalb sind wir hier. Aber wir haben noch niemanden gefunden, der angegriffen worden ist."

„Mir ist das passiert", sagte Roger. Dann fuhr er mit ruhiger Stimme fort, als stünde er in seinem Schulraum.

„Es war am 20. Juni, als sich folgendes ereignete: Ich

war allein beim Fischen und ruhte in meinem Kanu aus. Plötzlich sah ich ein Licht, das sich langsam näherte. Ich hielt mit meiner Lampe dagegen, einer sehr starken Lampe. Das andere Licht ging aus. Ich bin zum Ufer gepaddelt und habe mich zwischen den Wurzeln eines großen Baumes versteckt. Ich konnte mir denken, was das war. Aber ich hatte wenig Angst, denn ich war bewaffnet. Nach einer Weile ging das Licht wieder an. Es fing an, nach mir zu suchen. Das Licht reflektierte stark auf dem Wasser. Schließlich leuchtete es auf meinen Standort, und sofort wurde es kleiner und kleiner. Schließlich ging es aus. Ich sah etwas herunterkommen, bis es vielleicht zwanzig Meter über dem Wasser war, fünfzehn Meter. Dann hörte ich ein Geräusch. Es war ein leises Rauschen, es klang wie ein Ventilator. Plötzlich ging das Licht wieder an, aber es war zu grell, als daß ich etwas erkennen konnte. Ich nahm das Gewehr und habe drauf geschossen. Das Objekt schloß sofort wieder das Licht, es taumelte, und jetzt sah ich etwas, wie eine Vorrichtung, vielleicht zwei Meter hoch und zwei Meter breit, es sah aus, als ob jemand auf einem Fahrrad saß. Das Ding hat sofort an Höhe gewonnen und ist über die Bäume davongezogen. Dann war es nicht mehr zu sehen. Ich bin raus aufs Wasser und habe die Baumwipfel mit der Lampe abgesucht, aber es war nicht mehr zu finden."

„Hat deine Gewehrkugel getroffen, hast du was gehört?"

„Nur das Rauschen war zu hören. Aber ich muß etwas getroffen haben, denn das Licht war sofort ausgegangen. Und da war dieses Taumeln."

„Waren andere Fischer in der Nähe?"

„Niemand. Weit und breit niemand."

„Was meinst du, was es gewesen ist?"

„Wir haben in der Versammlung schon darüber gesprochen. Ich denke, es war etwas Neues. Vielleicht ein Apparat, den das Militär ausprobiert."

„Und du bist wirklich angegriffen worden? Ich meine, du hast das nicht als Angriff mißverstanden, im Schock, weil diese Spukgeschichten herumgehen?"

„*No*. Es war eine Attacke. Es hat mich gesucht, und es kam auf mich zu."

Wir verließen die Ticuna. Der 20. Juni 2002, errechnete ich auf Rückweg, war ein Donnerstag. Donnerstag, Freitag, Samstag – das waren die Tage, an denen diese Lichter aufgetreten waren.

„Könnte bedeuten", meinte Schultz, „daß es mit den Flugzeiten in der Region zusammenhängt."

„Was meinst du?" fragte Angel.

„Na, falls hier jemand auf Organjagd ist, muß er doch dafür sorgen, sie so schnell wie möglich auszufliegen. Das geht nur mit dem Flugzeug, mit dem Boot dauert es tagelang."

„*Bueno*", sagte Angel, „aber am Wochenende gibt es kaum mehr Flugverkehr nach Bogotá und Manaus."

„Falls es so ist", warf ich ein, „spielt der Linienverkehr keine Rolle. So eine Fracht würde doch in keiner Passagiermaschine landen. Wenn, orientieren sich die Zeiten an den Einsatzplänen des Militärs – oder an dem illegalen Flugverkehr der Drogenhändler hier."

Manu verabschiedete sich in Santa Sofia, er blieb bei seiner Familie.

Im Licht des späten Nachmittags begaben wir uns wieder auf den Fluß. Wir wollten auf der Strecke nach Puerto Nariño campieren, oder, falls es die Witterung über dem Fluß gestattete, den Ort im Dunkeln ansteuern.

Mythen und Mörder

In der Nacht von Dienstag auf Mittwoch wurden mehrere
hundert Kämpfer der FARC bei einem Angriff auf die
Polizeikaserne der siebentausend Einwohner zählenden
Gemeinde Hobo, dreihundert Kilometer südwestlich von
Bogotá, von der kolumbianischen Luftwaffe überrascht.
Erneut setzte das Militär ein mit speziellen Infrarot- und
Nachtsichtkameras ausgestattetes High-Tech-Flugzeug
gegen die Aufständischen ein. Nach Aussagen des
Verteidigungsministers Luis Fernando Ramirez filmte eine
in dem Aufklärungsflugzeug Fantasma installierte Video-
kamera den Versuch von etwa siebzig Guerilleros, in das
Zentrum des Ortes einzudringen. Daraufhin habe die
Armee begonnen, die Gemeinde und fünf nachrückende
Busse mit weiteren hundert Kämpfern aus der Luft zu
bombardieren. Mindestens sechzig Rebellen, so Ramirez
weiter, kamen dabei ums Leben, weitere vierzig wurden
verletzt. Das Militärflugzeug Fantasma ähnelt dem
US-amerikanischen Drogenaufklärungs-Flugzeug, das
Ende Juli mit fünf Aufstandsbekämpfungsexperten der
US-Armee und zwei kolumbianischen Armeeangehörigen
über einem FARC-dominierten Gebiet im Südwesten
Kolumbiens abstürzte. Die Modernisierung der kolumbianischen Luftwaffe war Teil der im Sommer beschlossenen
US-amerikanischen Militärhilfe in Höhe von mehr als
zwei Milliarden Dollar – offiziell bestimmt für den Kampf
gegen die Drogen in dem südamerikanische Andenland.

Poona, Nr. 413, 17. Dezember 1999

Zu den größten „unregierten Räumen" Lateinamerikas zählt nach Angaben von US-Militärstrategen die Dreiländergrenze von Paraguay, Argentinien und Brasilien, die unter Schmuggelgeschäften erblüht und heute eine große Finanzbasis für islamische Terrorgruppen wie die Hamas und die Hisbollah ist. Außerdem seien der Korridor von Tabatinga und Leticia an der brasilianisch-kolumbianischen Grenze, das Areal von Lago Agrio an Ekuadors Grenze mit Kolumbien sowie der Darien-Dschungel in Panama die Orte, wo sich Drogenhändler, Narco-Terroristen und Waffenhändler frei bewegen können und riesige Territorien kontrollieren, sagen US-Offizielle.

The Miami Herald, 9. März 2003

Luna X-2000 ist ein unbemannt fliegender Aufklärer, eine sogenannte Drohne aus deutscher Herstellung. (...) Vier Stunden kann der Segler fast lautlos in der Luft bleiben und je nach Wetterbedingungen zwischen vierzig und siebzig Kilometer weit fliegen. Er mißt etwa zwei Meter, seine Spannweite doppelt soviel. Luna ist seit etwa zwei Jahren im Kosovo im Einsatz. Die Drohne eignet sich vor allem für Operationen über schwer zugänglichem Gelände, also dort, wo die Bedingungen für bemannte Flüge oder Aufklärungseinsätze am Boden schwierig sind. Weil bei der Herstellung von Luna fast keine Metalle verwendet wurden, ist sie vom Radar fast nicht auszumachen.

Die Welt, 29. Januar 2003

Die USA wollen unbemannte Aufklärungsflugzeuge zur
Überwachung ihrer Grenzen einsetzen. Ende des Jahres
könnte bereits eine so genannte Drohne über einer
Landesgrenze patrouillieren. Drohnen gehören zum Arse-
nal der Streitkräfte und sind auch schon bei der Bekämpfung des Drogenschmuggels benutzt worden.

dpa, 23. Mai 2003

Als wir uns auf der Rückfahrt zwei Tage später erneut der Isla de los Micos näherten, hatten wir ein gutes
Dutzend weiterer Berichte gehört. Auffallend viele
bezogen sich auf Ereignisse am Südufer des Amazonas.
Einige unserer Gesprächspartner vermuteten eine Basis
der Feuerkugeln auf den Flußinseln Mocagua oder La
Primavera, wo sich die Farm eines Drogendealers befindet. Dazu häuften sich die Vorfälle am Westufer des
Atacuari und am Loretoyacu; außerdem in der brasilianischen Javari-Region.

Den ausführlichen und weitgehend übereinstimmenden Schilderungen der Bevölkerung standen die dürren
Dementis offizieller Stellen gegenüber. Allerdings trieben die Behörden das Leugnen ziemlich weit, daß sie
von diesen Vorkommnissen nichts Konkretes gehört
haben wollten, war ihnen nicht abzunehmen. Zu viele
Menschen berichteten darüber, die meisten benann-
ten einen Augenzeugen oder hatten selbst etwas beobachtet.

Die Polizei in Puerto Nariño hatte uns abgewimmelt.
Solche Dinge gingen ihn nichts an, erklärte der Beamte
und beschied uns scharf, daß sie uns erst recht nichts
angingen. Das sei Sache des Militärs. Im übrigen müsse

er seinen Vorgesetzten fragen, ob er dazu Auskunft geben dürfe. Aber der Vorgesetzte war nicht da.

Auch die Wächter am Amacayacu-Naturpark hatten sich ungläubig gegeben. Sie schoben hier jede Nacht Wache, erzählten sie, die Leute phantasierten sich was zusammen. Die Frage, wie es komme, daß so viele Leute in dieser riesigen Region dasselbe „zusammenphantasierten", konnten sie nicht beantworten.

Allerdings war an der Arbeitsmoral der Behörden grundsätzlicher Zweifel angebracht. Zu viele Dinge gab es hier, über die jeder Bescheid wußte, nur die zuständigen Stellen nicht. Jedenfalls unternahmen sie nichts.

In Puerto Nariño hatte uns Moncada, ein Ticuna-Halbblut, das Vertriebssystem der Drogenkuriere erläutert. Die Wasserflieger bewegen sich über die zahllosen kleinen Seen im Urwald, die sich mit jeder Regenzeit verwandeln und verschieben. Diese Gewässer werden ständig mit Zahlen codiert; wer also den Funkverkehr der Drogenpiloten abhört, um deren Flugrouten zu erforschen, müßte innerhalb kürzester Zeit ganze Ziffernkolonnen entschlüsseln.

Die festen Dschungelpisten indes werden meist von Indianern gewartet, wobei der Erfindungsreichtum, mit dem sie für Späher aus der Luft unkenntlich gemacht werden, beeindruckend ist. Sie arbeiten etwa mit Stelzenhütten, die von wenigen Männern auf die Landestrips getragen werden können. Von oben schaut es aus wie ein Dorf. Natürlich funktioniert diese Mimikry auch mit Büschen und Pflanzen. An manchen Startbahnen operierten sie sogar mit Netzen, die über die angrenzenden Bäume einer schmalen Urwaldschneise gezogen und mit Blättern zugedeckt wurden. So entsteht eine Art Dschungelhangar. Die Piloten der Drogenbomber wissen genau, unter welche Baumdächer sie gefahrlos hineinfliegen können; für jeden anderen käme die Aktion einem Selbstmord gleich.

Adolfo hielt auf die Landestelle der Affeninsel zu. Hier empfängt den Ankömmling ein großer eingeschossiger Holzbau, der aus zwei langgestreckten Flügeln besteht – das Hotel, das Tsalickis einst errichten ließ. Gemessen an den vielen Jahren, die es leer stand, war das Gebäude bemerkenswert gut in Schuß. Es gab noch immer Wächter, und immer noch fiel mancher den sporadischen Razzien von Drogenfahndern zum Opfer. Das Hotel nutzten die in den Wälder gegenüber ansässigen Yaguas, die Tsalickis einst mit Versprechen herbeigelockt hatte. Auf dem wuchernden, kaum zu durchdringenden Eiland hatten sich die gelben Totenkopfäffchen massenhaft vermehrt. Aus jeder Baumkrone, hinter jedem Busch lugten die hellen Gesichtsmasken hervor.

Am Anleger erwartete uns ein Wächter. Abgerissen, Ende zwanzig. Er berichtete, es hätte auch hier zwei Vorfälle gegeben. Beim ersten, den er persönlich bezeugen könne, sei nachts ein Riesengeschrei von der peruanischen Flußseite erschollen. Am nächsten Tag sei ein Fischer herübergepaddelt und habe erzählt, im Dunkel der Nacht wäre ein Flugzeug aufgetaucht, ohne Licht und ohne Fluggeräusch. Am Morgen sei ein Mann ohne Kopf und Innereien gefunden und der Torso zu einem peruanischen Polizeiposten gebracht worden.

Vor kurzem nun sei ein Yagua direkt hier angegriffen worden, am Ufer der Insel. Der Mann war am Wasser gesessen. Er hatte das Licht gesehen und sein Gewehr in die Hand genommen, aber dann hätte ihn etwas getroffen, ein blau schimmernder Strahl, und er sei nicht mehr in der Lage gewesen zu schießen. Auf sein Geschrei seien

Indianer aus dem Hotel gerannt und hätten den Mann in Sicherheit gebracht. Das fliegende Licht sei geflohen.

Als die Landschaft in die warmen Farben des Nachmittags tauchte, legten wir ab und machten uns auf die Rückfahrt. Unter den purpurnen Wolken des Abendhimmels tuckerte das Boot in die Urwaldnacht. Der Fluß, leuchtend und ruhig, versetzte uns alle in eine nachdenkliche Stimmung.

Waren hier Organhändler am Werk, wie die meisten glaubten? Organjäger operieren zuhauf in Kolumbien und den angrenzenden Ländern. Nur galt hier: Warum setzten sie plötzlich so ungewöhnliche, offenbar hochmoderne Technik ein? Warum suchten sie gerade hier, am Amazonas? Nicht nur in Bogotá, in jeder südamerikanischen *favela* fanden sich potentielle Opfer für Organjäger in jeder Seitenstraße. Ein Auto und ein Gewehr genügten für dieses dreckige Geschäft.

Aber was war überhaupt bekannt – verläßlich?

Die Existenz eigentümlicher Flugobjekte schien belegt zu sein. Wir hatten Informationen von allen möglichen Leuten erhalten. Darunter waren genug dabei, Zeugen wie Ismail und die Ärztin Betania Silva, die glaubwürdig waren. Zudem vertrauten wir Leuten wie Roger, dem Lehrer von Nuevo Jardin, der dieses Erlebnis so detailliert vor seinen Leuten ausgebreitet hatte, oder Bernardo, der unterwegs mit großem Ernst jeden neuen Bericht aufgesogen hatte.

Hinzu kamen aufschlußreiche Indizien. Das wichtigste war, daß viele Leute ihren Lebensrhythmus dieser Bedrohung angepaßt hatten – würden sie so weit gehen, wenn es nur Gerede war, letztlich sogar ihr eigenes? Die Fischer fuhren nachts nur noch zu mehreren aus, auch Jäger fanden sich zu Gruppen zusammen.

Andererseits war schlicht unvorstellbar, daß die kolumbianische Armee, daß die brasilianischen und peruanischen Streitkräfte, die im Weißen Dreieck massiert waren, nichts von den Vorgängen mitbekommen hatten. Unter Anleitung Hunderter, vielleicht Tausender amerikanischer Militärberater, ist das Militär mit neuen Spürmethoden unterwegs, auf der Suche nach der FARC und den peruanischen Guerilleros des Leuchtenden Pfades.

Aus diesem Labyrinth von Ahnungen und Vermutungen führten am ehesten die technischen Aspekte. Wer oder was war unterwegs? Ultraleicht-Flieger, schallgeschützte Fluggeräte? Unbemannte Drohnen, die ja tatsächlich stundenlang geräuschlos in der Luft bleiben können? Oder Weiterentwicklungen der amerikanischen Aufklärungsflugzeuge *Fantasma*, die hier gegen die Guerilla im Einsatz waren?

Sicher war eines: Die Regionen am oberen Amazonas hatten immer wieder als Testgelände für amerikanische Waffentypen herhalten müssen, seit der *Agent-Orange*-Anschläge auf die peruanischen Campa-Indianer und auf die kolumbianische Bauernrepublik Marquetalia in den sechziger Jahren. Es hatte eindrucksvoll funktioniert. So gut, daß es gleich darauf in Vietnam zum Einsatz kam. Testgelände war die Region stets geblieben – im Verhalten der Drogenbekämpfung, die US-Milliarden verschlang, aber wenig erfolgreich war und ist.

Wir erreichten Leticia. Ein Ort im Dämmerschlaf, der seine Antworten für sich behielt und leidenschaftslos seiner Wiedererweckung entgegenträumte, einer touristischen Zukunft, und das Vergessen über seine dunkle Geschichte wachsen läßt. So, wie der Urwald in wenigen Tagen alles überwuchert.

Kalter Abschied

Sicherheitskräfte nahmen am Donnerstag die Brasilianerin Elenize Muca Matute fest, eine Verbindungsperson
zwischen dem brasilianischen Drogenkönig Luiz Fernando da Costa (alias Fernandinho Beira-Mar) und der
FARC-Guerilla. Die Frau wurde in der ländlichen Umgebung von Leticia festgenommen und der Bundespolizei
in Tabatinga übergeben, teilte die DAS in Bogota mit.
Muca Matute war am 21. November aus dem Gefängnis
in Tefe geflohen, wo sie acht Jahre wegen Drogenhandels
einsitzen sollte, und hatte sich auf kolumbianisches
Territorium zurückgezogen. Hier hatte sie ein städtisches
Netz für die FARC in Leticia aufgebaut, so die DAS, eine
Interpol-Filiale. „Die DAS und die brasilianische Bundespolizei stellten fest, daß diese Frau eine der Kontakt-
personen Fernandinhos beim Austausch von Drogen für
Waffen mit der FARC war", erklärte die Polizeibehörde.

El Pais, 26. Dezember 2002

Die Nationale Antidrogenbehörde unter Oberst Alfonso
Plazas Vega kontrolliert verstärkt die Personen, die für
die 120 beschlagnahmten Güter von Rauschgifthändlern
in Leticia (Amazonas) Sorge tragen. Plazas zufolge sind
einige der Güter weiter in den Händen der Familien der
Drogenbarone, wie die Häuser von Evaristo Porras. Unter
den beschlagnahmten Immobilien in Leticia sind eine
Limonadefabrik und eine Klinik.

El Tiempo, 2. Februar 2003

Große Überraschung für Antidrogen-Chef Alfonso Plazas,
der vergangene Woche in Leticia eintraf, um die
beschlagnahmten Güter der Rauschgifthändler zu inspi-
zieren. Plazas wollte nicht glauben, daß die General-
sekretärin des Regionalrates niemand Geringeres als
María Cristina Porras ist, die Tochter von Evaristo Porras.

El Espectador, 16. Februar 2003

Über die Klagen der Eingeborenen und Stiftungs-
Mitarbeiter gegen die Guerilla hatte ich einen Artikel für
El Espectador geschrieben. Damit begann ein Drama (...).
Kaum war ich an die Küste gefahren, rief die GAIA-
Stiftung hinter meinem Rücken die Redaktion an, um den
Artikel über die Guerilla zu verhindern. (...). Als dies sich
durch andere Gründe verzögerte, versuchte die Stiftung
weiterhin – auch durch andere Personen – den Artikel
zu Fall zu bringen, auch nachdem ich bereits die Namen
der *indígenas* verändert hatte. (...) Die Situation spitzte
sich jedoch zu, auch nachdem ich bereits das Land verlassen hatte. (...) Nach meiner Abreise machten sich von
Hildebrand und die Sprecherin in die Redaktion auf, um
den Artikel endgültig zu Fall zu bringen.

Carsten Wieland, dpa,
lateinamerikanisch-deutscher Journalisten-
austausch, Jahresberichte 2000

Der kolumbianische Drogenboß Gilberto Orejuela ist
vorzeitig aus der Haft entlassen worden. Nach der
Verbüßung von knapp der Hälfte seiner 15jährigen
Haftstrafe kam der führende Kopf des berüchtigten Cali-
Kartells auf freien Fuß. Ein Richter der Stadt hatte vor

einer Woche die Entlassung des 63jährigen wegen guter Führung angeordnet. Er saß mit seinem Bruder Miguel sieben Jahre im Gefängnis. Die Brüder gehören nach US-Angaben zu den mächtigsten Drogenbossen weltweit. Die Straftaten der Brüder Orejuela bereiteten den USA und Kolumbien Sorgen. Ein Sprecher der US-Botschaft in Bogotá nannte die richterliche Entscheidung „jämmerlich". Die Regierung in Bogotá zeige sich überzeugt, daß es eine „Unregelmäßigkeit" gegeben habe. Der Gefängnisdirektor wurde suspendiert. Vor ihrer Verhaftung 1995 sollen die Orejuelas für achtzig Prozent der Kokainproduktion in Kolumbien verantwortlich gewesen sein.

AFP, 8. November 2002

Einen Monat nach der Zusammenkunft in Cali gab es ein weiteres Treffen mit Kartell-Mitgliedern, die den Agenten verrieten, „Gilberto" Rodriguez hätte verfügt, daß erst einmal nur 150 Kilo Kokain zur Erprobung der neuen Route geschickt werden sollen. Sie waren noch zu angeschlagen von dem Riesenverlust von gut zwei Tonnen Kokain aus ihrer Struktur in Leticia, die der Grieche Mike Tsalickis geleitet hatte. Dies ist auch die Ladung, wegen der die Untersuchung gegen „Gilberto" Rodriguez eröffnet wurde und die ihn bis heute im Kerker festhalten müßte.

El Espectador, 16. März 2003.

Bei unserer Rückkehr stellten wir erstaunt fest, daß das kolumbianische Militär unsere Anfrage beantwortet hatte. General Ricardo Rubianogroot Roman, Kommandeur der 26. Dschungelbrigade, erklärte zwar, daß er offiziell nichts wisse von diesen Vorgängen. Er habe die Archive sämtlicher in Leticia vertretenen Behörden und Sicherheitseinrichtungen durchkämmen lassen, doch Attacken von *cortacabezas* seien nirgendwo formal angezeigt worden. Solche „formale Anzeigen" brauche es, damit er aktiv werden könne. Das erklärte einiges. Bewohnern des Urwaldes fällt es im Traum nicht ein, „formale Anzeigen" zu erstatten.

Inoffiziell aber hatte General Rubianogroot Witterung aufgenommen, auch dies teilte er vorsichtig mit. Die Sache beschäftigte ihn. Entweder hatte er von den Vorgängen nur gehört, oder es war ihm klar, auf was sich unsere Anfrage bezog.

„Wegen des Fehlens von Anzeigen oder Leichen kann mein Kommando die Existenz dieses Phänomens weder bestätigen noch dementieren", schrieb er. Es ließ Interpretationsspielraum, wenn er die angesprochenen Vorgänge nicht dementieren wollte – obwohl er andererseits keine Beweise dafür hatte.

Aber der General ging weiter. „Jedoch unternehmen wir Anstrengungen", schrieb er, „um das herauszufinden. Das Leben und die Sicherheit der kolumbianischen Bürger hier zu garantieren ist die Verpflichtung, die mir der Präsident auferlegt hat."

Die Frage nach den Zuständigkeiten der DEA in Leticia hatte der General nicht beantworten wollen. Er verwies an den Präsidenten der Republik oder die US-Botschaft in Bogotá. Diese Nachfrage schenkten wir uns. Vermutlich lag das Schreiben an den kolumbianischen General sowieso schon auf dem Schreibtisch der US-Agenten von der DEA, die ihre Basis bei Kilometer sieben unterhielt, wie der General bestätigt hatte.

Als wir am nächsten Tag ins Hotel zurückkehrten, lag eine Nachricht im Fach. Ein Mädchen hätte sie gebracht, sagte der Rezeptionist.

„Verpißt euch, ihr zwei!"

Die Art von Botschaft stimmt nachdenklich. Man liest sie wieder und wieder. Ein Witz oder eine ernstzunehmende Drohung? Jedenfalls war das nicht die Gegend, wo man mit so einer Angelegenheit vertrauensvoll zur Polizei lief.

Wir fuhren zu Angel. Dort die nächste Überraschung: Auch er hatte einen Drohanruf bekommen. „Wenn deine Kumpel nicht verschwinden", hieß es, „passiert was." Es sei eine Frauenstimme gewesen, sagte er, und es sei schon gestern passiert, aber er wollte uns nicht beunruhigen. Er selbst kriege solche Botschaften alle paar Monate.

„Was sollen wir tun?" fragte Schultz.

„Ihr könnt tun, was ich nicht kann: Jederzeit abreisen. Das solltet ihr machen. Sie haben euch direkt angesprochen, ihr solltet es ernst nehmen. Leticia ist ein völlig ruhiger Ort, Fremde werden hier nicht mehr bedroht. Aber ihr seid keine Fremden mehr. Man kennt und sieht euch. Bestimmt sprechen manche Leute darüber."

„Wer kann dahinterstecken?"

„Keine Ahnung, kann jeder sein. Sogar jemand von den Behörden. Ihr stellt hier zu lange schon zu viele Fragen. Außerdem, ihr könnt nichts mehr tun."

Er hatte recht. Wir waren an ein Ende gekommen. Das dunkle Geheimnis um Mike Tsalickis war gelüftet – und wir hatten mehr über die Geschichte des Weißen

Dreiecks erfahren, als wir erwartet, ja, als wir befürchtet hatten.

Wir buchten einen Flug für den kommenden Tag.

Am Abend verabschiedeten wir uns von den Freunden. Bei der Heimkehr ins Hotel wartete der nächste Zettel, diesmal steckte er in der Türritze. „Zweite Warnung." Nichts weiter.

Früh am Morgen riß uns der Rezeptionist aus dem Schlaf. Ein Anruf. Angel war dran, und diesmal klang er aufgelöst.

„Verschwindet schnell."

„Ist wieder was passiert?"

„Heute Nacht hat mir jemand eine Nachricht ans Tor gemalt. „Deine Freunde."

„Tut mir leid, Angel. Wir sind schon weg, wir packen gerade."

„Nehmt's mir nicht übel, aber kommt hier nicht mehr vorbei."

Wir nahmen das Taxi und fuhren zum Flughafen nach Tabatinga hinaus. Ich kurbelte das Fenster runter. Noch einmal die Gerüche von Früchten, Fisch, Alkoholbenzin, das Farbenmeer aus bemalten Bretterbuden, T-Shirts, Plakaten, Decken, Plastiksäcken; die kaputten Karren, ohrenbetäubenden Mopeds, struppigen Köter, Händler, Hausfrauen, Fischer, Indios und *caboclos*. Polizisten und Soldaten, Agenten, Ratten, Dealer, Junkies und Großkunden. Aber im Mund ein Metallgeschmack.

Die Fahrt verlief schweigend.

Wenn das Flugzeug über die zitternden Dschungelwände steigt, öffnet sich der Blick Hunderte Kilometer weit über Kolumbien, Brasilien, Peru, die unberührte Unermeßlichkeit und ein einzigartiges Geäder aus flüssigem Gold, wie ein Traum umschließt die Wildnis ihre

Bilder, und zurück bleibt ein Gefühl der Unwirklichkeit. Näher durfte man nicht ran. 16.47 Uhr Ortszeit. Die Temperatur war leicht zurückgegangen auf milde 26 Grad. Aufgelockerte Bewölkung. Luftfeuchtigkeit bei 94 Prozent, mäßiger Wind aus Nordwest. Flug RG 5143 der Varig Airlines gewinnt an Höhe.

Menschenhandel ist das Thema der vier Videokassetten, die vom brasilianischen Justizministerium herausgegeben wurden. Der Erziehungsfeldzug zeigt die Opfer des Organhandels und auch des Sklavenhandels für sexuellen Mißbrauch durch den organisierten Menschenhandel auf. Laut UNO erzielt der Menschenhandel ein Geschäftsvolumen von 90 Milliarden US-Dollar weltweit, ist also der drittgrößte illegale Handel und wird nur vom Drogen- und Waffengeschäft übertroffen.
Agencia Brasil, 26. November 2002

Im April 2003 berichteten die kolumbianischen Rundfunksender, Red Continental de Noticias *(RCN) und* Caracol, *über das Phänomen nächtlicher Luftangriffe und die sogenannten* cortacabezas *im Amazonas-Trapezio.*

Ein Vertreter der Antidrogenbehörde DNE teilte mit, die Erscheinungen seien auf verstärkte Aktivitäten der Drogenbanden in der Gegend zurückzuführen. Die Drogenbanden hätten sich für den Lufttransport wahrscheinlich mit neuen, hochmodernen Ultraleicht-Flugzeugen ausgerüstet.

Anhang

Abkürzungen und Erläuterungen

AUC	Autodefensas Unidas de Colombia (Vereinigte Selbstverteidigungsgruppen von Kolumbien, Paramilitärs)
Basta	Österreichisches Monatsmagazin
CEJAM	Centro Juvenil de Amazonia (Indianisches Jugendzentrum)
CIMI	Conselho Indigenista Missionario (Indianer-Missionsrat)
CIVAJA	Conselho Indigena do Vale do Javariário (Indianerrat des brasilianischen Javari-Tals)
Colprensa	kolumbianische Nachrichtenagentur
DEA	Drug Enforcement Administration (Antidrogenbehörde der USA)
DNE	Dirección Nacional de Estupefaciendes (staatliche Antidrogenbehörde Kolumbiens)
DOD	Department of Defense (US-Verteidigungsministerium)
dpa	Deutsche Presseagentur
EFE	spanische Nachrichtenagentur
El Espectador	kolumbianische Tageszeitung
El Tiempo	kolumbianische Tageszeitung
ELN	Ejército de Liberación Nacional (kolumbianische Linksguerilla)
epd	Evangelischer Pressedienst
FARC	Fuerzas Armadas Revolucionarios de Colombia (kolumbianische Linksguerilla)

Folha	Folha de São Paulo, brasilianische Tageszeitung
FUNAI	Fundação Nacional do Indio (staatliche brasilianische Indianerschutz-Behörde)
GAIA	kolumbianische Missionsstiftung
Hoy	kolumbianisches Nachrichtenmagazin
Il Giorno	Italienische Tageszeitung
Miami Herald	US-amerikanische Tageszeitung
Poona	Pool de Nuevas Agencias de América Latina (Deutsche Ausgabe des wöchentlichen Pressedienstes lateinamerikanischer Nachrichtenagenturen)
Reuters	Nachrichtenagentur
SEJUP	Servico Brasileiro de Justica e Paz (brasilianischer Justiz- und Friedensdienst)

Verwendete Literatur

Agee, Philip: Inside the Company. Harmondsworth 1975.

Bonilla, Victor: Servants of God or Masters of Men?
Harmondsworth 1972.

Colby, Gerard/Charlotte Dennet: Thy Will Be Done:
The conquest of the Amazon. Nelson Rockefeller
and evangelism in the age of oil. New York 1995.

Davis, Wade: One River. Explorations and discoveries
in the Amazon rain forest. New York 1996.

Hefley, James und Martin: Uncle Cam. Waco 1974.

Hofmann, Albert: LSD – mein Sorgenkind. Die
Entdeckung einer „Wunderdroge". München 1993.

Koch, Egon/Wech, Michael: Deckname Artischocke.
Die geheimen Menschenversuche der CIA. München
2002.

Lee, Martin/Shlain, Bruce: Acid Dreams. New York 1985.

Marks, John: The Search for the „Manchurian
Candidate". New York 1979.

Maxwell, Nicole: Witch-doctor's Apprentice. Hunting
for medicinal plants in the Amazon. New York, 1990.

de Osa, Veronica: Die trüben Wasser des Amazonas.
Das Schicksal der kolumbianischen Indios im
Regenwald. Berlin 1992.

Römpczyk, Elmar: Kolumbien. Synonym für Drogen
und Gewalt? Internationale Drogenbekämpfung mit
verheerenden Folgen. In: Zeitschrift für bedrohte
Völker, Nr. 208, 2001.

Seiler-Baldinger, Annemarie: Indianische Migrationen
am Beispiel der Yagua Nordwest-Amazoniens. Bern
1984.

Semper, Frank: Tor zum Amazonas, Hamburg 1999.

Thomas, Gordon: Journey into Madness. The true story of secret CIA mind control and medical abuse. New York 1989.

Woodward, Bob/Carl Bernstein: The Final Days. New York 1976.

New York Times, St. Petersburg Times, Washington Post, Boston Globe, O Globo.

Bibliografische Information der Deutschen Bibliothek
Die Deutsche Bibliothek verzeichnet diese Publikation
in der Deutschen Nationalbibliografie; detaillierte
bibliografische Angaben sind im Internet über
http://dnb.ddb.de abrufbar.

© 2003 Deutsche Verlags-Anstalt, München
Alle Rechte vorbehalten
Gestaltung und Satz: DVA/Brigitte Müller
Gesetzt aus der Times Ten Roman und der Univers
Druck und Bindung: Clausen & Bosse, Leck
Printed in Germany

ISBN 3-421-05658-7